歷史新視界

他鄉變故鄉

陳靜瑜　著

美國亞裔族群史

三民書局

國家圖書館出版品預行編目資料

他鄉變故鄉：美國亞裔族群史 / 陳靜瑜著．－－初
版一刷．－－臺北市：三民，2013
　　面；　　公分－－(歷史新視界)

　ISBN 978－957－14－5850－2 　(平裝)

　1. 族群 2. 民族志 3. 美國

752.39　　　　　　　　　　　　　　　　102018473

© 　他鄉變故鄉
　　　　　　——美國亞裔族群史

著 作 人	陳靜瑜
責任編輯	林靜芸
美術設計	李唯綸
發 行 人	劉振強
著作財產權人	三民書局股份有限公司
發 行 所	三民書局股份有限公司
	地址　臺北市復興北路386號
	電話　(02)25006600
	郵撥帳號　0009998-5
門 市 部	(復北店) 臺北市復興北路386號
	(重南店) 臺北市重慶南路一段61號
出版日期	初版一刷　2013年11月
編　　號	S 750120

行政院新聞局登記證局版臺業字第○二○○號

有著作權‧不准侵害

ISBN　978-957-14-5850-2　　(平裝)

http://www.sanmin.com.tw　三民網路書店

※本書如有缺頁、破損或裝訂錯誤，請寄回本公司更換。

自 序

　　美國是一個由多元族群構成的國家，居住在美國本地最早的主人是土著美國人 (Native Americans)，過著與大自然分享或相互競賽的生活，但淳樸的文化在歐洲殖民者以武力入侵後完全為之改觀，最後被白人圈在保留地居住。這個最早居住在美洲新大陸的「主人」，是來自北亞的蒙古人種，曾在殖民時期奉獻其珍貴的口述歷史、舞蹈及曆法等給美利堅合眾國，然今日竟成為美國的「邊緣人」，受到諸多限制及不公，無怪乎 20 世紀末國際原住民節時，土著美國人酋長高聲抗議吶喊著：「過去美國人掠奪我們的土地，今日美國人竄改我們的歷史」，這個吶喊似乎喚醒研究新社會史學者的關注，也喚醒學者開始重視美國亞裔族群的研究。

　　美國的地理，東西岸面臨兩大洋，東岸為大西洋：接納多如潮水的歐洲國家移民，移民的湧入將母國的特有文化帶入，並根植於美國土地之上，也因此為美國東部城鄉增添了歐洲色彩。西岸為太平洋：在 1850 年以後，因為淘金熱潮及修築中央太平洋鐵路的工作機會，吸引大批亞洲移民前往。亞洲移民的湧入，除了幫忙美國西部的開發外，也將東方傳統文化的菁華注入西岸。例如華人居住的「華埠」、日本人集居的「日本埠」、越南人群聚的「西貢市」、韓國人聚集的「韓國城」等。

　　亞洲移民因著母國的諸多因素，例如國內經濟衰弱或是久經戰爭摧殘，讓他們不得不遠赴異國他鄉求生，他們想念著家鄉母國的一切，保留著家鄉的方言，吃著傳統家鄉的食物、盡量保存傳統的信仰，並仍期待終有一天衣錦還鄉，落葉歸根。隨著時間巨輪的推移，進入 20 世紀後的美國亞裔族群，不再是遠赴他鄉求生的勞工移民，而是視美國為他們的家。在美國社會上表現亮麗的亞裔族群，不論在科技、影視、藝術或是學術等各領域，都有優秀的表現，亮麗的成果，更為美國的多元族

群社會，注入多彩傲人的亞美文化。

　　隨著 1960 年代新社會史研究的興起後，研究方法及研究課題有了相當大的改變，過去注重研究政治史、經濟史、思想史及軍事史的範疇，隨著新研究浪潮的推移，開始重視弱勢族群的生活、周遭小人物的故事、甚至注重口述歷史。本書乃以新社會史所強調的「族群、階級、性別」三個主軸，以美國亞裔族群為研究對象，包括土著美國人、華裔美國人、日裔美國人、韓裔美國人、菲裔美國人、越裔美國人、印裔美國人及其他南亞族群，他們在美國境內同被視為「有色族群」，赴美國時同為「勞工階級」，他們努力在美國立足，甚至決定生根，但是他們仍要面對種種困難及族群問題，只因他們是來自太平洋彼岸的亞洲人。

　　臺灣學術界在「美國亞裔族群史」的研究領域中，尚無一完整的研究著作，筆者藉此研究先作一粗淺的探討，願藉棉薄之力，跨出對美國亞裔族群研究的第一步，拋磚引玉，期盼學術先進及同好共同關注這個課題。

陳靜瑜

於國立中興大學歷史系研究室

2013 年 10 月

他鄉變故鄉

美國亞裔族群史

第一章

緒　論

美國多元族裔社群中，亞裔美國人是指具有亞洲血統的
美國公民，包括土著印第安人、華裔美國人、菲裔美國
人、印巴裔美國人、越裔美國人、韓裔美國人、日裔美
國人等，亦即他們來自亞洲的中國 (China)、臺灣
(Taiwan)、日本 (Japan)、韓國 (Korea)、印度 (India)、菲律
賓 (Philippine)、越南 (Vietnam) 等地。

　　19 世紀中葉以後，亞洲族群移民至美國，因著母國的歷史背景、移民素質、移民時間及移民歷程的不同，在美國的亞裔族群有著不同的生活方式及族群特質。隨著移民潮的湧入，美國深怕與日俱增的華工占有工作機會，特別在 1882 年設立《排華法》(Chinese Exclusion Act)，亞洲其他移民也深受此法案的影響，遭到限制，甚至被排斥。在美國境內，亞洲移民在種族歧視的氛圍下，只好各族群聚集一處，相互照顧，以面對排外的美國社會。直至 1965 年美國修改《移民法》(Immigration and Nationality Act) 後，放寬過去對亞洲移民入境的限制，並且廣泛接納擁有專業技術的科技人才及越南難民後，亞洲各支族群才再度移民美國，為美國多元文化增添色彩。

　　鳥瞰整個美國的亞裔移民，大多數住在同族群的生活圈裡，人們帶著購物袋來往於熱鬧的街道和擁擠的蔬果市場，他們的社區被稱做「小東京」、「小漢城」或「小西貢」。亞裔在悶熱的廚房和忙碌的餐廳穿梭；在服裝工廠，中國和韓國婦女弓著她們的身體操作機器，她們的孩子則裹著毛毯在縫紉車旁睡覺。在加州的矽谷 (Silicon Valley)，越南人和寮國人在工廠裡生產電腦晶片。而華裔在西岸舊金山的格蘭大道 (Grant Avenue) 和在東岸紐約運河街 (Canal Street) 的中國城經營商業。此外，亞裔在大學校園內人數亦占相當比例，成績卓越❶。從紐約的斯卡斯代爾 (Scarsdale) 到洛杉磯的寶馬山花園 (Pacific Palisades) 居住區，「雅痞」(yuppie) 裝扮的年輕亞裔技師，開著 BMW 的汽車，穿著名設計師的衣服，聚集在以白人為主歐美風格的餐廳裡。他們閱讀著《亞美》(AsiAm) 和《米飯》(Rice) 等這類華而不實的雜誌。這些種種，是我們今日觀察整個美國亞裔社群的景象。

　　1960 年代美國歷經風起雲湧的社會變化，對外參與越戰，國內則有婦女、勞工及黑人運動的興起，學生運動的吶喊及嬉皮文化的崛起。在這激烈的社會動盪中，美國學術界的研究理念也發生了變化。「少數族裔」這個一度受到忽視或被社會邊緣化的社會群體，今日已成為史學研究的重要課題；弱

---

❶　以 1965 年統計數據為例，哈佛大學亞裔學生占 11%，普林斯頓大學占 10%，加州柏克萊大學占 25%。

勢族群史的研究，例如黑人史、族群史、土著美國人史、西班牙裔史、婦女史及同性戀史等領域研究，成為顯學。也由此，少數族裔在美國歷史中的地位得到空前的重視。此時，亞裔移民在美國的社會地位逐漸提升，經濟實力亦受到重視。過去亞裔族群社會男女性別比例懸殊的現象也漸趨平衡，移民在各領域中的表現亮麗，令人矚目。

　　1980 年代後，亞裔美國人是相當醒目的族群。一個世紀以來，亞裔成為夏威夷 (Hawaii) 主要的族群，在美國本土也聚集相當多的亞裔人口。三十萬的華人住在紐約──這是美國最大的華人社區。根據《紐約時報》(*New York Times*) 在 1986 年對紐約中國城的成長描述：「新移民每個月以將近二千名移入，整個行政區向北擴大到猶太人區，往西延伸至小義大利 (Little Italy) 區，將猶太人區轉換成中國城，將義大利麵 (fettucine) 帶進華人城鎮。」❷紐約擁有六千個華人家庭，這個地區變得相當富裕。在美國大陸的另一邊，南加州的蒙特利爾公園市 (Monterey Park)，也被稱作為「華人的比佛利山莊」。在舊金山大約有 40% 人口是亞裔，而且市立學校有超過 50% 的亞裔學生。在洛杉磯的韓國人超過一萬五千名，奧林匹亞大道區 (Olympia Boulevard) 已被設計成「韓國城」。鄰近的地區也出現一個越南人社區，《紐約時報》一則報導敘述著，「橘郡 (Orange County) 的加登格羅夫大道 (Garden Grove Boulevard)，在午餐時吃 pho 比吃漢堡容易多了，pho 類似河粉，是一種帶有牛肉的越南湯麵」❸。21世紀以降，加州亞裔美國人占 9%，數目上遠超過黑人。

　　在美國，現今亞裔屬於快速成長的少數族群。從比例上觀之，他們的成長率超過拉美裔族群 (Hispanics)，在 1970～1980 年代拉美裔人口成長 10%，相較之下，亞裔成長高達 143%。在 19 世紀和 20 世紀初期，亞裔曾經是美國移民法律下所排斥的對象，直至 1943 年後，華人再度進入美國。1965 年的《移民法》開啟了亞洲移民的窄道，每一個國家允許二萬個名額，而且家

---

❷　Albert Scardino, "Commercial Rents in Chinatown Soar as Hong Kong Exodus Grows," *New York Times*, December 25, 1986.

❸　*New York Times*, June 23, 1986.

庭成員並未設限。因此，美國每年有半數以上的移民來自亞洲。21 世紀以來，亞裔美國人人口有戲劇性成長的趨勢：1960 年代，只有 877,934 名亞洲人在美國，僅僅占這個國家人口 0.5%。二十五年後的 1985 年，他們的數目超過五百萬以上，占人口比例 2.1%，增加了 577%（相較於一般人口成長 34%）❹。他們包括了華人 1,079,000 名，菲律賓人 1,052,000 名，日本人 766,000 名，越南人 634,000 名，韓國人 542,000 名，亞洲印第安人 526,000 名，寮國人 70,000 名，瑤族人 10,000 名，苗族人 60,000 名，柬埔寨人 161,000 名，和其他地區的亞洲人 169,000 名。到 2000 年，亞裔占美國人口 4%❺。2010 年亞裔人口達 13,700,000 名，占美國人口 4.5%❻。

　　縱使亞裔人口快速增長，但只有少數的人知道亞裔美國人及他們移民的歷史。事實上，在美國社會中，亞洲人的守舊與神秘，被認為是與西方文化不相容且奇異的。在 1987 年一場調查陸軍上校奧利佛・諾斯 (Oliver North) 有關伊朗軍售醜聞的聽證會上，參議院主席井上建 (Daniel Inouye) 成為種族攻擊的目標：委員會收到一些電報和電話指稱，要參議員「回去日本，他屬於那裡」。但是參議員井上建出生在美國，而且在二次世界大戰期間為美國作戰，表現英勇而受到表揚。美國人經常對亞洲人的祖先有許多的無知與幾許的漠視❼；許多現存的歷史書籍對亞裔人士的事蹟總是輕描淡寫，或將他們忽略。加州的一名國會議員觀察到，人們常常被引導相信我們的祖先來自歐洲，因而每當有人聽到西部開拓的歷史，很少提到亞裔移民。有時亞裔開拓者甚至被排斥在歷史之外❽。1987 年，一本通俗的歷史雜誌《加州人》(the

❹ Robert W. Garner, Bryant Robey, and Peter C. Smith, *Asian Americans: Growth, Change, and Diversity*(D.C.: Population Reference Bureau, 1985), 2–8.

❺ Robert W. Gardner, Bryant Robey, and Peter C. Smith, *Asian Americans: Growth, Change, and Diversity*,2, 3, 5, 7, 8.

❻ Cary Davis et al. *U.S. Hispanics: Changing the Face of America*, a publication of the Population Reference Bureau, 38. 3 (June 1983), 8.

❼ William Wong, "Racial Taunts of Inouye Are a Chilling Reminder," *East/West*, July 23, 1987.

Californian) 在舊金山出版，它的編輯宣布設立「普立茲先鋒獎」(Pulitzer Pioneer Prize) 獎勵提供有關「加州的開拓者」的資料。主編解釋設立此獎的用意，是鼓勵公開在 1823～1869 年間，這些美國人和歐洲人如何奉獻心力於加州建立家園的事蹟。但是，事實上，「先鋒」應該也包括亞洲人。在雜誌的文稿中提到，數以千計的亞洲人幫助建造橫跨美國的中央太平洋鐵路 (Central Pacific Railroad)，而且很多移民一直住在加州。然而許多傳統的美國史則將「美國人」視為「白人」或「歐洲人」。哈佛歷史學家奧斯卡‧漢德林 (Oscar Handlin)，在他獲普立茲獎 (Pulitzer Prize) 的作品中，使用了一個副標題「建造美國偉大移民的史詩故事」，但是漢德林的「史詩故事」完全遺漏曾協助修築美國大陸橫貫鐵路的亞洲移民族群❾。如漢德林般以歐洲中心論的史家盡可能讚美富裕的族群，卻忽略曾經奉獻的弱勢族群。事實上，每一個美國人，其根源來自不同的國度，有來自歐洲、非洲，還有來自亞洲，每一族群都不容忽略❿。

　　因此，人們必須用寬大和比較的方法，去修正及瞭解包括亞裔人士在內的美國歷史。這些不同的美國人經驗，不論是中國人、日本人、韓國人、菲律賓人、土著印第安人和南亞，他們是否相似，或是相異？透過交叉比較，可以幫助我們確認這些特別族群的共同經驗。為何亞洲移民會離開他們所熟知與所愛的母國，來到一個如此遙遠陌生的國度？他們是被母國的艱困環境所推動，或被美國的勞力需求所吸引？什麼是他們追求的夢想呢？是黃金還是理想？1849 年淘金熱時期，大約有一百萬人進入美國，掀起第一波亞洲移民潮。1924 年《移民法》(Immigration Laws)，禁止沒有歸化權的外國人進入美

---

❽　Timothy J. Lukes, and Gary Y. Okihiro, *Japanese Legacy: Farming and Community Life in California's Santa Clara Valley* (Cupertino, Calif.: California History Center, 1985), 67–68.

❾　Oscar Handlin, *The Uprooted: The Epic Story of the Great Migrations That Made the American People* (New York, N.Y.: Grosset & Dunlap Publishers, 1951), 105.

❿　*The Californian*, May/June 1987, 5.

國，該法案切斷了亞洲人的移民希望。四十年後的 1965～1985 年間，又掀起第二波大規模移民，大約有三百五十萬人來到美國。白人歷史未記載亞裔美國人的歷史，而我們又如何來記載、比較這兩波的亞洲移民族群？或許我們可以從觀察男人與女人的心態、他們的夢想與聲音開始研究起。蒐集亞洲移民用自己的文字與故事，來訴說他們自己的歷史，例如他們自己寫的日記、信件、報紙、雜誌、小冊子、郵件、告示牌、小傳單、法院請願書、自傳、短篇故事、小說及詩。傾聽他們的訴說，用他們的語言來表達，這些不同的語言，才能真正表達他們的心情及思維。

　　然而，亞裔在美國，有好長一段時間不被允許訴說他們的故事，有時甚至不准說話。在湯婷婷 (Maxine Hong Kingston) 的小說《金山勇士》(*China Men*，又譯《中國佬》) 中，人物 Bak Goong 來到夏威夷，那裡的工頭告訴他，工人在工作時不允許說話。Goong 說如果他早知道自己必須保持沉默，他寧可剃光頭變成和尚。在坡地上，他聽見老闆大吼著：「閉嘴，去工作，中國佬，去工作。你要不停的工作，閉嘴！」當他的肩膀被鞭打而疼痛時，他甚至不准大聲叫喊。下工後，在營地休息遠離所有工頭時，Bak Goong 告訴他的同伴：「我想要說話給自己聽。」他們一起詛咒騎在馬背上的白人：「抓住那白人惡魔，抓他下馬吧，他是惡魔，將他切成一塊一塊。」❶今日我們傾聽 Bak Goong 的過去，瞭解他們心中的秘密。他們的故事能使我們瞭解亞洲人的歷史，而且給我們從移民者眼中的世界看到不同的視野。看看舊金山海灣天使島 (Angel Island) 上的移民站，此處為中國移民在簡陋房屋的矮牆上留下數百首動人的詩句❷。我們必須知道這些人的內心想的是什麼，吶喊的是什麼？或

---

❶　Maxine Hong Kingston, *China Men* (New York, N.Y.: Alfred A. Knopf, 1980), 100–102, 114, 117.

❷　一首詩嘆道：「埃塵此地為仙島，山野原來是監牢。既望張網焉投入，只為囊空莫內何。」另一首詩怨道：「美有強權無公理，圇圇吾人也罹辜。不由分說真殘酷，俯首回思莫內何。」Him Mark Lai, Genny Lim, and Judy Yung (eds.), *Island: Poetry and History of Chinese Immigrants on Angel Island, 1910–1940* (Seattle, Wash.: University

許他們只是這裡的一名勞動
者、一名默默無聞的農夫，但
是他們內心的話語值得我們用
心關注⓭。

年老的亞裔移民要年輕一
輩知道他們的過去。他們的故
事期待讓年輕一輩聽到。例如，
1864～1869 年間，中國移民協

圖 1：天使島（出處：Shutterstock）

助美國修築中央太平洋鐵路，對美國早期西岸開發奉獻心力及性命。然在美
國歷史記載上，卻因為當時排華氛圍籠罩，美國刻意不願提及，甚至忽略它。
在 1869 年 5 月 10 日中央太平洋鐵路接軌的慶典上，所有工人受邀聚集在猶
他州 (Utah) 的海角點 (Promontory Point) 準備慶賀接軌儀式的同時，中國工人被
迫缺席，不過有三名華工將接軌儀式中象徵性的黃金鉚藏起來，在大家找不
到這象徵物時，華工將黃金鉚抬出，全場鼓掌歡呼。席間，主持人查里士·
克拉克 (Charles Crocker) 只以「中國人對美國西部開拓有所貢獻」一語帶過，
成為華人移民史上所謂的「一句話的歷史」。

一位年長的日本農夫認為，日裔年輕一輩應該知道關於自己祖先移民的
故事，他們必須負有一種成員的「集體記憶」感⓮。他們的故事屬於美國這
個國家的歷史，需要記錄在美國的歷史書籍，因為他們反映了形成美國這個
國家的移民史。初期大多數的亞洲移民短暫停留，視自己為「寄居者」。但歐

of Washington Press, 1991), 136, 140; Roger Daniels, "American Historians and East
Asian Immigrants," *Pacific Historical Review*, 43 (1974); 449–472.

⓭ Joseph Bruche, *Breaking Silence: An Anthology of Contemporary Asian American Poets*
(Greenfield Center, N.Y., Greenfield Review Press, 1983), 11.

⓮ 日本第一代移民認為年輕一輩必須瞭解移民歷史，才能凝聚族群意識。他們說道：
「你細膩的生命歷程，你奮鬥的故事，雖未被記載於任何史冊，卻深深烙在我心。」
Dennis Akizuki, "Low-Cost Housing for Elderly Pilipinos Delayed," *Daily Californian*,
November 1, 1974.

洲移民將自己視為「定居者」，兩者想法截然不同。許多旅居的亞洲勞工離開他們家鄉的妻子與兒女，來到美國工作幾年後，再返回家鄉與妻兒團聚。母國的妻子等待思念的丈夫，更感無奈❺。歷史學家西奧多‧薩拉特斯(Theodore Saloutos) 解釋，決定永久停留美國，是一個「事後」的想法。例如，在 1886～1924 年，二十萬名在夏威夷的日本人，原本只打算在夏威夷工作幾年即返回日本，但是，最終返回母國者只有 55%，其餘的日本人都留下來，或者移居到另一個國家❻。不過，許多留在美國的亞洲移民發現他們仍被美國社會視為局外人❼。

　　為什麼亞裔美國人被當成局外人呢？ 社會學家喬治‧史麥爾 (Georg Simmel) 提出的理論，正可以用來解釋這個觀念。史麥爾認為，「歧視和疏離」常是一個群體進入另一個社會時所產生的反應。初期這些「陌生人」(the stranger) 並不屬於這個新地方，而這些闖入者的素質不如當地居民。沒有依靠的「根」就像浮萍般，他們是新地方的分離者，單調呆板的死守著他們家鄉母國古老的文化，深怕被同化。當他們定居在新地區，逐漸有了成就，他們的「怪異行為」會顯得更加突出，因為他們仍然未和當地人建立友善、親密的關係❽。依據史麥爾的理論可知，美國亞裔為什麼變成「陌生者」並非單

---

❺ 在廣東家鄉的中國婦女思念遠在金山的丈夫，唱著抒發感情的歌：「我親愛的丈夫，自君別離後，我對所有的事情失去興趣。整天待在臥室，修整我的眉毛；數不盡的自責。悲傷，無語。我孤枕難眠。」Marlon K. Hom (ed. and trans.), *Songs of Gold Mountain*: *Cantonese Rhymes from San Francisco Chinatown* (Berkeley, Calif.: University of California Press, 1987), 134.

❻ Caroline Golab, *Immigrant Destinations* (Philadelphia, PA.: Temple University Press, 1977), 48, 58.

❼ 「我們覺得我們只是在別人屋子裡的客人」，日美公民聯盟的國家指導 Ron Wakabayashi 是第三代移民，他說，「我們從來沒有真正放輕鬆和安穩的將雙腳放在桌下」。Michael Moore, "Pride and Prejudice," *San Francisco Examiner*, November 15, 1987, 17.

❽ Georg Simmel, *On Individuality and Social Forms*, edited by Donald N. Levine (Chicago,

一的原因，他們移民到一個新地區，期待日後有機會衣錦還鄉，落葉歸根，所以不願同化或融入美國社會，這是他們最根本的問題和自然的反應。拒絕同化，堅守家鄉傳統的情況下，亞裔移民被新社會視為是局外人。

　　亞裔移民與歐裔移民截然不同。歐洲移民在橫渡大西洋時，也曾忍受災難與痛苦。不過，歐洲移民在美國是既得利益者。新世界賜予他們的，就如同費茲傑羅 (F. Scott Fitzgerald) 的《大亨小傳》(The Great Gatsby) 書中所描寫，他們給予自己一個新的認定，亦即藉著改變姓名以重新生活❶。一個新的「美國」名字可以為他們開創出更多經濟機會。與過去母國告別，積極融入這個新世界，他們就會成功❷。然而，亞裔族群無法改變他們自己，因為他們來自一個與歐洲體系截然不同的國度。這些人群來自亞洲，他們帶著亞洲的文化及傳統，保存著母國傳統的思想。更者，他們有著無法改變的特質——眼睛顏色、頭髮顏色，和特別的「膚色」。在白人眼中，「顏色是一種罪惡」(color is sin)。芝加哥大學社會學家羅伯特‧派克 (Robert E. Park) 把亞洲族群稱為是一種「不協調的族群」。派克認為，他們個人的價值不被在意，他們在主流社會中不易被接受，甚至他們的膚色是不對的顏色。在美國，「膚色」會影響「工作」機會。大批亞洲移民赴美當園藝工人、鐵路工人、工廠技術員、罐頭工廠勞工以及農田工人，這些大多屬勞力的工作，白人雇主用兩套工資系統付給歐洲及亞裔勞工。比起歐洲勞工而言，亞裔勞工獲得較少的工資，而且為了抑制工資，常使他們彼此內鬥。由於種族的對立，促使白人雇主要求亞裔勞工接受低於市場工資的工作，排斥亞洲移民的到來。這些白人資本家也像白人工人一樣，將亞洲人視為「怪異者」❸。由於種族歧視和白人勞

Ill.: The University of Chicago Press, 1971), 143–149.

❶　費茲傑羅的《大亨小傳》名句：「這裡每一個個體可以重塑他自己，Gatz 可以變成 Gatsby。」

❷　J. N. Hook, *Family Names: How Our Surnames Came to America* (New York, N.Y.: Macmillan Publisher, 1982), 351, 322–325.

❸　Robert Blauner, "Colonized and Immigrant Minorities," in Ronald Takaki (ed.), *From*

工階級的敵視，亞洲勞工要在美國工作立足是相當辛苦的事。等存夠了積蓄，許多亞洲移民變成雜貨店店主、商人與小生意人。一名華人雜貨店店主之子表示，因為沒有任何的機會對中國人開放，所以他們除了開洗衣店外，什麼都不能做。創業不是亞洲人的本意，「文化」的因素或是生活習慣的不同，讓他們成為「陌生人」，也因此被勞力市場排斥。早期的中國與日本移民，在他們自己的家鄉都曾經是農民。移民美國後，他們變成店主或小商家，發展出不同的商業族群。由於生意種類與文化差異，逐漸強化亞裔的形象與實際狀況，更讓他們像是居住在美國的陌生訪客❷。

這些公開的種族歧視，導致 1882 年《排華法》的簽署，在族群上特別排斥華人，而 1924 年的《移民法》也禁止了日本人赴美，但當時仍允許 17,853 名愛爾蘭人、5,802 名義大利人、6,524 名波蘭人進入美國。更者，1924 年的法案支持歐洲移民團體與他們的家人聯繫，允許男性歐洲移民回到家鄉，帶他們的妻子返回美國，他們的妻子不受配額的限制。但是，這個法案卻極力阻止亞洲移民的家屬來到美國，禁止任何來自中國、日本、韓國與印度的女性進入美國，甚至美國的公民也不能帶著任何亞裔妻子進入美國。不過，有一特例，即 1924 年的法律不適用於亞裔族群中的菲律賓人，因為菲律賓當時是美國的殖民地。1934 年的《泰邁法》(Tydings-McDuffie Act) 提供了菲律賓人獨立的地位和限制菲律賓移民，規定一年有五十個名額可以移入美國❸。

美國自 1776 年獨立革命建國後成為一個以盎格魯撒克遜為主體的國

Different Shores: Perspectives on Race and Ethnicity in America (New York, N.Y.: Oxford University Press, 1987), 149–160.

❷ Victor Nee & Brett de Bary Nee, "Growing Up in a Chinatown Grocery Store: Interview with Frank Ng," in Emma Gee (ed.), *Counterpoint: Perspectives on Asian America* (Los Angeles, Calif.: UCLA Asian American Studies Center, 1978), 346.

❸ Proclamation 2283 of President Franklin D. Roosevelt, *Code of Federal Regulations* (Title 3 The President, 1936–1938 Compilation); 140–141.

家。歷史學者溫斯洛普‧喬丹 (Winthrop Jordan) 注意到，在美國定居的土著印第安人和黑人，他們服務白人，殖民時期當白人冒著危險進入北美洲時，這些族群曾幫助白人。當殖民地為了獨立奮鬥，準備建立新國家時，白人不斷對土著印第安人及黑人壓榨及驅趕，種族問題逐漸燃燒。美國獨立戰爭後，《聯邦主義講文集》(Federalist Papers) 公開宣布，「神已經賦予此一個完整的國家和團結的人民來自相同的祖先，說相同的語言，在同樣的地區工作，附屬於相同的政府法令，相似的生活習俗與風俗」。在一封給詹姆斯‧門羅 (James Monroe) 的信中，湯姆斯‧傑佛遜 (Thomas Jefferson) 總統寫道，他期待未來的日子裡，美洲大陸的人民能夠團結。對傑佛遜而言，美國新社會應該是由歐洲移民和他們的子孫所建立的避難所。傑佛遜的願望影響長達一個世紀，美國最高法院在 1923 年「美國訴廷德案」(U.S. v. Bhagat Singh Thind) 案例中，拒絕給予印裔歸化公民權，因為他們不是白人。

　　亞洲移民東渡到美國，這些早期移民的區域不是東岸的艾利斯島 (Ellis Island)，而是西岸舊金山海灣的天使島；不是歐胡 (Oahu) 而是夏威夷。他們的到來，幫助美國這塊新大陸擴張及發展。在美國，亞洲移民長時期以來遭受暴力衝突與種族歧視，他們無法改善他們的生活品質。他們的「精力」和「憧憬」被關在古老的國家裡未能釋放。他們自我鞭策，也已經超越了他們的能力。他們相信在美國新世界得以重新開始，重新出發。來到這裡，亞洲移民試圖尋找一個進入美國的「門」，並且期待夢想會成真，這個充滿希望的夢想也包含著很深的疑惑，因為亞洲移民知道，他們與歐洲移民不同，他們不是來自大西洋，而是太平洋，他們從原鄉到異鄉，將視他鄉為故鄉，期許美國能敞開胸懷，接納他們的努力，並且在夢想之地，孕育甜美的果實。

第二章

土著印第安族群

18世紀「美國」這個國家尚未建立，但早有一批亞洲土
著族群在此居住。今日，我們若說土著印第安人是美國
土地上的主人，或稱他們是美國移民的先驅者，都不為
過！美國是一個由移民構成的國家，除了土著印第安人
外，其餘族群都是外來移民。但因為歐洲文明及其他國
家文化的引入，讓保留原始傳統的土著印第安人不論在
居留地或文化傳承均遭受嚴重的威脅。

據 2000 年統計，美國擁有五百六十二個印第安部落 (tribal nations)，分散在美國五十州，印第安保留地總面積占美國領土的 2.3%。規模最大的十二個印第安部落為：切羅基族 (Cherokee) 369,035 人、納瓦霍族 (Navajo) 225,298 人、蘇族 (Sioux) 107,321 人、奇佩瓦族 (Chippewa) 105,988 人、喬克托族 (Choctaw) 86,231 人、普韋布洛族 (Pueblo) 55,330 人、阿帕契族 (Apache) 53,330 人、易洛魁族 (Iroquois) 52,557 人、拉姆畢族 (Lumbee) 50,888 人、克里克族 (Creek) 45,872 人、布萊克福德族 (Blackfoot) 37,992 人，及奇克索族 (Chickasaw) 21,522 人。美國的文化已深深烙印下土著印第安人的足跡。如今，美國五十州中有二十六州、一千多條河流、二百多個湖泊和數不清的城鎮、山丘、河谷、森林、公園，都是沿用土著印第安名稱，足見土著印第安人對美國歷史的深遠影響❶。

第一節　美國移民先驅──土著印第安族群

印第安人經歷了漫長的歲月❷，在美洲土地上紮根，分枝成許多族群，發展出自己的古代文明，成為美洲大陸和西印度群島文明的創造者。在 1492 年，哥倫布 (Christopher Columbus) 初次到達美洲時，誤將美洲當印度，把身上塗有紅色染料的當地人稱為「印度人」(los Indios，或 Island Indians)。這一歷史的誤會沒有得到糾正，沿用至今，只是加了一個地區名，稱為「美洲印度人」(American Indians)。這個名稱之所以日後沒有被更正，主要是因為被稱為「美洲印度人」的美洲主人不是單一種族，而是指聚居在美洲的一千多個部族，從外貌看有其差異，更不必說種類繁多的語言了。據統計，土著印第安人可分為一百六十多種語系和一千二百多種方言，僅僅北美土地上的印第安部落

---

❶ 例如世人熟悉的密西西比 (Mississippi)、俄亥俄 (Ohio)、密蘇里 (Missouri)、伊利諾 (Illinois)、康乃迪克 (Connecticut)、阿肯色 (Arkansas) 等州；波托馬克河 (Potomac River)、密西根湖 (Lake Michigan)、優勝美地國家公園 (Yosemite National Park)；芝加哥 (Chicago)、邁阿密 (Miami) 等名皆源自土著印第安名。

❷ 學術界的假設，從一萬年到三萬年不等，甚至更長一些。

就有六百個，使用七十三種主要語系的五百多種方言，形成四百種以上獨特
的文化型態。一名已故美國印第安語言學者愛德華・薩皮爾 (Edward Sapir) 對
於北美洲印第安人的納－德內語族 (Na-Dené languages)❸與漢藏語系間的親緣
關係做過深入研究，證實納－德內語族中的阿塔巴斯克語和漢藏語系相似，
提出納－德內語族可能源自於亞洲，並且是北美洲印第安語族中分布最廣的
一支。

　　除了北美洲的土著印第安部族外，分布在中南美洲的古印第安文明，出
現三大文化型態：馬雅 (Maya) 文化❹、阿茲特克 (Aztec) 文化❺、以及印加

---

❸ 納－德內語系是指北美洲原住民的一種語系，主要分布於加拿大西南部（包括西北
　地區、育空地區及其鄰近地域）和美國西北部（阿拉斯加州，加上奧勒岡州西南部
　和加利福尼亞州北部）。納－德內語系包含了現時的阿薩巴斯卡語系諸語言、埃雅克
　語 (Eyak)、特林吉特語 (Tlingit)。參見 Edward Sapir, *Language: An Introduction to the
　Study of Speech* (New York: Harcourt, Brace and Company, 1921), 117.

❹ 馬雅文化的發源地是墨西哥東南部，創造馬雅文化的是三千年前住在現在瓜地馬拉
　境內熱帶雨林森林地帶的馬雅人。距今約二千年前，他們在瓜地馬拉和墨西哥陸續
　建立了八百多座馬雅城鎮，今日許多遺址已被發掘。馬雅人建立了卓越的成就，他
　們以科學方法解釋宇宙間星辰的運轉，創造一年三百六十五天的先進曆法；他們使
　用數學的「0」比歐洲早一千二百年。他們多才多藝的石雕藝術家，留下許多精美的
　神像雕刻和廟堂巨型曆法石雕。他們還創造了象形文字，並且栽種玉米、馬鈴薯、
　煙草等，表示馬雅人很早便有農業知識。這個以祭司為中心的馬雅古文明，在 1100
　年左右被來自墨西哥的托爾特克 (Toltec) 文明所取代。

❺ 阿茲特克文化在建築、雕刻和繪畫方面，表現出特別的才能和技藝。在 13 世紀左
　右，印第安人阿茲特克人南下征服了托爾特克人和其他部落，建立起強大的軍事「帝
　國」，並在一個小島上建立起自己的都城鐵諾奇蒂特蘭，這就是今日墨西哥城的所在
　地。這個都城是一個「石頭城」，主要的建材都是用石頭砌建的。城市形狀如一車
　輪，有四條寬闊大道，大道都有木橋與圍繞小島的陸地相連結，橋下可通行船隻。
　這個城市在 15 世紀末擁有十萬人口，不亞於當時歐洲大城市巴黎和倫敦的規模。阿
　茲特克人懂得鎔鑄銅、金，但還不會煉鐵。阿茲特克人在極盛時期 (1440～1469) 控
　制了整個墨西哥盆地，版圖西至太平洋岸，南至瓜地馬拉，統治著數百萬人。但這

(Inca) 文化❻，其文化程度的卓越，亦是印第安文明的成就。

美洲（包括北美、中南美洲）土著印第安人來自於何處，說法不一，爭論很多。綜合學術界論說有兩種觀點，其一是「本土說」，認為土著印第安人是土生土長的，不是來自其他大陸或島嶼。其二是「外來說」，認為土著印第安人是來自美洲以外的移民。而以後者說法較被學者專家所接受❼。

然印第安人來自何處，至今仍眾說紛紜。美國研究土著印第安人歷史的著名學者亞歷斯・赫德利卡 (Alex Hrdlicka)，在他發表的〈美洲印第安人的起源〉("The Original of American Indian", 1917) 一文中認為，印第安人來自今日的西伯利亞 (Siberia)、中國西部（包括西藏）、蒙古、朝鮮、日本和菲律賓等地。法國學者保羅・里維特 (Paul Rivette) 則在他的《美洲人類的起源》(The Original of American Human, 1989) 一書中提出不同的看法，他指出當新大陸被發現時，美洲人類的文化基本上是處在新石器文化階段，只有少數地區使用金屬，沒有超出青銅器文化階段。根據里維特的研究，土著印第安人尚不懂得使用輪子，因此不會用輪轉法製造陶器、也不會製作玻璃，更不知小麥、大麥、燕麥和水稻的種植，強調土著印第安人不是那些早就知道使用和種植上述物種的文明移民後裔。如此一來，里維特排除印第安人是亞洲文明人如中國人、日本人、南亞人等移民的可能性❽。雖然里維特對土著印第安人源自亞洲的支系

個「帝國」實際上是個部落聯盟，不具封建帝國型態，仍處在早期奴隸制度階段。阿茲特克文化繼承了馬雅文化和托爾特克文化，但其發展更深遠。阿茲特克部落聯盟存在了大約二百年，1519 年西班牙殖民者入侵墨西哥後，以鋼鐵槍砲征服了阿茲特克人。

❻ 印加文化是存在於南美安地斯地區更為古老的文化，印加人是從事農業、畜牧、製陶、鑄造金銀銅和青銅最早的印第安人。「印加帝國」是在 15 世紀兼併了許多地方性小「國」後形成的。在 16 世紀初達到極盛時期，面積八十多萬平方公里，人口六百萬，包括今日秘魯和智利、厄瓜多爾、玻利維亞和阿根廷的一部分。至 1533 年被西班牙殖民者滅亡。

❼ Francis Jennings, *The Invasion of America: Indians, Colonialism, and the Cant of Conquest* (New York, N.Y.: W.W. Norton Company, 1975), 112.

持保留態度，但是他承認，亞洲人在美洲的拓殖中協助種植菸草及農耕，發揮了相當重要的作用。

大部分研究土著印第安的學者認為，印第安人是從西北方向移居美洲的「亞洲移民說」，是較合乎邏輯的。因為在一萬五千～七萬年前，白令海峽 (Bering Strait) 存在著露出海面的「陸橋」，使亞美兩洲出現過毗鄰的陸地關係。古代亞洲獵人有可能通過這個「陸橋」到達北美洲。晚近的美國人類學家，從人類學的角度，亦即從人的骨骼、頭顱形狀、及膚色等方面的研判，發現土著印第安人和亞洲的蒙古人基本上是相同的。這批來自北亞蒙古種（North Asiatic Mongoloid, 或 Classic Mongoloid）的蒙古人，其體質特徵是黃色至淺棕色的皮膚、黑色粗糙而硬質的頭髮、身上少體毛、寬臉、高顴骨、斜吊眼、門齒箕形和寬而厚的嘴唇，血型大半是 O 型的，而 A1 血型者也占多數等等。如果我們只從電影裡來認識土著印第安人，那麼我們常會得到一個不正確的印象，以為他們是一群風俗怪異、好戰、扮相奇異，和亞洲黃種人毫無關係的人類。其實，土著印第安人在體質上和亞洲大陸的人種是相近的，至少比歐美白種人更要相近得多。所以亞洲大陸人和土著印第安人在人種的分類上有其近親的關係。

中國人類學者和考古學者提出了一個新觀點，即最早到達美洲的是「華北人」。這一假設是依據美洲和亞洲舊石器時代晚期，文化具有某些共同的特徵所提出來的說法。一個重要的依據，是在阿拉斯加 (Alaska) 的科布科河下游的阿克馬克遺址所發現的楔狀石核類型和加工方法，與 1972～1974 年在中國華北桑乾河中游，河北虎頭梁村附近發掘出的楔狀石核相同❾。這一發現否定了華盛頓的史密森學院 (Smithsonian Institution) 在 1926～1938 年間做出的

---

❽ 保羅‧里維特，《美洲人類的起源》（北京：中國社會科學出版社，1989），87。

❾ 根據科學方法測定，虎頭梁村遺址發現的楔狀石核地質，年代早於阿克馬克遺址，而且發掘出的數量遠超過美洲各地遺址發現的數量。因此，初步斷定，分布在亞洲和美洲的楔狀石核，最早是在華北產生的，在二萬多年以前，由華北的古獵人在追逐野獸的過程中，把楔狀石核及其製造技術帶到了美洲。

研究，即在亞洲的移民向美洲遷徙的路途中，沒有發現新石器時代以前石器的調查結論。史密森學院的調查只肯定愛斯基摩人 (Eskimos) 源自亞洲，認為其他印第安族群來自亞洲的證據不充分。此外，亞洲獵人經過白令海峽「陸橋」移居美洲是一個漫長的過程，因此不認為土著印第安人只與亞洲某一確定的民族或族群有關係；也不能否定繼亞洲人之後，有其他種族逐漸進入美洲，由於血統的混合，使土著印第安人產生不同的文化背景和複雜的語言。

因此，早期土著印第安人在北美洲創造出自己獨特的文化，不過在文化程度上卻未及中美洲和南美洲土著印第安人的水平。從人數上而言，北美土著印第安人人口分布亦較為稀疏分散。今日的美國，已挖掘出五千～七千年前居住在大湖區〔Great Lake Area，即今日的威斯康辛 (Wisconsin)〕的印第安人所使用的銅器工具和矛尖遺物，成為世界上北美印第安人最早使用金屬工具的考古發現之一。在北美西南部（即今天的亞利桑那、新墨西哥與墨西哥交界）的地方，過去曾是一片大湖，現在已成一片沙漠。在九千～一萬年前，大湖周圍曾居住過科切斯人，他們用石器採集野生穀類和種子食用；在大約二千年前，他們的後裔已經發明種植玉米的方法，且開始使用灌溉技術。這支印第安人被認為是現代普韋布洛印第安人 (Pueblo Indians) 的祖先。他們房子內部的布局相當複雜，今日在新墨西哥仍然可見。此外，居住在密西西比的納切茲印第安人 (Natchez Indians)，文化水平較高，崇拜太陽，首領和祭司都被稱為「偉大的太陽」，首領的母親或姊妹被稱作「女性太陽」。當首領死去，乃由他的母親或兄弟來決定繼承人。

在 16 世紀中葉以前，北美印第安文化水平較低，而且不同地區的文化發展也不平衡。在沿海和主要流域地區的印第安人文化水平較高，內陸則較低。他們在與艱困的自然環境搏鬥時，培養和鍛鍊出生存技巧和生活技能。阿爾貢金人 (Algonquian) 製造的獨木舟、易洛魁人和普韋布洛人的製陶技術、納瓦霍人的編製和手工紡織技術，都表現出北美印第安人在走出原始生活狀態的路途中，創造自我的獨特文化。藉由與中美、南美印第安人文化的交流，吸收了許多古老的印第安文明。然而，後來他們的發展受到了來自歐洲殖民者

　　無情的摧殘，他們的生存受到種族滅絕般的破壞。自歐洲人成批登上北美大陸後，土著印第安人創造和發展本身傳統獨特的文化環境，就不存在了。因此，現今美國文化不是北美印第安文化的繼承和發展，土著印第安人的原始社會不是美國的早期歷史。現今土著印第安人雖然是美利堅民族的一個組成部分，但是他們的人口只占全美國人口的 1%，而且一百多萬印第安人也不是同一民族。不過可以肯定的是，土著印第安人是美國的先驅者，是北美最早的居民，更是北美土地的主人❿。

圖 2：北美印第安人分布圖

---

❿　Henry F. Dobyns, *Their Number Become Thinned: Native American Population Dynamics in Eastern North America* (Knoxville, Tenn.: University of Tennessee Published, 1983), 182.

第二節　美利堅合眾國建立下的印第安人

　　1776 年 7 月 4 日，由湯姆斯‧傑佛遜起草的《獨立宣言》(United States Declaration of Independence)，宣布英屬北美殖民地脫離英國成為一個獨立平等的國家。與此同時，北卡羅萊納 (North Carolina) 西部霍爾斯頓河一個印第安切羅基人居住的村莊被白人夷為平地。在獨立戰爭期間，印第安人對於白人移民不表友善，因為他們感受到鵲巢鳩占的威脅。大多數印第安部族成了英國的盟友，和英國軍隊結成聯盟，與殖民地的武裝力量和民兵作戰。1778 年，英國人甚至成功地煽動所有邊境沿線的印第安人站在同一陣線，一起反對合眾國。在此之後的幾年間，英國人和美國人打仗，印第安人又和白人移民打仗。印第安人襲擊移民據點，移民血洗印第安人村莊。這種悲劇，在整個獨立戰爭期間沒有停止過，使得印第安人的處境更為艱困。

　　在獨立戰爭之後，美利堅合眾國建立，疆土大幅擴張。各國移民猶如潮水般湧入，地理疆界從大西洋邊延伸到太平洋岸，從美加邊境的五大湖擴張到美墨交界的格蘭德河 (Grand River) ❶。再加上，法國拿破崙 (Napoléon Bonaparte) 於 1803 年表示，要把從西班牙手中奪得的路易斯安那 (Louisiana)，以一千五百萬美元出售給美國，這塊面積達 82.7 萬平方英里的土地，比 1783 年時美國全部領土還大。四十多年後，詹姆斯‧波爾克 (James Knox Polk) 總統以墨西哥軍隊越境打死美國兵為藉口，要求對墨西哥宣戰。戰爭持續一年多，墨西哥失敗，割讓了新墨西哥 (New Mexico) 和加利福尼亞 (California)，總面積超過五十二萬平方英里。格蘭德河成為美墨界河。而久居北美土地的印第安人面對白人的種種威脅，進行了保衛自己生存權利的殊死戰。移民土地的擴張，造成印第安人的退讓；移民社會的民主，就是對印第安人的侵略；移民的自由，就是對印第安人的驅逐。在歐洲人登上北美土地的初期，也曾出現過短暫的和平友好時期，因為移民尚未立穩腳步，而且有大批土地可以

---

❶　卡羅爾‧卡爾金 (Carroll C. Calkins)，《美國史話》，轉引自《美國擴張與發展史話》
　　（北京：人民出版社，1984），5。

自由使用，印第安人從歐洲白人處得到馬匹、羊群和打獵的武器。然在與白人接觸後，印第安人受到天花的感染及黑死病的傳染，竟使整個部族人口幾乎滅絕，新英格蘭的各部落最先遭受牽連。在皮闊克戰爭 (Pequot War, 1637) 和菲力普戰爭 (King Philip's War, 1675～1676) 兩場大型的白人和印第安人征戰中，印第安部落從他們世代居住的新英格蘭地區消失了❷。這些土著一方面對土地投機者和殖民者的壓榨感到氣憤，另一方面也對白人的非法手段和不道德行徑感到生氣。在日後的白人與印第安人征戰中，印第安人被奪走西北地區東部的大片土地，白人移民未依照條約的規定，湧進俄亥俄州西北隔離雙方的「真空」地帶，越過條約規定的邊界向印第安人的居住地蠶食鯨吞，隨後進一步實施所謂的印第安人「遷移」政策。

在獨立戰爭後的三十多年間，美國政府一直驅趕印第安人，尤其是「遷移政策」的實施，對印第安人造成傷害。美國第三任總統傑佛遜正式提出印第安人遷移政策，他要求先將所有在美國東部的印第安人遷移到遠西，即今日的中西部。在此後的幾十年間，美國聯邦政府堅決執行把印第安人驅趕到密蘇里河 (Missouri River) 以西大平原的政策。大平原是指落磯山脈 (Rocky Mountains) 與密西西比河 (Mississippi River) 之間的大片野牛棲息地，包括今天的德克薩斯 (Texas)、科羅拉多 (Colorado)、內布拉斯加 (Nebraska)、達可達 (Dakota)、懷俄明 (Wyoming)、蒙大拿 (Montana)、奧克拉荷馬 (Oklahoma) 及堪薩斯等州。這一帶是白人號稱的「美利堅大沙漠」，白人只有在前往加利福尼亞和奧勒岡 (Oregon) 時，才會越過這一帶，卻不敢定居於此。在這片大平原上，原來就住著不同部族且人數不多的印第安人，彼此間也少有聯繫。在執行「遷移」政策時，美國政府使用武力侵略和欺騙手段強迫遷移，保證「只要草還在長，水還在流，土地就永遠是印第安人的」。從 1784～1894 年間，美國政府與印第安人締結七百二十項土地轉讓條約，印第安人被迫讓出數千萬英畝的土地，被驅趕到密西西比河以西之地❸。

---

❷　Alden T. Vaughan, *New England Frontier: Puritans and Indians, 1620–1675* (New York, N.Y.: Little, Brown and Company, 1965), 177.

在遷移過程中，印第安人遭遇了歷史上最悲慘的歷程。即切羅基部族所稱的「眼淚之路」，為美國印第安史留下永遠的痛。切羅基部族是白人認為「五個文明部落」❹之一。他們世代居住在西喬治亞州 (West Georgia)。1791年美國總統華盛頓 (George Washington) 任期間，聯邦政府與切羅基酋長簽訂了一項條約，規定切羅基人讓出他們的傳統狩獵地，退到喬治亞西北山地，政府保證他們擁有的新土地不受到侵犯。切羅基人聽信白人的諾言，開始過著定居的生活，修道路、建房屋，用切羅基部族文字印刷製成書籍，制定部族的成文憲法，他們想要在聯邦條約保證下與白人和平共處，過著安定的生活。不料，在 1828 年，切羅基人的居住區內發現了金礦，喬治亞州當局也不顧聯邦政府與切羅基部族事前訂立的條約，要將切羅基部族逐出喬治亞。而當時的總統安德魯‧傑克遜 (Andrew Jackson) 為了利益，於 1830 年 5 月 28 日簽署法令，強迫所有印第安人遷往密西西比河以西，他批准喬治亞州當局驅逐切羅基人的作法，撤回亞當斯 (John Adams) 總統在任時 (1797～1801) 派到切羅基人居住區執行保護任務的聯邦軍隊，以便喬治亞州當局放手執行驅逐印第安人計畫。1838 年 5 月，傑克遜的繼承者馬丁‧范布倫 (Martin Van Buren) 總統即派出一名聯邦將軍統帥及七千名士兵，押解五萬名切羅基人離開喬治亞，遣送到奧克拉荷馬去。在這次長達一百一十六天艱辛的長途跋涉中，有一萬二千名切羅基人死去❺。最後，切羅基人以放棄家鄉土地、石油礦藏和犧牲

---

❸ Richard B. Morris, Encyclopedia of American History(New York,N.Y.: Harper& Row, 1976), 643.

❹ 五個文明部落是指切羅基、克里克、塞米諾爾、喬克托和奇克索等部落。

❺ 一名擔任押送任務的士兵記下他的感想：「我看到無助的切羅基人被拖出家門，圈在刺刀下的草棚欄裡，在淒風苦雨中，我看到他們像牛羊一樣馱著東西上了四輪運貨馬車開始西行。」美國著名作家拉爾夫‧愛默生 (Ralph Waldo Emerson, 1803～1882) 譴責這一殘暴的惡行：「自從大地開創以來，從未聽說過在和平時期，一個民族對待自己的同盟者和受監護人時，竟如此背信失德，藐視正義，並對於乞求憐憫的悲鳴如此置之罔顧。」卡羅爾‧卡爾金，《美國史話》，轉引自《美國擴張與發展史話》，49；莫里森‧康馬傑等合著，《美利堅共和國的成長》上卷（天津：天津人民出版

同族人的生命為代價，換來聯邦政府一百萬美元的分期補償金❻。這段被聯邦政府欺騙及逐出家園的歷史，永遠烙印在每個印第安人心中，對美國白人移民的無情作為感到氣憤與不平。

第三節　美國內戰前後的印第安人

美國白人在南北戰爭 (Civil War, 1861～1865) 期間，對印第安人的剿滅活動從未停止過。聯邦軍將領謝爾曼 (William Tecumseh Sherman) 及美國內戰中戰績卓著的聯邦軍官卡斯特中校 (George Armstrong Custer)，他們對 1864 年科羅拉多民兵任意屠殺手無寸鐵的印第安婦女和兒童，從未表示同情❼。卡斯特中校也是屠殺印第安人的美國騎兵正規軍官，1868 年 11 月 17 日率領騎兵在奧克拉荷馬印第安領地的沃希托河 (Washita River)，進攻印第安人首領「黑壺」(Black Kettle) 及其夏延部族 (Cheyenne) 營地，殺死一百多名夏延人，「黑壺」及其妻都被殺害。

內戰後（1865 年以後），形勢發生了巨大的變化。美國邊疆已不是以密西西比河為其西界了。1862 年的《宅地法》(Homestead Act) 為白人拓殖者和投機者敞開大門。此時，草依然在長，水照樣在流，可是大平原上的印第安人面臨更大的厄運。依據《宅地法》，白人只要在自行占領的土地上耕種五年，付出象徵性的登記費，就可以得到一百六十英畝的土地。如此一來，引來了大批的投機客。分配的土地已經危及印第安人立足之地。西邊的白人拓荒者得

社，1980），573。

❻ Henry F. Dobyns, *Their Number Become Thinned: Native American Population Dynamics in Eastern North America*, 182.

❼ 謝爾曼發表這樣的意見：「如果我們今年殺得多一點，那麼下一年要殺的人就可少一點……反正他們都得殺掉……。」卡斯特中校毫不掩飾地說：「如果白人要求得到印第安人的土地，那就不存在上訴的問題，印地安人必須交出來，否則就應無情地把他們碾過粉碎，邊摧毀邊前進。」Jennings, *The Invasion of America: Indians, Colonialism and the Cant of Conquest*, 157–158；卡羅爾‧卡爾金，《美國史話》，轉引自《美國擴張與發展史話》，26、28。

到美國軍隊的保護和支持，然而此刻的印第安人並非美國公民，仍是不受法律保護的化外之民。

隨著鐵路的修築和移民的湧入，給印第安人打擊最大的是野牛群的消失。野牛是大平原所有印第安部族賴以生存的基礎，他們依賴和利用野牛的程度是現代人無法想像的。一名印第安蘇族 (Sioux) 人回憶說，牛肉是他們主要的食品，他們對於野牛身體的每一部分都善加利用，生活極度依賴野牛❸。可是野牛不容易捕獵到，酋長往往要爬到高山丘去為他的族人祈禱。捕獲野牛後，酋長會將食物分給族人，首先是分給寡婦和孤兒，然後則是獵牛的勇士們和他們的家庭❹。在大平原上，19 世紀初有大約六千萬頭野牛棲息其間。在 1869 年貫穿東西部中央太平洋鐵路通車時，旅客還可以看到鐵路兩旁的野牛群，有時甚至綿延數英里，牠們對冒著濃煙駛過的火車並不感到驚恐❺。隨著鐵路交通的發展，大城市如雨後春筍般出現，人類的活動頻繁，慾望增加，無限制地射殺野牛成了白人的娛樂。過去印第安人射殺野牛是用弓箭，既不危及野牛的繁衍，又維持大平原上古老的生態平衡。白人加入射獵行列，用的是獵槍、來福槍，甚至使用機關槍，還有坐火車的旅客從火車窗戶對著牛群開槍取樂。更甚者，聯邦軍隊發現消滅野牛是控制大平原上印第安人最

---

❸ 印第安蘇族強調善用野牛的每一部分，舉凡牛的氣管可以割開晾曬，牛皮晾乾後，可將其縫在一起做成帳棚。牛筋和牛蹄可熬煮成糊狀塗抹在尖頂帳棚上，可防雨，也更結實。此外，野牛皮可做成衣服，用牛腱中的細筋來縫製。牛筋可做成繩索和弓弦；小骨節可用來製造小玩意兒，串在一起給小孩玩。牛角可雕成湯匙、鑿子或其他堅硬的工具。其他的牛骨砸碎熬成油後，將油裝在用牛胃製成的袋子裡。牛前身的長毛剃下來後，把這些長毛填充在牛皮中縫起來，就是一個柔軟的墊子。吃牛肉時，如果手上或嘴唇上沾有牛油，將其抹上擦在頭髮上，可使頭髮油潤光滑，且長得又密又長。這是一段對永遠逝去的時代追憶，充滿生活的艱辛，深具人情味。

❹ Alvin M. Josephy, Jr., *The Indian Heritage of America* (Boston, Mass.: Houghton Miffin Co., 1991), 112–123.

❺ A. L. Kroeber, *Cultural and Natural Areas of Native North America* (Berkeley and Los Angeles, Calif.: University of California Press, 1939), 113–115.

有效的方式後，他們採取有組織且大規模消滅野牛的行動。

　　內戰後，美國政府對印第安人的政策有了巨大的變化，不承認印第安部族是擁有主權的實體，意圖取消印第安部族的獨立地位。然而印第安部族是在英國殖民統治時期就被承認擁有主權的政治和法律地位，《美國憲法》也規定美國與印第安人間的特殊關係。1790 年國會制定的《貿易和交流法》(Trade and Intercourse Act)，只有聯邦政府才有權與印第安部族談判。然自 1871 年 3 月 3 日，美國國會制定《印第安人撥款法》(Indian Appropriations Act) 的附加條款中規定，自此以後，在美國境內印第安部族或民族不能享有獨立權，他們無權與美國訂立條約。1885 年 3 月 3 日，美國國會又制定法令，印第安人在保留地內觸犯法律應由聯邦法庭處理。在此之前，對印第安人的司法權是由各印第安部族來行使的。1887 年 2 月 8 日，國會又制定《道斯法》(Dawes Act)，此法亦是所謂的《土地分配法》(General Allotment Act)，把印第安部族土地平均分配給部族成員❷。美國政府企圖通過這種分地法，使印第安人從根本上改變傳統的生活方式，成為農夫或小農場主，這是 19 世紀末的政治措施。與此同時，印第安人面對存亡生死關頭，也展開對白人堡壘、農牧場的襲擊，以及對抗美國政府軍隊的殊死搏鬥。

　　1876 年 6 月 25 日，卡斯特中將率領二百一十名騎兵，對蒙大拿州比格霍恩河 (Big Horn River) 的印第安人展開討伐，但美軍在印第安蘇族酋長「坐牛」(Sitting Bull) 領導的蘇夏延部族聯合包圍中，全部被殲滅，卡斯特亦授首。美國史書稱這是「卡斯特的最後一戰」(Custer's Last Stand)，這也是印第安人有組織抵抗的最後一次大勝利。自 1890 年 12 月，第七騎兵隊在南達可達

---

❷　每一家庭的家長分配一百六十英畝，單身漢分配八十英畝，為避免出賣私有土地，在二十五年內由政府託管，直到分得土地者成為美國公民後才歸本人所有。基本上，各部族土地按此份額分配後如有剩餘，則分配給非印第安人。接收分地，脫離部落者將獲美國公民身分，受美國法律約束。最後，規定未分配的剩餘土地，可以由政府賣給白人定居者。Roy Harvey Pearce, *Savagism and Civilization* (Berkeley, Calif.: University of California Press, 1988), 2–15.

(South Dakota) 的「傷膝鎮」(Wounded Knee) 殺死了二百多名蘇族男女老少後，印第安人有組織的抵抗行動終止。印第安三十多個部族開始被圈入奧克拉荷馬保留地 (Oklahoma Reservation) 生活。一般以 1890 年作為印第安部族以武力反抗白人殖民和侵略行動的終結，為期二百七十年的印第安武裝反抗終告失敗。

圖 3：坐 牛

20 世紀初期，印第安人展開為爭取美國公民權努力的歷程。首先，在奧克拉荷馬保留地的克里克人 (Creek) 等五個文明部落（占美國印第安人總數的三分之一），於 1901 年3 月 3 日獲得美國公民身分。1907 年 11 月 16 日，奧克拉荷馬其餘部族歸化入籍。1919 年 11 月 6 日政府宣布，凡是在美國境內為歐戰盡力過的印第安人可獲得美國公民資格。1924 年 6 月 15 日，美國國會通過法律，凡在美國出生的印第安人均為美國公民。然而，成為美國公民後，印第安人並沒有享受到《美國憲法》所賦予的權利，他們仍被圈居在密西西比河以西的二百多個保留地內❷。1924 年美國政府以立法方式，使全部的印第安人歸化為美國公民後，政府便加緊對年青一代的印第安人進行同化。1934 年的《惠勒霍華德法》(Wheeler-Howard Act) 就是調整與印第安人聯繫的一個重要的法律，這個法律又稱為《印第安權利大憲章》(Indian Reorganization Act)。允許保留地的印第安部族通過選舉實行自治，美國政府和部族世代之間的關係，在三方面受到保障，其一，對代管的印第安人財產實行保護；其二，保障印第安人的自治權；其三，為印第安部族提供社會、醫藥和教育服務。國會甚至批准每年撥款 2.5 億美元興辦保留地的教育，對印第安新一代實行「同化政策」，由聯

---

❷ Robert Berkhofer, *The White Man's Indian: Images of the American Indian from Columbus to the Present*, 175–176.

邦撥款開辦印第安學童「寄宿學校」。這些學童自各部落適齡兒童中選出，寄宿於學校接受教育。這種選派帶有強迫性質，不需要徵得家長同意。學校裡只講授英語，不教授部族語言，甚至學童的傳統服飾和宗教儀式都需放棄，也要放棄所屬部族的傳統。受過這種初級教育的學童，可以選送到保留地公立中學學習，原則上公立中學實行雙語教育，這主要是白人為培養保留地的行政管理官員所做的設想。

第四節　今日的土著印第安人

隨著社會文明的推演，印第安人承受來自白人社會對他們的改變：他們從世代的狩獵生活，變為被圈進活動範圍受侷限且遠離故土的保留地，由於狩獵活動受到限制，只能從事手工業、農業、漁業和放牧等工作。由於教育水平的限制，他們在技術上落後；又由於得不到聯邦政府的幫助，保留地的房屋、交通設施、公共工程、醫院和教育，尤其是現代職業教育，都遠低於保留地以外其他地區的水平。1830 年，失業和貧困成了兩個主要的難題。

二次大戰期間，印第安人作為美國公民，履行了服兵役的義務，有二萬五千人參加反法西斯戰爭。由阿帕契人、納瓦霍人和普韋布洛人組成傘兵分隊，在對日作戰中功勳卓著；此外，大約也有五萬名印第安人在兵工廠和礦山工作[23]。印第安青年走出保留地，跨入新天地，接觸到更廣闊的世界。在二次大戰後，許多印第安青年不再回保留地，而到城市另尋出路，加速了印第安人走向城市。

在 19 世紀，印第安人被迫進行了第一次「大遷移」，從世代居住的狩獵地和生活區被趕到密西西比河以西的保留地。1929～1933 年的經濟大恐慌 (Great Depression) 時期，和 1939～1945 年的二次大戰時期，印第安人又開始第二次「大遷移」；走出保留地，進入大城市。現在印第安人已經打破保留地的藩籬，然而保留地並沒有廢除，仍有許多印第安人主張堅守保留地、改善保

---

[23]　（蘇）卡・菲・柴漢斯卡婭，〈美國城市中的印第安人政策〉，《民族譯叢》，3 (1985): 17。

留地、擴大保留地，在保留地裡保持和發展印第安人的傳統和特色，避免印第安人被同化。這種趨勢是近年來印第安保留地所出現的新動向。今日的印第安保留地的確有其象徵性意涵，美國最高法院首席法官約翰・馬歇爾 (John Marshall) 在保留地設置後的前兩年（即 1831、1832 年）曾做過解釋，即保留地是與合眾國保持著一種特殊關係的「國內的、從屬的部落領地」，而且是一個「特別的、獨立的政治社會」❷。一百五十多年以後，根據美國官方的解釋，「保留地是一度遍及大陸的印第安土地最後殘餘的部分。雖然不可否認，在很多情況下，這些保留地最初是為了不使印第安人與歐洲定居者接觸而建立的，如今，美國政府和各個印第安部落都認為，儘管大多數印第安人不願居住在保留地上，但保留地是保存印第安傳統的一種方法」❷。

1910 年印第安人口達到最低點的二十二萬人，1970 年上升至七十七萬，1980 年達到一百一十萬。這種人口增長趨勢，與 1960 年代以來美國政府對印第安人的政策變化有關。其中重要的是 1968 年的《印第安民權法》(The Civil Rights of Indians)，明確地規定了印第安人的各項權利。美國承認各個印第安部落是單獨的民族，在保留地裡受部落法律的約束，因此，「印第安人具有雙重公民身分」❷。1970 年尼克森 (Richard Milhous Nixon) 政府實施印第安部族「自決」的政策，國會亦制定了一系列新法令：其一、是 1972 年的《印第安教育法》(The Indian Education Act)，規定印第安人求職時給予優先錄用，然而這個法令並未徹底實施，使日後印第安人的失業率仍高達全國平均失業率的九倍。在這一年成立的印第安教育署和全國印第安教育諮詢委員會，向印第安人提供兩種語言和兩種文化的教學計畫❷，這主要是為了印第安人在城市就業的需要。其二、是 1974 年的《印第安財政法》(The Indian Fiscal Act)，擴

---

❷　美國新聞署，《自決是美國對印第安人政策的關鍵》（紐約：牛津大學出版，1987），56。

❷　美國新聞署，《自決是美國對印第安人政策的關鍵》，120。

❷　美國新聞署，《自決是美國對印第安人政策的關鍵》，133。

❷　在實踐中仍以英語和盎格魯薩克遜文化為主。

大對印第安人企業提供聯邦信貸來源。其三、是《1975 年自決法》(Indian Self-Determination Act of 1975)，鼓勵保留地印第安部落實行自治，改變由聯邦政府長期控制印第安人各項服務計畫。1975 年美國國會歸還了十八個部落保留地範圍內的 19.2 萬公頃的土地給各保留地管理當局，這些措施改善了印第安人的一些困境。但是在 1970 年代末期，印第安人仍屬於經濟上最為貧困，就業人數最少，健康、教育和收入水平最低，屋況最差的族群❷。儘管諸多問題還是存在，但印第安人的處境確實得到相當程度的改善。1966 年，印第安人事務局 (Bureau of Indian Affairs, 簡稱 BIA) 打破過去一直由白人擔任負責人的慣例，改由印第安人自己擔任，並且工作人員在 1970 年代前期已經有 60% 以上都是印第安人了。

　　美國「印第安保留地」是一個難以處理的課題。客觀地說，在 1960 年代以前印第安保留地是美國政府實施控制、進行文化同化的機構。此外，它在一定程度上起著保護印第安人及其文化的作用，特別是在最近幾十年的發展中，印第安自治程度越來越高。甚至有人認為，擁有十七萬人的納瓦霍保留地已經符合「完整國家」的條件，因為它建立了由五十九名議員組成的議會，選舉自己的總統，及一支裝備現代化的警察部隊，有一所自己的大學「納瓦霍公共學院」，並通過出讓煤和石油的開採權而獲得了巨額土地使用費。1978 年國會通過《部落控制下的社區大學法》(Tribally Controlled Community College Assistance Act)，至 1990 年，全美共建立了二十九所印第安大學，與 1969 年只有一所大學相比，的確改善許多。

　　1990 年，美國國會通過《美國土著語言法》(Native American Language Act)，這是第一次由聯邦政府頒布關於印第安語言的法律。法案內文中確認「美國

---

❷　據統計，在 1970 年代，493 個印第安部落的家庭年平均收入 6,857 美元，在 149,122 戶中，年收入在 2.5 萬美元以上者占 1%，在 1.5 萬美元以上者占 7%，在一萬美元以上者占 22%，33.3% 的家庭在貧窮標準線 5,000 美元以下，其中 8% 的家庭年收入不到 1,000 美元。參見邁克爾・多里斯 (Michael Doris)，〈美國法律和美國印第安人〉，《交流》，3 (1982): 23。

土著文化和語言地位的特殊性，美國有義務與原住民一起採取措施，保護這些特殊的文化和語言」。它還規定，美國今後的政策將「維護和促進美國原住居民使用和發展土著語言的自由和權利」，承認「印第安部落以及其他美國原住居民社團，在所有內務部建立的印第

圖4：切羅基學校內的切羅基文字指示牌

安學校裡，使用印第安語進行教學的權利」，並且聲明「美國原住居民使用土著語言的權利，並不限於公共項目以及公共教育項目」。

　　如今印第安人面臨的仍是種種的困境。今日美國二十六個州內有二百七十五處印第安人保留地，這些保留地的面積達三千六百萬公頃。據統計，在20世紀中期以前，90%以上的印第安人生活在保留地內。1980年一百一十萬個印第安人中，65%住在二百六十個保留地內。至1987年，大多數印第安人居住在都市化的地區，而不是居住在保留地上。只有大約三分之一的印第安人生活在印第安人的土地上。

　　然而，促使印第安青年大量走出保留地流入城市的原因，最主要是湧向城市尋求就業機會。印第安人領袖們曾經在1960年代中期上書詹森 (Lyndon B. Johnson) 總統，指出印第安人失業的問題，幾乎半數以上到達就業年齡的美國印第安人，在城市面臨失業窘境。而在保留地的印第安失業的人數已達四分之三，讓印第安保留地成為貧困區。更者，自二次大戰後，聯邦政府在1950年代實行城市安置計畫，即1953年「自願移居計畫」(Voluntary Settlers Plan)，凡是願意遷出保留地者，由政府撥給遷移費，並協助在城市尋找工作。計畫中還鼓勵移居地點離原來的保留地越遠越好，以免想再回到保留地。因此，至1970年代有二十多萬名印第安人離開保留地，移居到大城市中心。鼓勵印第安人移居城市的政策，一方面固然可以提高就業率，另者，美國政府

可以對印第安人進行同化政策。

　　印第安青年移入城市後，與主流社會的融合過程，仍面臨相當艱鉅的處境。首先，1929～1933 年經濟大恐慌期間，印第安人移居城市數量，出現第一個高峰期。保留地的印第安人成群到城市打零工、做粗活。二次大戰期間，印第安人加入軍工生產和鐵路運輸的工作，城市中出現印第安人中心，幫助印第安人適應城市生活。這些中心是印第安人的私人互助組織，資金主要來自於較富有的印第安人和慈善機構的捐助，這些組織大多聚集在大城市中，如紐約、芝加哥、舊金山、洛杉磯、西雅圖 (Seattle)、克里夫蘭 (Cleveland)、丹佛 (Denver) 等幾十個城市中心，因此印第安人城市化的現象已經是不可避免的趨勢。反觀一些保留地已經名存實亡，白人從印第安人手中購買大量土地，甚至大批白人進入保留地，人數超過印第安住民，成為在經濟上有影響力的農場主或企業主。保留地中的印第安人越往外移，白人就往保留地移入，甚至收購土地，這種人數上的變化，可視為是從「量變」發展成「質變」，保留地的歷史任務至此也終告完成。

　　其次，印第安人在移居城市後，受到主流社會的排斥及歧視，致使他們產生失落感，自尊心受到傷害。縱使在城市的印第安青年接受不同程度的職業訓練，但是大多數人沒有專業技能，而印第安人從小學起就很難接受完整的教育，更沒機會接觸英語，只能從事縫紉、清潔、建築或洗餐盤等工作，只有少數人能夠當會計師、建築師、醫師、律師和教員等。近年來，進入城市以及仍留在保留地裡的印第安青年，對他們自己的困境做出截然不同的二種反應。一種是消極的反應：對於找不到出路感到痛苦的青年，用酗酒、吸毒，甚至自殺來解決他們的痛苦❷。更甚者，這些移居城市的印第安人遠離

---

❷　1986 年在美國西部懷俄明州保留地曾蔓延著一種自殺流行病，兩個月內有十位印第安人自殺，另有九人被送進醫院治療以防自殺。印第安人正處在沒落的印第安文化和吸引他們卻又拋棄他們的白人世界中。1986 年 12 月 8 日法新社的〈美國印第安人的苦惱〉專稿指出，很多印第安青年無事可做，於是他們喝酒、看電視，消沉下去。

朋友和家庭，無依無靠，好像被拋棄到另外一個世界。城市印第安青年被稱為是「柏油路上的印第安人」(Asphalt Indians)，有很多人流浪街頭，沉浸在酒精中尋找歡樂。據研究報告顯示，有近四分之一的印第安人酒精中毒❸。許多在城市找不到出路或不滿意城市處境的印第安青年，最終又回流到保留地。另一種是積極的反應：在戰後成長的新一代印第安人中，不少人在城市裡長大，他們既接受美國現代文明，又和保留地保持聯繫。他們對美國的政策不滿，企圖向白人政府索回一些權利。1960年代，在印第安青年中掀起「泛印第安文化」(Pan-Indian Culture)，目標是把僅占美國人口1%且分散在二百多個保留地和一百多個城市的印第安人，聯合成一個統一的民族共同體。藉由形成民族共同體，共同發聲，對美國政府的政策做出反應，並期待能保存印第安傳統文明。2000年，許多印第安傑出領袖為此做出努力，但因部落之間政治聯盟的相互仇殺，最終仍無法成功。而北美印第安人的語言乃屬於不同的語族，幾百種語言無法交流，語言在印第安部族中確為一大障礙。直至20世紀，這個障礙才獲得解決，印第安人有了共同的語言——英語。

在1960年代，新一代印第安人組成了「印第安人國民大會」(Indian National Assembly)、「印第安青年國民聯盟」(Indian Youth National League)、「泛美印第安民族聯合會」(Pan American Federation of Indian Nations)、「美國印第安人運動」(American Indian Movement)、「全國各部落印第安人」(Tribal Indians in the Country)等組織，並發起一些象徵性的行動，抗議美國政府的政策。這些抗議行動往往是以過去一、二百年間，印第安部族與美國政府之間所制定的條約為依據，做出抗爭，然而成效不大。1970年7月8日尼克森總統在致國會咨文中再一次宣布，聯邦政府的政策是讓印第安人自治，而不是同化。1978年印第安人對美國政府政策提出強烈抗議，組織歷史上為期最長的大遊行，要美國社會以「人」看待印第安族群❸。

❸　（蘇）卡·菲·柴漢斯卡婭，〈美國城市中的印第安人政策〉，17。

❸　這次遊行開始於1978年2月11日，一千多名印第安人代表著八十多個部族，從舊金山出發行進三千英里，於7月15日進入首府華盛頓，為時半年之久。主要的訴求

　　儘管全國性印第安人組織已經出現，但是要出現一批或一個有影響、有威望的領導人，需要時間的淬煉及實際的鍛鍊。保存印第安文化的訴求給泛印第安運動同時帶來積極面和消極面的影響。然而，印第安人是否會成為「逐漸消失的族群」？越來越多青年在城市中生活，藉由通婚、接受高等教育和宗教影響等，在潛移默化中逐漸失去原來部族已日益淡化的傳統；再加上經濟地位的提升，大量中產階級的出現，印第安人最終將融入美國主流社會中。若干世紀以後，保留地還會存在嗎？即使存在，純種印第安血統還占有多少？這些都是今日難以估量的問題。然而，不管時局如何改變，印第安人已在美國歷史中扮演重要的角色，他們是美國土地上的「主人」，不是「邊緣人」，這一點是不容置疑的。

是：「請把我們與所有的人一樣看待，給我們平等的權利。給我們生活和發展平等有利的條件。……我們要求把我們也看做人。」柴漢斯卡婭，〈美國城市中的印第安人政策〉，20；Ronald T. Tkaki, *Strangers from a Different Shore: A History of Asian Americans* (New York, N.Y.: Chelsea House, 1995), 65–67.

第三章

中國族群

邁入21世紀的今日，華裔美國人(Chinese Americans)是美國最大的次團體。所謂華裔美國人，是指來自於中國、香港（1997年7月1日，回歸中國）與臺灣的美國公民。為21世紀的美國多元文化，增添不少的東方色彩。

第一節　19世紀第一批華人赴美

從18世紀晚期，一些具有冒險精神的中國人橫渡大海，選定美國的土地登岸，並做短暫居住。證據顯示，在1790年代華人陪同西班牙探險隊沿著加州海岸北上。一份保存在華盛頓特區國家檔案館 (National Archives in Washington, D.C.) 的文件上，寫著名叫阿坤 (Ah Cun)、阿信 (Ah Sing) 和阿全 (Ah Chuan) 的三名中國水手，搭乘一艘名為巴拉斯 (the Pallas) 女神號的中國貿易船，該船因為美籍船長詹姆斯‧歐唐尼爾 (James O'Donnell) 下船結婚，沒有安排回中國的航程而留在當地。三名中國人請求一名從事中國貿易的商人李維‧荷林斯華斯 (Levi Hollingsworth) 照料將近一年才離開美國。其他資訊指出，1796年有五名中國雇員陪同荷蘭東印度公司 (Dutch East India Company) 的廣州代理商安德魯‧馮‧布拉姆‧豪克吉斯 (Andreas van Braam Houckgeest) 前往美國，落腳在離費城 (Philadelphia) 不遠處。

事實上，在8世紀之前，就有中國船隻航行於紅海 (Red Sea) 及波斯灣 (Persian Gulf)。1405～1433年，即明朝盛世之時，皇帝派給三保太監鄭和一個任務，尋找據說逃往西方的親戚。無論鄭和遠行的初衷為何，很明顯的是他們也為外交目的工作，強求其他國家對中國皇帝進貢。鄭和與中國艦隊在占城 (Champa)、爪哇 (Java)、蘇門答臘 (Sumatra)、錫蘭 (Ceylon)、暹羅 (Siam)、孟加拉 (Bengal)、汶萊 (Brunei)、南阿拉伯 (South Arabia)、麥加 (Mecca)、麻林地 (Malindi) 等港口登岸。當時鄭和並不知道中國皇帝已在他遠航期間駕崩，也不知道皇帝的後繼者突然轉變外交政策，在1420年代暫時取消中國的海洋探索。新皇帝偏向孤立主義，因此他下令停止建造任何遠洋船隻。1500年，中國皇帝宣告，凡建造兩桅以上的遠洋船隻是違法行為。1551年更宣布，乘坐多重桅杆船隻航行海上為叛國罪。雖這純屬推測，但許多歷史學家認為，如果中國的皇帝們在明朝繼續同意遠洋航行的話，中國可能會在歐洲人前往新世界冒險前，已在新世界站穩腳步。

華人赴加州掏金

1848 年美國西岸沙加緬度 (Sacramento) 河谷發現金礦，吸引來自世界各地的淘金客。由於需要大批勞工挖掘，消息一傳至中國，大批中國勞工懷著發財夢前往美國。原本 1848 年與 1849 年只有幾百名自中國南方貧困農村的礦工前往加州。然而，在 1851 年卻有約 2,716 名中國人作著淘金的夢想，冒險前往美國，至 1852 年移民人數增加近十倍，達 20,026 人。歷史學家對於中國人如何籌措資金前往新世界的問題意見分歧。部分學者認為，大部分的中國人實際上簽下會將他們變賣成奴隸的契約書。其他歷史學家則認為應是中國人自行支付旅費前往美國❶。

據統計，1849 年已有超過八萬名來自美國東部與中西部，以及歐、亞與拉丁美洲等國家的移民。湧進的淘金客在薩特磨坊 (Sutter's Mill) 金礦區附近出現。因為需要大批勞工，加州政府非常歡迎來自各地的礦工。加州政府出於善意，邀請中國礦工參加許多典禮，好讓加州於 1850 年成為美國的一州。在加入聯邦州的慶祝活動上，加州最高法院的一名法官那薩尼爾‧本尼特 (Nathaniel Bennett) 向華人致詞：「從今以後，我們擁有同一個國家，同一個希望，同一個天命。」

加州人對華人的殷勤招待並不僅止於此。1850 年，舊金山市長約翰‧懷特‧吉利 (John White Geary) 與他的同胞們贈送該市的中國人中文書籍與報紙，並附上一份紀念泰勒 (Zachary Taylor) 總統喪禮儀式的請帖。為了討好華工，1852 年加州州長約翰‧麥克道格 (John McDougall) 建議建立一套土地轉讓系統，鼓勵中國人移居加州。但他並未預見，加州人對中國人的善意將很快地轉變為仇恨。

1852 年，當外國人持續投入加州金礦業時，白人礦工漸漸意識到他們的利益正在快速削弱中。排外主義者高喊「美國人的加州！」 ("California for Americans!") 口號，並開始在州裡形成迴響。儘管 1850 年代加州有這樣的抱怨

---

❶　Harry H. L. Kitano & Roger Daniels, *Asian Americans: Emerging Minorities* (New Jersey, N.J.: Prentice Hall, 1988), 20–21.

聲四起，美國國會仍拒絕通過禁止外國人前往加州挖掘金礦的法案，而加州立法單位堅持法條決定權應該留給當地政府。在沒有聯邦軍與州政府的同情下，加州人將他們的怨氣直接發洩在外國礦工身上。最後，許多採礦營地通過決議，視外國人在加州採礦為非法行為。加州人也以暴力攻擊中國人，甚至是殺害並沒收他們的財產。

1853 年，有一名名叫林信 (Ling Sing) 的中國礦工遭到殺害。謀殺者喬治・霍爾 (George W. Hall) 與另外二人被審判，在此案中有一名白人和三名中國人代表原告作證。法官發現，只有喬治・霍爾犯下了殺害林信的謀殺罪。然而，霍爾的律師對此案提出上訴，主張 1849 年頒布的加州法律規定：「不允許任何黑人、黑白混血兒或印第安人提供不利於白人的證據，本法也應適用於中國人身上。」❷1854 年，加州最高法院在「人民控訴霍爾」(People v. Hall) 一案中，撤銷了霍爾的罪名，並以「印第安人、黑人與白人」為專有名詞，設定非白人在法庭不能作不利於白人的證明。由於加州最高法院在「人民控訴霍爾」一案中的判決，使華人在該州的法律保護遭剝奪，他們成為白人攻擊者的獵物。當南北戰爭結束時，加州立法機構刪去了對非裔美人作證的限制，但對蒙古人種、華人、印第安人的限制仍維持不動。

19 世紀後半葉，在美國的華人，身分仍不被承認。早在 1790 年的《歸化法》(Naturalization Act) 具體指明，只有「自由的白種外國人」(free white person) 在美國居住滿二年，便符合歸化美國公民的條件。1868 年 7 月 28 日通過《美國憲法》第十四修正案，授予南北戰前的黑奴公民權，此後非洲裔也被加入符合歸化的名單中。與此同時，美國國會也考慮是否要將歸化權擴及到在美國的亞洲人身上。但麻州參議員查爾斯・薩姆納 (Charles Sumner) 與伊利諾州參議員萊曼・特蘭伯爾 (Lyman Trumbull) 對於給予「出生於中國」的人歸化權的努力紛紛失敗。在之後的幾十年中，亞洲人的歸化課題並未獲得解決。因此，在美國的中國人，他們沒有歸化權，是在他鄉土地上生活的陌

---

❷　原文是：". . . no Black or Mulatto person, or Indian, shall be allowed to give evidence for or against a white man."

生人與「異鄉孤客」(sojourner)。不過，他們仍試圖在美國艱苦地生活，期待有天能償清借款，衣錦還鄉，在母國的土地上打造一個更好的生活。

為了解決加州本土主義者對外國人開採黃金的暴力行徑，加州立法機構在州長約翰・比格勒 (John Bigler) 的主導下，於 1852 年通過《外國礦工執照稅法》(Foreign Miners' License Tax Law)。凡不是美國本土出生或歸化公民者，要在加州挖採金礦，需要購買昂貴的採礦執照。加州法律制定者瞭解，華人無法在美國獲得公民權資格，也知道在該州的中國礦工負擔不起採礦執照。因此，《外國礦工執照稅法》基本上旨在阻止中國工人湧入加州，並打消中國工人想在此定居的念頭。

加州的中國礦工不願就此放棄，竭力地繳付執照稅並留在金礦區。當聯邦於 1870 年的《公民權法》宣布《外國礦工執照稅法》無效時，加州本土主義者變得更加憤怒，瘋狂地想設法阻止中國移民潮。實際上在 1855～1870 年間，加州政府從中國工人徵收的執照稅金總和已將近五百萬美元。為解決與採礦利益有關的問題，「美國眾議院金礦與採礦委員會」(House Committee on Mines and Mining) 為了扭轉稅收減少的頹勢，指控中國人以信貸契約來到美國，此契約應該被宣布無效，而中國人應該被禁止從事採礦工作。雖然委員會與比格勒州長都支持這類法規，但都未能通過，憤怒的加州人更加激烈地想將中國人趕出加州。

其實並非每個加州人都與中國人對立。實際上，一些公正的加州公民為了回應外國礦工執照稅的增加，於 1856 年向加州立法單位提出降低該稅的請願，加州本土主義者因而群起予以反擊。例如，1858 年，他們藉由通過立法，禁止中國人從太平洋上的船隻下船，阻止中國移民潮進入加州。為了符合法律規定，明訂任何沿著海岸停靠並載有中國人的船隻，其船長可被處以最高六百美元的罰款或最高一年的有期徒刑。中國人面對本土主義者的憎恨，仍為實現「加州夢」留在異國。由於 19 世紀中期，中國國內發生太平天國之亂，對外戰爭連年失利，清政府腐敗無能，以致人民生活困苦，許多人將他們的希望寄託於加州的金山，作為他們脫離經濟困境的唯一出路。

華人參與鐵路建造

　　由於淘金熱所致，美利堅合眾國接受了「天命論」(Manifest Destiny)，也就是將國家的邊界向西擴張至太平洋沿岸。19 世紀前半葉，美國快速向西邊擴展，需要運輸系統的建設，才能促進工人與貨物的相互移通。1862 年，美國國會立法預備建造從東到西連結整個國家的跨州鐵路。美國政府將聯邦土地撥給東部聯合太平洋鐵路公司 (Union Pacific Railroad Co.)，在內布拉斯加州 (Nebraska) 的歐馬哈 (Omaha) 破土，然後向西建造到猶他州的海角點；而西部中央太平洋鐵路公司 (Central Pacific Railroad Co.) 則從加州沙加緬度開始建造，向東直抵猶他州。

　　面對鐵路完工期限的壓力，西部中央太平洋鐵路公司想到華工勤勉務實的工作態度，因而派員到中國徵募勞工。因為在貧困的中國工作機會很少，加上中國人相信美國是充滿黃金的國度，因此，大批的中國人接受了中央太平洋鐵路公司提供的工作機會。但是大部分人都無法負擔四十美元的高額旅費，所以由他們未來的雇主支付款項，中國人簽下承諾無償工作的合約作為回報。不幸地，許多中國鐵路工人不懂他們所簽下的合約，而他們的雇主以騙取工資、強迫他們超出合約的無償工作，從中獲利。一般中國人的工時比白人還長，身陷於更危險的工作環境，並常遭到雇主的鞭打。1867 年 6 月，大約二千名中央太平洋鐵路公司的中國鐵路工人，為了要求停止虐待與不公平的工資而罷工。鐵路公司以控制罷工工人的食物，並將他們丟棄在荒野中作為報復，使他們不得不回去工作。

　　中央太平洋鐵路線的完成，得力於中國工人。在這鐵路建造團隊的一萬名工人中，大概有一半是中國人。他們清除樹林與灌木叢、爆破岩石、清除瓦礫，然後鋪設鐵軌。超過一千名中國工人在工作中失去生命，成為內華達山脈 (Sierra Nevada) 山崩的犧牲品。但是，1869 年 5 月 10 日當東西兩條鐵路即將在猶他州海角點會合時，中國工人卻被迫缺席了。不顧他們在建築跨州鐵路上的犧牲奉獻，中國工人被刻意地排除在典禮外。更者，鐵路完工後，中央太平洋鐵路公司解雇了所有的中國員工。上千名被解雇的中國鐵路工人

湧入舊金山，他們加入製造業的行列中。華人在編織廠、羊毛紡織廠、造紙廠、鞣皮廠、成衣廠與雪茄廠找到低工資的工作。也因為如此，舊金山在1860～1870年間，華人社區數量從 2,719 增長到 12,022。如果不是這些數以千計的華人願意

圖 5：19 世紀在內華達山坳處建造鐵路高架的華工

為如此低廉的薪水努力工作的話，舊金山可能永遠不會在 19 世紀後半葉成為美國境內最重要的製造業城市。

華人定居

在加州淘金熱的時代，中國人大多聚集在鄉間的小塊地區生活，最後變成自給自足的中國城。1850 年代時，中國城在舊金山市中心，大概在樸資茅斯廣場 (Portsmouth Square) 附近成形。跨州鐵路完工後，數以千計的中國人前往此城市定居，並在舊金山中國城聚居，1870 年加州華人中的 24% 都以此為家，此地也被稱為「大埠」或「大城」。定居在中國城對華人來說並非出於自願，即使華人已經被明確地否決有歸化成為美國公民的權利，美國人更進一步通過法案，將他們全部隔離在白人社區之外。例如，1879 年加州通過一法案，要求所有城鎮驅逐華人，但隨後因違反《美國憲法》而停止。1885 年土桑 (Tucson) 市民組成一個請願團，要求華人定居在能更方便監控的中國城中。這樣的法案，也是一種仇外及排外的行為。

1850 年代晚期，在美國的華人開始組織社團，保護自己免於仇外暴力的攻擊，以及協助新來的移民。「宗親會」保護所有同一血緣者；「同鄉會」則設法找出同祖籍的華人，相互關照。當華人人數成長後，同鄉會變成隸屬於「中華會館」的管轄之下。「中華會館」被稱為中華六公司 (Chinese Six Companies) 或六大公司 (Six Companies)，於 1860 年代成立，總部設於舊金山，作為華人社區的代表，並為後來的移民安頓生活。例如，他們派人歡迎載有

中國乘客的船隻；協助安排新來者的住宿；幫助年邁體衰者、失業者；安排亡者的骨骸回中國安葬。在加州立法單位前，中華會館也作為華人社群的代表，為華人發聲。

1869 年跨州鐵路完成後，相當大比例的中國鐵路工人進入舊金山的製造業，許多曾在廣東省珠江三角洲務農的中國人，在加州農業區找到工作，將他們的專業知識投入果園及蔬菜園，他們把未開發的土地變成肥沃的良田，並將農業栽種方法傳授給美國農工。例如，在接近蘇珊灣 (Suisun Bay) 的聖金華河 (San Joaquin River) 與沙加緬度河 (Sacramento River) 匯流處，華人利用複雜精細的排水系統，將濕地變成可耕地。華工也在薩利納斯谷 (Salinas Valley) 挖掘渠道排水。如此一來，土地價格從 1875 年每畝二十八美元，提升到 1877 年每畝一百美元。1870 年加州農場工人只有 18% 是華人，但當加州農夫一發現華人的農耕技術優良，而且他們也願意為微薄薪水工作後，加州的農地差不多全部換成華人來照料。1880 年，在沙加緬度的華人農工占 86%、尤巴郡 (Yuba County) 占 85%、索拉諾 (Solano) 占 67%❸。儘管如此，在 1870 年代大量的華人厭倦挖掘渠道與聽令行事，他們渴望有一塊可以自己耕種的土地。部分華人藉由租佃系統與白人地主簽約，借用農具耕作，分得利益。

從 1850 年代開始，華人農夫也開始為太平洋西北部與其他地方的農業開發奉獻心力。1875 年中國移民阿炳 (Ah Bing)，前往奧勒岡州密爾瓦基 (Milwaukie, Oregon) 李維林 (Lewelling) 的果園工作。他利用嫁接技術創造出新品種櫻桃，也就是有名的「炳種櫻桃」❹。當 1885 年排華浪潮在奧勒岡加劇時，阿炳與他的同伴在李維林家得到庇護。在李維林果園工作了三十年後，阿炳在 1889 年搭船回中國探親。因為此刻正是美國推動《排華法》的期間，他再也沒有返回美國。阿炳於李維林家得到保護的同年，另一位來自中國廣東的移民呂金功 (Lue Gim Gong)，前往佛羅里達州戴蘭德 (Deland) 地區的柳橙

❸ Jack Chen, *The Chinese of America* (San Francisco, Calif.: Harper and Row, 1980), 118.

❹ Betty Lee Sung, *Mountain of Gold: The Story of the Chinese in America* (New York, N.Y.: Collier Books, 1967), 8, 124–125.

園工作。呂金功以種植柳橙聞名，他花了很長一段時間在做水果實驗。藉由對瓦倫西亞甜橙與地中海甜橙的交叉授粉，於 1911 年成功研發出比一般品種更能抵抗霜害的柳橙。呂金功實驗成功的柳橙帶領著美國農業往前邁進相當重要的一步：他的發明帶動佛羅里達柑橘產業勃興。

排華風潮

1873～1889 年，由於先前國內發生南北戰爭與建築鐵路的高額費用、高借貸金額與高風險商業投資的失敗，美國經濟陷入衰退期，失業率攀高。反華的加州本土保護者，由於加州失業者增多，再次陷入不安的處境。為了歸咎責任，他們以華人作為代罪羔羊。即使其他國外出生的愛爾蘭、德國與斯堪地那維亞 (Scandinavian) 工人遠比華裔勞工來得多，然而華人隊伍戴著瓜皮帽、穿著藍布衫、有著黃皮膚與鳳眼，成為加州本土主義者仇視的首要對象，因為他們沒辦法像歐洲的同伴們一樣，輕易的融入美國生活中❺。

對排外的加州人來說，哈特 (Bret Harte) 發表在《跨州月刊》(*Overland Monthly*) 上的一首名為〈老實人詹姆士的話〉("Plain Language from Truthful James")，或被稱為〈野蠻的中國佬〉("The Heathen Chinee") 的詩，恰好將他們視華人為災難來源的觀點形諸於文字。例如詩中寫著：「方法是黑暗的／技倆是徒勞的／奇怪的野蠻中國佬」。各地的報紙都不斷翻印哈特的詩，不久之後許多美國人都能琅琅上口，稱中國人為「野蠻的中國佬」。更糟的是，加州人用比背誦詩句、吟唱歌曲更惡劣的方式對待華人。從紅木森林 (Redwood Forest) 到聖地牙哥 (San Diego)，遍及整個加州都豎立寫著「中國人不得使用」的標語，舉凡餐廳、旅館、理髮店也拒絕華人顧客上門。在 1870 年代晚期，這種敵意升高變成暴力行動，不斷在全加州爆發。1877 年，舊金山的暴民縱火燒燬二十五間華人洗衣店，1878 年特拉基市 (Truckee) 市民驅逐該市所有華人。在加州針對華人的攻擊事件成為家常便飯，以至於一份舊金山的報紙警

---

❺ Ivan H. Light, *Ethnic Enterprise in America : Business and Welfare Among Chinese, Japanese, and Blacks* (Berkeley, Calif.: University of California Press, 1972), 81; Betty Lee Sung, *Mountain of Gold: The Story of the Chinese in America*, 39.

告說：「華人在本城的某些區域街道上行走絕對不安全，無論白天、晚上，只要被看到，他們都會被小混混投擲石塊……」1877 年，一名加州參議員指派一個委員會，查明華人移民危害該州的福利。該委員會出版並發布一份正式報告，名為《向美國人民報告華人移民的邪惡》(*Report to the American People the Evil Chinese Immigrants*)，設計成要警告國會，華人危害加州福利的危險。報告指出，華人主要從事賣淫、犯罪幫派、苦力買賣，以及他們不具有同化於美國主流社會的能力。在他們定居於加州期間，從未適應美國的習慣、從未察覺對錯間的不同、從未停止對他們神祇的崇拜。

舊金山白人社會在 1870 年代不斷針對華人的髮型、洗衣業與敲鑼打鼓噪音干擾到他們，進行攻擊及排斥。當 1870 年代加州本土保護分子打擊華人時，該州通過了許多排華法令。例如，1873 年舊金山實施《辮子法》(Queue Ordinance)，給予獄卒剪華人囚犯髮辮的權利。另外，1873～1876 年，舊金山市針對該市大量的華人洗衣店，通過《洗衣執照法》(Laundry License Ordinances)，建立一個對華人極不公平的洗衣執照稅制度，規定使用一匹馬運貨的洗衣店繳交二美元的費用，使用二匹馬則繳交四美元，而沒有馬匹者則要繳交十五美元。因為華人不依賴馬匹運貨，他們因此被強制徵收最高的稅金❻。另一條在 1870 年代設立的法令，是舊金山華人凡是用扁擔挑著菜籃或洗衣籃在人行道上行走、架戲臺表演、敲鑼打鼓等都是違法的行為。還有一條法令更禁止華人將往生者的骨骸送回中國安葬❼。

1870 年全美華人有 77% 都在加州生活，而加州排華浪潮正澎湃洶湧地進行著，此時有一小部分的華人前往擁有更多採礦機會的愛達荷州、蒙大拿

---

❻ William Petersen, "Chinese American and Japanese Americans," *Essays and Data on American Ethnic Groups*, ed. Thomas Sowell (Washington, D.C.: The Urban Institute, 1978), 73.

❼ 海外的廣東人有一個習俗，就是華人客死異鄉，期待落葉歸根，當屍骨埋葬七年後，由同鄉的人將其骨頭撿出，裝在鐵箱裡，運回中國老家埋葬，這是廣東人俗稱的「撿金子」或「撿骨葬」。

州與內華達州。蒙大拿布特市 (Butte) 的礦業建立於 1862 年，之後就一直主宰著當地的經濟發展，一開始是採金礦，之後改採銀礦。1880 年在布特市發現銅礦後，巨蟒銅礦公司 (Anaconda Copper Mining Company) 公開聲明他們要開採「地球上最富庶的山丘」，年輕的冒險家帶著致富的期望，聚集到先鋒鎮 (Pioneer Town)。在此之中也有華人青年，1880 年華人在該鎮占 21.1%。如同幾十年前加州的金礦挖掘一樣，華人礦工在布特市很快的遭到白人礦工憎恨。當 1883 年，蒙大拿地方最高法院宣布不具有公民權的外國人（如華人）無採礦權後，華人完全失去從事礦業的機會。面對這樣的種族歧視，一部分在布特市及其他邊疆城市的華人礦工開始轉往其他職業，華人操起勞力邊緣的工作。1880 年代，他們以當傭人或開餐館、裁縫店及洗衣店為業。洗衣業對布特市的華人來說，是十分適合的投資事業，因為只需要會一點英文和小額的資本，然後在宗族成員手下當學徒，很快就可以出師，對於中國旅人來說，是達到衣錦還鄉最快的方法。1900 年代，幾乎每個城市都有一定數量的華人洗衣店，據統計，在美華人勞工中有 25% 從事洗衣業❽。

　　1863 年 1 月 1 日林肯 (Abraham Lincoln) 總統發布《解放宣言》(*Emancipation Proclamation*) 後，部分華人開始移往南方各州。主要原因是美國正面臨重建時期 (Reconstruction Era)，原本待在大農場的黑奴不願再在農場裡賣命工作，莊園主人決定藉由雇用中國勞工與原本的黑奴競爭，使他們更努力工作。1870 年代，路易斯安那州 (Louisiana) 與密西西比州的莊園主人引進上百名的華人勞工，在他們的土地上工作，與被解放的黑人競爭。但是華人在南方莊園的工作並未持續，1880 年大量的南方華人勞工被吸引到紐奧爾良 (New Orleans)，以洗衣工人、廚師、雪茄工人、傭人及園丁為業。莊園主人扮演這股潮流的推手，因為只要他們重新掌控了黑人，就會解雇華人勞工。

移民東移

　　19 世紀結束前，西部華人再也無法忍受排華的白人，與在排華法令的壓

---

❽　Light, *Ethnic Enterprise in America: Business and Welfare Among Chinese, Japanese, and Blacks*, 112.

力下生活。1880～1890 年代，大量的西部華人前往東北部城市，特別是紐約及波士頓，建立新的中國城。華人由西往東的遷徙，使得 19 世紀結束前，全美華人只剩一半人口居住在加州。首位搬入今日全美最大的曼哈頓下城區 (Lower Manhattan) 中國城的華人，是一位廣東商人何計 (Wo Kee)，於 1858 年居住在莫特街 (Mott Street) 八號。一開始該區幾乎吸引不了華人居住，後來由於西岸排華浪潮升高，華人東移至紐約，1870 年大約有五十名華人開始以此為家，居住在不舒適的閣樓與潮濕昏暗的地下室，在街上叫賣雪茄及報紙為生。1880 年代，大批華人移民開始以紐約莫特街為中心，將這個小型的華人社區變成自給自足的中國城。早期曼哈頓中國城的居民大多開設餐廳、麵店、茶館、洗衣店與成衣廠。他們盡可能保持他們的生活型態，只有少部分人冒險到中國城外兜售受歡迎的中國城彩券❾。

中華會館（Chinese Consolidated Benevolent Association，簡稱 CCBA）❿在中國城扮演領導者的角色。但是中國城內另有「堂會」(tong) 這樣的組織，是以三合會⓫為雛型，在中國城中是一反社會的秘密組織。一開始堂會試圖進入政治界，並從中華會館手中奪取對中國城的控制權。失敗後，堂會變成像義大利黑手黨一樣的幫派，在中國城中開設妓院、賭場與鴉片館。他們用勒索與收取保護費的方式，控制其他華人與華人商家。為了擴展勢力，在全美的中國城中，堂會的成員隨身攜帶刀槍與他人械鬥。在曼哈頓中國城，協勝堂 (Hip Sing) 控制了披露街 (Pell Street) 與多耶街 (Doyer Street)；安良堂 (On Leongs) 控制著莫特街。在 1910～1930 年代，他們激烈爭奪地盤的行為成為紐約的頭條新聞，直到他們劃清雙方地盤範圍後，衝突才漸平息⓬。今日紐約市的堂

---

❾　*Alta California*, December 12, 1879; *New York Times*, November 21, 23, 1880; *Alta California*, February 21, 1898.

❿　華人於 1860 年代設立於舊金山，為社區與新移民提升社會福利的互助組織。

⓫　三合會是一個源自廣東省，具有政治性、仇外、反清的秘密組織。

⓬　Ivan Light & Charles Choy Wong, "Protest or Work: Dilemmas of the Tourist Industry in American Chinatowns," *American Journal of Sociology* 80, 6 (May 1975): 1350.

會，仍進行著合法與非法的事業。他們經常向中國城中大多數的餐廳及其他行業收取金錢。他們同時也掌握了紐約市中很大比例的海洛因毒品交易。

第二節　美國華人：女性與男性

美國娛樂大亨費尼爾斯‧巴南 (Phineas T. Barnum) 的馬戲團與博物館，以收集珍奇寶物吸引大量的人群，當巴南看到在紐約市的華人婦女，儀態風采充滿了異國情調，於是 1850 年 4 月時他在曼哈頓下城區百老匯 (Broadway) 與安街 (Ann Street) 的美國博物館展出一位儀態高貴、名為「潘葉可的中國女子及其僕人」。一篇於 1850 年 4 月 22 日刊載在《紐約信差與詢問報》上有關潘葉可與她的隨行人員的文章，以「活生生的中國家庭」為標題，揭示紐約客對這場展覽的興奮程度：「連在中國都很難親眼見到這樣特別的女性。潘葉可很自然地成為紐約所有新奇事物中最受歡迎的人物。她的小腳、嫻熟的儀態、高貴的氣質、美麗的臉龐與迷人活潑的個性，吸引所有看到她的人。」❸

根據美國人口普查局的紀錄，1870 年在加州的 3,536 名華人婦女，有 61% 以賣淫維生，主要在礦業與鐵路的城鎮，以及沙加緬度與馬利斯威爾 (Marysville) 的中國城中。華人娼妓，一般稱為「歌女」(singsong girl) 或「百人妻」(hundred men's wife)。她們大部分是被販賣、綁架或被騙來美國的。中國娼妓行業在 1870 年後十分興盛，因為在美國的華人社區，自從第一名華工進入加州採礦以來，男性一直占大多數，男女性別比例是 20：1。舉例來說，1880 年加州有登記的華人男性為七萬多名，但女性只四千餘名。19 世紀來到美國的華人婦女會如此不足，是因為經濟上的約束、文化上的考量❹、嚴苛的移民限制、艱困的工作條件，以及美國的排華意識。

1875 年美國國會通過通稱《佩奇法》(Page Law) 的法令，禁止中國契約勞工移民美國，以及出於妨害風化的原因，禁止華人女性移民入美。《佩奇法》推行後，對華人娼妓的影響極深。在加州以娼妓為業的華人婦女比例，從

---

❸　陳靜瑜，《十九世紀美國加州華人移民娼妓史析探》，22–40。

❹　女性被認為不應該獨自遠行。

1870 年的 61% 降至 1880 年的 24%，同時以家庭幫傭為業的比例從 1870 年的 21% 變成 1880 年的 46%。值得注意的是，這些家庭幫傭有部分原本是娼妓，可能是已償清她們的債務或是從堂會的手中逃出後，尋找到比較安定的工作。不幸的是，《佩奇法》的另一項影響是美國移民當局懷疑中國婦女的品德有問題。婦女必須提出文件給美國移民署，證明她們的善良品行，但即使如此，也不能確保她們能進入美國。因為品德受到質疑，以及移民署檢查站的審問，許多原本打算前往美國的中國婦女因而決定留在家鄉。1875～1882 年間，移民美國的華人婦女比《佩奇法》通過前少了近三分之一❶❺。

　　除此之外，美國通過一項前所未有，為特定的一支族群所設立的排斥法——即 1882 年的《排華法》，法規中規定，在未來十年內禁止華人移民美國，不過商人、外交官、旅客以及學生未包括在內。已在美國本土的華人可自由進出，只要提出如《排華法》第六條條文規定的「第六條證明」文件，確認他們的合法身分即可。此外，這個法案特別禁止在美國的華人歸化成美國公民。1882 年的《排華法》震驚了美國的華人社會，並打擊了許多華人男性的情緒。完全禁止中國移民，意味著華人單身漢在美國將沒有尋找伴侶的機會，而那些妻子或未婚妻仍在中國者，再也沒有機會在美國的土地上團聚。《排華法》使美國華人男女性別比例不平衡的狀況持續下去，這也說明了 19 世紀晚期到 20 世紀初，華裔美國人出生率下降的原因。

　　《排華法》於 1902 年被無限期的延長。二戰期間，中國成為美國的同盟，美國政府決定給予華人較公平的移民政策，以確保戰時同盟的成功，此法終於在 1943 年廢除。《排華法》被廢除後，在美國的華人被准許歸化美國籍，美國的大門再度為華人移民開啟，不過規定仍不寬鬆，華人前往美國僅有一〇五名的移民配額限制。雖然《佩奇法》與 1882 年的《排華法》使華人婦女難以進入美國，19 世紀美國華人男性仍很少與異族女性通婚。首先，大部分的非華人女性都會避開華人男性；再者，華人認為東方傳統比較優越，並且不願意破壞他們的血統。但是最後，當華人男性適應了美國生活，並厭

❶❺　陳靜瑜，《十九世紀美國加州華人移民娼妓史析探》，56。

倦單身生活後，一部分的人變得有較開放的想法，和其他種族的女性交往或
結婚。有些人甚至受到與美國公民結婚好處的誘惑，藉由作為美國公民的配
偶，華人男性可以規避排華法令而擁有土地，然後可以在美國的土地上紮根
並成家立業。嫁給美國公民的華人女性也有同等機會。最重要的是，他們可
以歸化成為美國公民。

　　此外，1888 年的《史考特法》(Scott Act) 是為了減少華人入境美國的數量
而制定的。該法將原本《排華法》第六條中所認可的華人勞工可返鄉探親後
再回美國的權利廢止，使其僅適用於在美國有合法妻子、小孩或雙親的華人，
或在美國擁有一千美元以上資產者，才可自由進出美國。由於大部分在美國
的華人都是單身漢或沒有土地者，因此《史考特法》的負面影響極深。當該
法開始運作後，約有二萬名持有第六條證明的華人勞工正在海外，他們被迫
放棄重返美國的計畫。約六百名正要入境美國的華人，在法條生效後被拒絕
入境。此時，好幾名美國參議員與中國政府都聲稱《史考特法》違反了 1880
年中美簽署允許中國勞工自由進出美國的約定。在美國的華人同樣地也對抗
《史考特法》，並募集資金向法院控訴該法案，但是聯邦法院與美國最高法院
都支持《史考特法》，使華人訴求徒勞無功，該法直到 1894 年才被廢除。

　　此外，1892 年美國國會通過了《吉爾里法》(Geary Act)，制定一套讓美國
人分辨合法與非法入境的華人登記系統。在美國擁有華人血統的人必須在美
國移民署登記，並提供照片與他們特別生活習慣的細節。然後他們會被發給
居留證，基本上是國內的通行證，表明他們被允許居留美國。他們必須隨身
攜帶證明，以供盤查。就算是合法移民，如果未能完成登記，也會被驅逐出
境，除非他們可以找到「至少一位可信賴的白人證人」證明他們在《吉爾里
法》通過時已是美國居民，但他們無法取得居留證。《吉爾里法》被認為比
《史考特法》還嚴格，因為它要求華人必須證明自己在美國的身分、違反《吉
爾里法》而被逮捕者，不得保釋，許多華人因此拒絕登記。其他登記的人大
多只是不願意惹麻煩。華人方玉庭 (Fong Yue Ting) 在 1879 年居住在紐約市，
他因為沒去登記，被查到沒有居留證而被逮捕。他對《吉爾里法》的反擊是

控告該法違反《美國憲法》，且該法具針對性與種族歧視。在「方玉庭控告聯邦政府」(Fong Yue Ting v. United States, 1893) 一案中，美國最高法院認為國會有權將外國人趕出美國。當時擔任法官的 Horace Gray 做出的結論是：「只要國會覺得適當，就有權力驅逐特定階層的外國人，或允許他們留在境內。」無疑也提供國內特定階級成員認證的權力，可以用各種手段執行這套制度。

在 1920 年代，越來越多的華人第二代出生，這些第二代華人子女是美國公民。由於與美國公民結婚的華人可取得公民權，美國政府基於維持盎格魯薩克遜生活方式，通過嚴苛的反異族通婚規定：《基保爾法》(Cable Act of 1922)。該法指出，美國女性若與不具歸化權的外國人結婚，將會撤銷其公民權作為懲罰，同時也禁止不具歸化權的外國女性與美國公民結婚後歸化成美國籍。直到 1936 年《基保爾法》廢除前，大部分的美國女性都盡量避開中意的單身華人男子❶❻。

在 1882 年《排華法》通過並大幅減少中國移民進入美國後，華人通常利用說謊等非法手段，才能進入美國。針對《排華法》最常見的策略是，華人藉由證明自己是美國公民的兒子或孫子，取得合法歸化權。透過購買偽造的文件，與華裔美國公民建立虛構的關係，這些非法的孩子被稱為「紙孩」(paper son) 或「紙女兒」(paper daughter)。在牢記新家庭的一切細節後，許多「紙孩」設法在美國移民署的訊問中，證明實際上不存在的家族關係，藉此進入美國。

1906 年 4 月 18 日舊金山發生大地震，摧毀了該市大部分的出生紀錄。得知舊金山的出生與公民紀錄都在災難中遺失，大量的華人男性偽造美國身分證明，謊稱他們於美國出生，而且是美國公民。這些新的公民將他們的證件賣給村裡的人，造成「紙孩」的數量激增。舊金山移民署逮捕了多名宣稱有美國公民身分的華人。正如一份美國國務院的報告所記載的，如果每一份呈遞的申請都是真的的話，那麼「舊金山的每一名華人婦女在地震前必須有

---

❶❻ Claire Jones, *Chinese Americans* (Minneapolis, Minn.: Lerner Publications, 1972), 85–86.

八百個小孩」**⓱**。因能依據的資料實在太少，美國移民署對「紙孩」現象，能做的回應是加強他們的審查，即便是在《排華法》中獲得豁免的學生、教師與商人，也不能倖免。「紙孩」想盡辦法熟記「他們祖先」的生活細節與樣貌，來躲避移民署設下的陷阱。在一些審問紀錄顯示，許多問題過於詳盡，即便是真的子女也未必會知道答案，例如：「誰住在你老家街上的第五間房子?」、「你的村莊有多少隻水牛?」、「那些水牛裡公的有多少隻? 母的有多少隻?」**⓲**在適應美國生活後，「紙孩」小心保密他們的真實身分，有些人更不透露給家人知道，這都是出於畏懼真實身分暴露後，可能會被驅逐出境。一些紙孩一輩子堅持他們的假名，只有死後在基碑刻上真實姓名，才揭露真實身分。有些人為了更加保密，在基碑上只用中文刻上真實姓名，用英文刻上假名。

　　1910 年，一個特別設置的移民站在舊金山灣的天使島上開始運作，有著行政大樓、醫院、拘留所與員工宿舍等完整設施。它被入境事務處稱為「西方大門的守衛站」(Guardian of the Western Gate)，作為針對太平洋海岸移民的管制區，基本上是為進入美國的華人而設。在 1910～1940 年間，大約有十七萬五千名華人曾拘留於天使島，直到他們提出證明，才允入境美國。大多數人需要經過二～三星期的盤問手續，但部分的人需要花上數個月，甚至數年。多數被拘留的人都要接受調查員無數次羞辱的審問，詢問內容包括生活上繁瑣的事。雖然天使島被稱為「西方的艾利斯島」，但兩相比較卻是天壤之別。平均每個在東部艾利斯島上岸的移民，在登岸前只需要經過移民署三～五小時的手續。

　　當華人移民被監禁在髒亂擁擠的場所等待著他們的命運——入境或遭驅逐出境

圖 6：天使島屋牆上的中文詩句

⓱　Ivan H. Light, *Ethnic Enterprise in America*, 81.

⓲　Stanford M. Lyman, *Chinese Americans* (New York, N.Y.: Random House, 1974), 90.

時，一些人將他們對移民、離鄉背井及被監禁的苦惱寫成詩刻在牆上。時至今日仍有許多詩清晰可見，其中一首無名詩寫道⑲：

> 為什麼我必須坐在監獄裡？
> 只因為我國弱家貧。
> 有多少人能從戰場重返家園？
> 放下我的毛筆，拋下我的劍，我來到了美國。
> 有誰知道自從到這裡只得淚兩行。

1940 年 11 月 5 日，美國政府決定關閉天使島的移民站。最後一批被拘留者，二百名有希望入境美國的華人中，有一百五十名是女性，他們從島上被送到舊金山。1941 年，天使島土地交還給軍隊，並改為北方駐軍的麥克道爾堡壘 (Fort McDowell)。在二戰期間，美軍將德國與日本戰犯送往美國本土的集中營前，會暫時將他們安置在舊移民站的拘留所中。當戰爭結束時移民站被廢棄，到 1970 年，其中幾棟破舊不堪的建築預定要拆除。經過有心人士與「天使島移民站歷史諮詢委員會」(Angel Island Immigration Station Historical Advisory Committee) 的努力，建築物獲得保存，並特別立法通過提供二十五萬美元重建監獄。在 2000 年，加州通過《第十二提案》(Proposition 12) 指定一千五百萬美元作為重建與保存整個天使島移民站的經費。

在 1895～1906 年間，蒙大拿州布特市的勞工聯盟與當地商會組織起來，共同抵制華人事業，並意圖將華人逐出城鎮。華人以雇用威爾伯・桑德斯 (Wilbur Fisk Sanders) 上校⑳對此聯盟提出訴訟作為反擊。最後桑德斯贏得訴訟，華人保有在布特市的事業。當這個消息傳到舊金山的「六大公司」時，他們的領導人說：「布特市的華人是全美國最聰明的華人。」

華人洗衣店於 1930 年代初在紐約自立自主。二戰後，由於紐約市的白人

---

⑲ Sung, *The Story of the Chinese in America*, 137.

⑳ 威爾伯・桑德斯上校是一名傑出的白人律師與前蒙大拿參議員。

洗衣業者引進洗衣機與蒸氣熨斗，華人因為無法負擔最新型的機器，代以提供低價與免費修改、包裝、運送的服務。而白人洗衣業者以遊說紐約市議會，通過洗衣店需要在申請執照時抵押一千美元保證金作為報復。對此，華人洗衣業者也予以反擊，最後保證金的金額由一千美元調降到一百美元。

第三節　二戰期間的美國華人

1941 年 12 月 7 日，日本偷襲美軍太平洋艦隊，促使美國加入二次大戰。在攻擊的隔天（即 12 月 8 日），小羅斯福總統 (Franklin Delano Roosevelt) 即向日本宣戰。自從 1937 年中日戰爭爆發，至美國對日本宣戰後，中美兩國瞭解它們正在對抗同一敵人。小羅斯福總統於 1942 年 4 月 28 日對國會的演說〈呼籲犧牲奉獻〉中，他不但請求美國人在大後方工作與奉獻，同時承認中國長期對抗日本侵略的努力，改變對中國的印象，並願意建立中美同盟關係，其內容為：「我們記得中國人民在這場戰爭中，首先起來對抗侵略者；而在將來中國無論對東亞或全世界，都將扮演維持和平與繁榮的角色。」美國人對中國與蔣介石的善意，使在美國本土的華人也受惠，獲得許多救濟。近一個世紀，美國針對「中國佬」(Chinaman)、「異教中國佬」(Heathen Chinee)、「清國奴」(Chink) 的羞辱與暴行後，轉為感激華人與美國人共同對抗「骯髒的小日本」(Dirty Japs)。

唯恐美國人會分不清他們的亞洲盟友與敵人，1941 年 12 月 22 日的《時代》刊出一篇名為〈如何分辨你的朋友與小日本〉(“How to Tell Your Friends from the Japs”) 的文章，裡面有著分辨華人與日本人的訣竅，以年輕到中年的華人與日本人的照片作說明。該文章要求讀者記住幾條基本原則，包括「日本人可能比華人還要健壯、臀部更大」、「華人不像日本人一樣多毛、比較不會留著令人印象深刻的小鬍子」、「華人會盡量少戴骨製的眼鏡」、「華人的表達方式會較溫和、友善、自由；日本人則是更積極、固執己見、傲慢」、「日本人在對話時總是遲疑緊張，常在錯誤時機大笑」，以及「日本人走路時較拘謹、挺直身體、腳步較重；華人則是更輕鬆、自在，有時還拖著腳步走路」。有些

華人根本不相信美國有可能分辨盟友與日本人。為便於辨識，部分華人藉由佩帶標誌，聲明自己是華人。南加大收藏的檔案中，有一張照片顯示，華工在他的夾克後面貼上了「我、華人、不是日本人」(ME CHINESE PLEASE NO JAP)。

二戰期間，美國小說家賽珍珠 (Pearl Sydenstricker Buck) 運用寫作呼籲美國終止排華的種族歧視。賽珍珠生於 1892 年 6 月 26 日，在一個南方長老教會的傳教士家庭長大，二戰發生時他們全家不在中國，之後，賽珍珠隨雙親重返中國繼續傳教工作，當時她才三個月大。賽珍珠在中國待到 1934 年回到美國。她在中國的生活經驗，深深影響到她的寫作，如她 1938 年獲頒諾貝爾文學獎的感言：「我對故事與如何說故事、寫作的知識是在中國時建立的。」她一生出版超過七十本有關中國印象小說與其他作品❷[21]。賽珍珠最著名的小說之一就是《大地》(*The Good Earth*, 1931)，她以同情心的筆法，敘述 20 世紀初中國安徽省的農民們，在困苦生活下的種種掙扎，這部小說使她在 1932 年獲得普立茲獎。她是首位獲得此項殊榮的女性作家。1937 年《大地》拍成電影，由保羅・穆尼 (Paul Muni) 與露易斯・雷娜 (Luise Rainer) 主演。劇中，華裔美籍演員黃柳霜 (Anna May Wong) 雖是首位受到國際喜愛的亞裔美籍演員，卻沒被選為女主角，只因製作團隊選擇了白人男主角，而當時好萊塢並不允許不同種族的演員在螢幕上接吻。

1938 年賽珍珠成為第一位獲得諾貝爾文學獎的美國女性。她的文學成就如同她對美國華人的訴求一樣，在數十年間改善了美國對華人的看法。賽珍珠在 1934 年返回美國後，她致力於促進全世界的人權、寬容與文化諒解，並提升世界各角落孩童的生活品質。1942 年，這位傑出的作家成立了「東西方聯合會」(East and West Association)，協助亞洲與西方國家的文化交流與理解。七年後 (即 1949 年)，她成立了「歡迎之家」(Welcome House)，全世界第一個國際種族混合的領養機構；接著在 1964 年成立「賽珍珠基金會」，為好幾個

---

❷[21]　其他作品包括《中國領空》(*China Sky*, 1941)、《龍種》(*Dragon Seed*, 1942)、《牡丹》(*Peony*, 1948)、《同胞》(*Kinfolk*, 1950) 與《帝國女性》(*Imperial Woman*, 1956)。

亞洲國家的貧困兒童提供經濟援助。1991 年，「歡迎之家」與「賽珍珠基金會」合併成「賽珍珠國際組織」，協助需要幫忙的孩童。賽珍珠留給後人的不只是她的慈善組織，還有在賓州巴克郡 (Bucks County, Pennsylvania) 的「國家歷史公園」。遊客可以參觀莊園裡的農舍，賽珍珠曾在此居住三十八年，其中還有許多中國與 19 世紀賓州的藝術品，以及賽珍珠所獲得的文學與慈善獎座，她的諾貝爾與普立茲獎座也在其中。

　　由於珍珠港事件與賽珍珠的著作，以及加強中美聯盟的迫切需要，美國對於華人產生同情心，小羅斯福總統開始仔細考量廢除《排華法》。1943 年 5 月 25 日一群美國知識分子在紐約組織「公民委員會」，提倡廢止排外行動。向國會提出議題的委員會發言人中，不乏傑出的美國人，如《時代》(Time)、《財富》(Fortune)、《生活》(Life)、《運動畫報》(Sports Illustrated) 等雜誌的編輯或創辦人；美國公民自由聯盟 (American Civil Liberties Union) 羅傑・包德溫 (Roger Nash Baldwin)、社會學家布羅德斯・米切爾 (Broadus Mitchell)，與退役海軍上校哈利・亞內爾 (Harry E. Yarnell) 等，都是該委員會的成員。

　　公民委員會認為應以「配額制」取代《排華法》，對華人移民而言較為平等。築基於此，這樣的平等政策將會使中國移民局與美國合作，打擊中國的偷渡客。經過努力，公民委員會取得最後的勝利。1943 年年底頒布了廢除《排華法》的法令 (以華盛頓州民主黨參議員 Warren Magnuson 提出的法案為基礎)。為了合乎《美國憲法》原則，1882～1913 年間通過的第十五條排外法令全部或部分被刪除，《歸化法》也修訂成華人與華人後代可以有合法的歸化權，每年給華裔的配額訂為一百零五人。不過，雖然該法因為華人而往前邁進一步，但此配額嚴重地侷限了移民的核准數量，並且仍存有種族歧視。

　　因為廢除排華法 (包括《佩奇法》與《排華法》) 的通過，第一代華人單身漢的生活終於獲得改善。由於 1940 年代大多數華人男性在美國並無親屬，使他們成為第一批被徵召為二次大戰奮戰的人員。據統計，在 1940～1946 年間，總計有二萬名華人 (超過 30% 在外國出生) 被徵召加入美國軍隊。然而戰爭過後的數十年間，華裔軍人所做的犧牲、勇敢、忠誠的行為幾乎被遺忘。

在二戰結束的五十四年後，華裔製片家譚立人 (Montgomery Hom) 在 1999 年 10 月 26 日的紀錄片 *We Served with Pride: The Chinese American Experience in World War II*，將美國華人在戰爭中的努力公諸於世。該片由演員溫明娜 (Ming-Na Wen) 與電視記者 David Louie 做旁白，將二十七名美國華人的故事交織在一起，他們有人接受了二戰期間美國的徵召，或是結合起來在後方支援華裔同伴。為此，柯林頓政府表彰二戰美國華裔青年的貢獻，訂 11 月 12 日為「華裔美國退伍軍人日」。

第四節　1950 年代華人社區的赤色恐怖

二戰後，中國國民黨與共產黨間的對抗提升為全面戰爭，兩邊都想盡可能地占有日本撤軍後的領土。而 1950 年 4 月共產黨橫行整個中國大陸。數個月後，中國共產黨介入韓戰，並攔截正朝中國邊界前進的美軍。美國原本在 1930～1940 年代對華人抱持的友善情緒，很快的變成懷疑與害怕。美國國會在 1950 年通過《麥卡倫國內安全法》(McCarran Internal Security Act)，基於國家安全，授權殲滅共產黨。美國授權檢察總長，只要有證據證明參與間諜與破壞活動者，皆可將之拘留。美國華人再次必須提高警覺，因為他們知道他們在美國生活的福祉，與美國對中國的外交政策息息相關。另外，他們還曾目睹因日本帝國在二戰期間與美國對立，美國政府摧毀了在美國的日裔社區，還將日本移民關入集中營。此時，東岸的紐約中華會館與西岸舊金山「六大公司」總部，迅速組織全國性的反共產黨活動，以消弭中國共產黨已經滲透美國的謠言。例如，1954 年紐約市的華人組成「全美海外華人反共產黨聯盟」(All American Overseas Chinese Anti-Communist League) 來駁斥美國華裔公民或僑民都是共產黨黨員的偏見。

威斯康辛州參議員麥卡錫 (Joseph McCarthy) 在 1953 年被選為美國參議院常設調查小組委員會的主席。在此之前，他已經利用媒體的力量在美國散布赤色恐怖 (Red Scare) 的情緒，藉著毫無根據的理由指控許多人為共產黨員，以排除異己。在這瘋狂的國家主義氣氛之中，麥卡錫使美國人民相信共產黨

的間諜已經在他們周圍，埋伏或偽裝在人民的生活中，使得人人自危。1955年年底，美國駐香港領事莊萊德 (Everett F. Drumright) 警告美國政府，中國共產黨探員已經利用聯邦公民文件取得美國護照、滲透美國。對此，美國「移民與歸化局」(Immigration and Naturalization Service, 簡稱 INS) 開始在 1956 年初著手調查上千名有嫌疑的美國華人。美國華人社區籠罩著恐懼的氣氛，大多數的華人，特別是「紙孩」或其他以非法方式進入美國並取得公民身分的人，擔心那些已成過去的文件會再度困擾他們與家人。

美國為解決與亞洲移民和歸化有關的政策，於 1952 年通過《麥卡倫 - 華爾特法》(又稱《移民與國籍法》, McCarran-Walter Act)，消除歸化權的種族限制，使亞洲移民在歷史上第一次可以入籍成為美國公民。同時，該法也擴大了以「種族」為依據的國籍配額制度，建立一個亞洲太平洋限制區，並給此區域中的十九個國家各二千名的移民配額。國會通過了《麥卡倫 - 華爾特法》後，時任總統的杜魯門 (Harry S. Truman) 卻持不同立場，認為國籍配額制度應該被廢除。因此，總統指派了一個國籍與歸化特別委員會，來研究美國的移民制度。依據 1953 年委員會的報告，推薦一種不以國籍、種族、信仰與膚色分配簽證的制度，取代國籍配額制度。但即使是 1953 年上任的艾森豪總統 (Dwight D. Eisenhower) 贊同這份報告的結果，他仍無法廢除配額制。1955 年，《麥卡倫 - 華爾特法》通過後三年，美國政府相信中國共產黨間諜已滲透美國，而積極成立另一個計畫，即「自白方案」(Chinese Confession Program)，允許以非法手段進入美國的華人，例如「紙孩」，以坦白他們的非法身分作為調整身分的交換條件。「自白者」被要求提供他們非法文件的來源與洩漏曾幫助他們、或是在美國的親友姓名。結果，多數非法華人移民不相信美國聯邦調查局 (Federal Bureau of Investigation, 簡稱 FBI) 和美國移民與歸化局，而沒有棄暗投明。他們瞭解聯邦調查局和移民與歸化局正從自白中蒐集資訊、情報與忠誠試驗，用來驅逐或開除同情赤色中國的華人。其他人則是害怕牽連親友，這個現象引起社區的緊張與混亂。然而仍有數以萬計的華人，有些更是全家人，選擇自白來調整他們的身分；92% 自白者的身分被改為合法僑民或歸化

的公民。

　　一直到 1965 年 10 月 3 日，美國總統詹森 (Lyndon B. Johnson) 簽署了《哈特塞勒法》(Hart-Celler Act)，目的在使二戰期間被迫分離的家庭團聚，並引進技術勞工與專業人才，以確保能為美國不同經濟部門提供適任的勞工。《哈特塞勒法》以三年為期，廢除國籍配額制度，對來自東、西半球的移民用年度配額制取代。它特別為西半球的移民提供每年十二萬個名額，為東半球移民提供每年十七萬個名額，每一東半球國家各有二萬個名額。這個法案也設立一個優惠制度，針對特定移民，即美國公民的配偶、子女與雙親，以及美國所需要的技術人才，提供配額外的名額。1965 年《哈特塞勒法》的通過標示著亞洲移民前往美國的新紀元，接下來的幾十年間，亞洲移民進入美國的數量劇增。1961～1970 年間，大約四十四萬五千三百名亞洲移民進入美國。在1971～1980 年間，移民人數更達到三倍至一百六十萬；1981～1990 年間，抵達美國海岸的亞洲移民創下歷史新高，達二百八十萬人。

　　華人移民的素質也有不同，1850～1945 年間來美國的華人（即老華僑）大多是來自中國廣東的農村，教育程度低的農民。二戰後，新移民多是來自都市的藍領或白領工人，操北京話或廣東話口音。1965 年以後大批從亞洲移入的華人，被稱為「新移民」，大約有七十一萬一千名，這批華人新移民有一半是教授、管理人才與技術勞工❷。在 1979 年美國與中國的外交關係正常化之前，許多新移民逃離文化大革命的迫害，從中國大陸前往香港或臺灣，然後再到美國。與之前和家族失去聯繫並夢想著致富返鄉的華人單身漢不同，新移民是不分男女、攜家帶眷，並希望在美國成家立業。他們克服困難並爭取中國城的社會改革、法律援助、租屋基金與基本教育，在美國政府面前無所畏懼。

　　藍領與白領階級的新移民到來，使美國華人社區一分為二。專業人才的新移民擔心中國城中的失業率、窮困與人口稠密，而變成流動的美國華人。他們迅速的融入美國主流社會並且離開中國城，移居中產階級和中上階級居

---

❷　Jack Chen, *The Chinese of America*, 118.

住的區域。與此同時，定居在中國城內的藍領工人，男性多在餐廳當洗碗工或廚師，領取低額薪資；女性則在成衣廠當女裁縫。這些新移民努力工作，熱切期待他們的子女在學校有傑出的表現，夢想著有一天能有自己的事業，然後搬離中國城前往中產階級居住的郊區。然而未來對這些勞工卻是相當的遙遠，因為半數以上的華人英語不流利與教育程度低，僅能困在華人經濟圈中。多數人只領取足以糊口的最低薪資，沒有健康保險與工作福利，生活在貧困的底線。美國華人社區的分裂，很快的出現在紐約市；完全被美國文化同化的有錢專業人才與商人居住的紐約「上城」，很少與在中國城辛苦工作的「下城」華人接觸，但兩邊的華人都為美國華人社區提供了生命力：下城的藍領勞工需要收入與社會福利而提供了服務業，間接吸引了上城的美國華人前來消費、用餐或辦公，並提供藍領勞工穩定的財源。

　　1980 年代來自臺灣與香港的富有華人，將資金轉往加州蒙特利爾公園市，華人成為蒙特利爾公園市最大的族群團體，並選出陳李琬若 (Lily Lee Chen) 為首任華人市長與全美第一位華裔女市長。至今三十多年來，華人在蒙特利爾公園市的聚居，使該市成為一個高級的中國城，有「華裔比佛利山莊」與「小臺北」之稱。在蒙特利爾公園市變身為中國城的同時，來自臺灣與香港的企業家買下紐約曼哈頓中國城，掀起房地產熱潮，並吸引了大量資金。由於香港與臺灣投資客的湧入，使得曼哈頓中國城在 1980～1990 年間擴大了一倍，併吞了部分的「小義大利區」與猶太區的東側。而專業與商業的服務業，如法律事務所、會計師、廣告商與房地產仲介，紛紛在此開業。誠如劉柏川 (Eric Liu) 在《偶然生為亞裔人》(The Accidental Asian: Notes of a Native

圖 7：有「小臺北」之稱的加州蒙特利爾公園市街景

Speaker, 1998) 一書中所寫到,在我們認定的中國城之外,還有更多的中國城。黑社會華埠、點心華埠、社會福利華埠、時髦華埠、老人華埠、跨海大橋華埠、曼哈頓華埠、法拉盛華埠、泛亞裔華埠、貧民區華埠、門戶華埠 (Chinatown the gateway)。現在也有郊區中國城,如洛杉磯郊區的蒙特利爾公園市,這些地點是自由選擇建立的,非刻意建造的。

2000 年美國人口普查局統計,華裔約有 2,734,841 人 (不包含臺灣裔)。其中 2,314,537 人是純華裔,130,826 人為華裔與其他亞裔的後代,289,478 人為華裔與其他種族後裔。華人後裔在 2000 年成為亞裔美國人中最大的次團體。而華裔人口最多的五個州分別是加州 (1,122,187 人)、紐約州 (451,859 人)、夏威夷州 (170,803 人)、德州 (121,588 人) 與新澤西州 (110,263 人)。華裔也是 2000 年紐約市中最大的亞裔團體,約有 357,243 人之多 (不包含臺灣裔)。至 2010 年華裔美國人已達 364 萬人,增加 33%。

第五節　華裔美國人社會

在華人社群裡,長久以來仍保有對中國傳統節慶的慶祝活動,並加以流傳。在傳統節慶上,美國華人也參與慶祝中國節慶。農曆新年,又稱「春節」,是美國華人最盛大慶祝的節日。新年開始於農曆新一年的第一天 (通常在陽曆的 1 月 21 日～2 月 19 日之間),並於十五天後的滿月畫下句點,但大部分美國華人僅慶祝前三天。漢代時,十二年為一循環,每年由不同的動物守護,分別是鼠、牛、虎、兔、龍、蛇、馬、羊、猴、雞、狗、豬。根據中國習俗,每一個人都具有他出生那一年的特質,例如,鼠年出生的人具有毅力,在目標達成前會一路堅持下去。中國新年的慶祝也與十二生肖息息相關。在全美的中國城,各行各業的華人和觀光客一起欣賞、參與繽紛且喧鬧的新年遊行。在舊金山,遊行隊伍往往長達三小時,會在中國城的中心格蘭特街 (Grant Street) 結束;在曼哈頓,遊行隊伍會經過莫特街、披露街與擺也街 (Bayard Street)。其中有舞獅、民俗舞蹈和武術表演娛樂觀眾,但每個人看到金龍會最興奮,金龍是一條儀式性的金色的龍,通常為了慶祝儀式特地在香港訂做送

往美國的。對中國人來說，這是最仁慈的生物，是一種力量與長壽的象徵，金龍會由舞龍者高舉在街道中穿梭。

另外，美國華人慶祝中國的中秋節，中秋節可以追溯到 618 年的唐代，主要是慶祝一年的豐收。中秋節在農曆 8 月 15 日，被視為女神的滿月，比一年之中其他月分還更耀眼。家族團聚和賞月活動是不可或缺的節慶活動。在中秋節時，年輕女性會到廟裡焚香拜拜，祈求月老牽紅線結姻緣。月餅是中秋節的象徵，味道豐富的圓形麵糰，代表著月亮與團圓，特徵之一是其中的內餡，像是棗泥、松子泥、鹹蛋黃、綠豆泥、冬瓜泥、火腿、核桃和乾果，相當多樣豐富。

在傳統飲食上，華人喜愛的中式佳餚，深受美國人的歡迎。在中國城中，可以嘗到特殊佳餚「皮蛋」，也被稱為「千年蛋」或「松花蛋」，是把雞、鴨或鵝蛋在石灰、鹽和泥巴的混合物中保存一百天，直到蛋白變黑色、蛋黃變成灰綠色。將外層包覆物和外殼去掉後，蛋白和蛋黃當作開胃菜，單獨食用或佐以薑末、醬油，或加進稀飯中食用。

魚翅，其實就是鯊魚背鰭的軟骨部分與部分尾鰭，據說有壯陽功能，是昂貴的食材。最有名的鯊魚料理是魚翅湯，其調味和內容是著重燉煮軟骨過程中釋放的膠質。一些在美國的中國餐廳，特別是承辦酒席者，會在菜單中提供魚翅湯，一碗要價四十～一百五十美元。人們對魚翅和魚翅湯的熱愛，造成了全球濫捕鯊魚，致使鯊魚的數量大幅減少。每年大約有一百萬隻鯊魚被捕殺。由於鯊魚翅賣得比鯊魚肉好，漁夫通常會砍下魚鰭後將鯊魚推下大海自生自滅。美國自 2001 年開始禁止活割魚翅的行為。

「燕窩」在中國和美國華人社區中也被高度喜愛。蒐集燕窩者會帶著燈進入漆黑的洞穴，爬上竹製鷹架，輕輕地將燕窩從牆上撬起。華人相信燕窩可以強壯身體與增進性能力。生燕窩是無味的，像魚翅一樣，它的美味是要經過熬煮後才會出現。對燕窩的強烈需求與採收燕窩的冒險行為，代表著在市場中價格的昂貴。如今，燕窩是價值數十億美元的產業。最大的燕窩消費市場在香港，於 2002 年進口近一百萬噸，市值二千五百萬美元的燕窩。燕窩

的利潤相當高，使得西方國家極力保護金絲燕，但遭到東南亞國家的反對。金絲燕數量的減少，主要是因為過度採收燕窩，或因鳥蛋與雛鳥從鳥巢中墜落，或因金絲燕棲息地被破壞等。

MENU.

CHOP SOOY, with White Mushrooms............25c
PLAIN CHOP SOOY 15c
GUY GANG (Chicken Soup)............30c
VEGETABLE SOUP, WITH MEAT............25c
GUYSUE MEIN (Noodle Soup with Chicken)......25c
YET QUO MEIN (Noodle Soup with Pork)......10c
ONE HONE (Boiled Chicken & Dumpling)............25c

Fried.

CHOW MEIN (Fried Noodle with Boneless
　　Chicken) large............75c
CHOW MEIN (Fried Noodle with Boneless
　　Chicken) small............40c
BOR LOW GUY PAN (Boneless Chicken
　　with Pineapple)............75c
LYCHEE GUY PAN (Boneless Chicken
　　with Lychee)............75c
GUY FOU YONG DUN (Chicken Omelet).......75c
FOU YONG GUY PAN (Chicken with
　　scrambled Eggs)............$1.25
JAR JEE YEE (Boneless Chicken fried in
　　Crackerdust)............$1.00
MOU GOO GUY PAN (Boneless Chicken
　　with white Mushroom)............75c
FOU YONG DUN (Omelet with Ham)........50c
FOU YONG DUN (Plain Omelet)............35c
FOU YONG HA (Omelet with Lobster)........75c
CHOW SANG HA (Fried Live Lobster)........75c
MOU GOO BOCK GOB (Fried Squab with
　　White Mushrooms)............75c
YOU JOR BOCK GOB (Fried Squab Whole)....50c
DEN NOON GUY (Fried Spring Chicken)
　　Whole $1.00, Half............60c

圖 8：19 世紀中國餐廳菜單

中式飲食中的炒麵（chow mein）、雜碎（chop suey）與幸運餅乾（fortune cookie）廣為美國人所喜愛。然而，早期華人移民並沒有從中國帶來炒麵、雜碎與幸運餅乾。相反的，這些流行的菜餚是由美國華人所發明。「炒麵」，混合著肉丁，特別是和竹筍、豆芽、荸薺、洋蔥與蘑菇炒過的雞肉或蝦子，以及酥脆炸過的麵條一起料理，據說此為一名華裔廚師不小心將麵掉進油鍋而意外誕生的菜餚；另有一說是有一名華裔廚師出於好玩，在炸過的麵中加入多種肉丁、蝦子和蔬菜。

「雜碎」，廣東話中代表零零碎碎，將小塊的牛肉、雞肉或蝦子和什錦蔬菜一起炒，包括洋蔥、芹菜、豆芽、荸薺與蘑菇。這道菜通常放在白飯上食用。雜碎的起源傳說很多，盛傳是美國華人在 19 世紀發明這道菜餚，用來取悅秘密前來美國訪問的中國總督李鴻章。另一個說法，是華工在建造跨州鐵路時發明這道菜餚。雜碎深植於美國文化之中，甚至美國現實主義畫家艾德華・霍普（Edward Hopper）為此道菜畫了一幅名為「雜碎」的油畫，圖中描繪了四名在中餐廳裡用餐的人，欣悅的吃著「雜碎」料理㉓。

「幸運餅乾」是在美國較高級的中餐館飯後所提供的甜點，通常也被認為是中式餐館的特點之一。餅乾裡包著一張寫著人生哲學的句子，或是具有神秘色彩的歇後語。它

圖 9：炒雜碎（出處：Shutterstock）

㉓　Light, *Ethnic Enterprise in America*, 93.

的起源眾說紛紜，有一傳說是來自 19 世紀的日本。早在 1878 年的日本浮世繪當中便有描述到類似的餅乾❷。到今日，在京都的伏見稻荷大社（京都市伏見區）以及東京的一些寺廟中，廟方還是以餅乾作為代替抽籤的方式，來探求人未來的吉凶禍福。日本式餅乾所採用的材料是芝麻與醬油，而不是如美式的香草與奶油，這種類似於幸運餅乾的甜點，在日本稱作「辻占煎餅」（つじうらせんべい）。另一說是一名舊金山凱宏麵廠 (Kay Heong Noodle Factory) 的工人發明了一種簡單的扁餅乾，趁熱將寫有預言或箴言的小紙條包入。

　　除了東方飲食方式隨著移民傳入美國外，中國的思想及傳統宗教一直受到美國社會關注，其中的中國儒道思想，更深深影響著亞洲移民社會。孔子是儒家哲學的奠基者，大約生活在西元前 551～479 年間。孔子發展出一套社會與政治的哲學，著重在道德勸說上，如公正、仁慈、禮儀、誠信與有智慧的領導能力。根據孔子的說法，舉凡個人、家庭、社會與政府，都應該遵照這些戒律管理自己。因此，舉例而言，一個君主必須以仁慈和關愛統治他的子民，而他的子民要像對待父親一樣以忠誠與尊敬回報他。孔子保存在《論語》中的教誨，建立了日後中國思想的個人、政府和社會依循的準則，並且持續引導著華人移民與美籍華人的舉止。海外華人恪守中庸、謙恭與仁慈，而且信奉祖先崇拜、家庭與社會責任，這些都可以溯本追源到孔子的教誨。

　　儒家之外的道家，也是中國思想的重要依循。在老子的著作《道德經》中，他用一種隱晦詩體描述一種思想，不是建立在人為的社會分工或行為準則之上，而是建立在「道」之上。遵循「道」是指過「無為」或不費力追求任何事物的生活。「無為」不是指不做任何事情，而是使會發生的事情，以平靜的方式順應自然潮流。跟著這股潮流沉思與調和，自然會帶來滿足、化解衝突、促進和平。久而久之，道家像儒家和佛教一樣，成為中國主要信仰之一。1949 年共產黨在中國的勝利，與之後 1966～1976 年的文化大革命摧毀大量的道教遺址，讓此宗教受到重大的破壞。

---

❷　Lee Jennifer, "Solving a Riddle Wrapped in a Mystery Inside a Cookie," *New York Times*, January 16, 2008.

佛教，是中國人的重要信仰之一，華人移民將佛教傳至美國社會並根植
於美國。佛教沿著貿易路線向東傳播，在 1 世紀前後傳到中國，然而佛教直
到 5～6 世紀才在中國流行並確立其信仰。中國人主要信奉大乘佛教，大乘佛
教的主要教義認為，「善行」會使人在未來的轉世輪迴中有較好的人生；同
時，佛陀只是一連串事物中的一個化身，這種給予普世救贖的宗教觀吸引中
國社會中的所有層級，也包括普羅大眾。佛教在中國設法與大量的宗教與哲
學共存，而非是一個絕對、死板且龐大的系統。部分的佛教觀念早已出現，
並運用在中國的傳統習俗中。因此，中國人普遍遵從佛教的冥想，因為它與
道教的「觀」相似。對中國人而言，佛教的佛法就像道教的「道」，而佛教的
涅槃等同於道家的「無為」。早期華裔移民將大乘佛教帶來美國，在加州建造
無數的佛寺，今日仍有二十座依舊屹立不搖。某些華人在新世界信奉道教和
儒教，也有部分在美國傳教士的社會福利計畫中改信基督教。但是華裔基督
教徒，特別是出生於美國之外者，仍試圖同時遵守基督教、佛教、道教和儒
家思想的教誨。

　　「太極拳」及「功夫」更是廣受美國人歡迎。太極拳是中國三種主要內
功門派之一，另外兩種為「形意拳」與「八卦拳」。太極拳的精髓是一連串冥
想的姿勢與循環沒有中斷的動作，就像是一種芭蕾慢舞。因此，太極拳是最
難的武術之一，需要很長的學習時間。太極拳重要概念是「氣」，即是身體中
流動的天地能量。中醫努力維持人體內氣的平衡以保健康如果氣過多或不足，
便需要重新取得平衡。因此中醫認為太極拳是一種物理治療，透過平靜的運
動恢復體內的平衡。

　　「功夫」類似空手道，以非單一的循環動作為主。由於李小龍與他的好
萊塢電影《唐山大兄》和《龍爭虎鬥》，以及由大衛‧卡拉迪 (David Caradine)
飾演少林和尚金貴祥的兩部電視影集《功夫》和《功夫傳說再現》，使功夫於
1970 年代在美國廣為流行。

　　至於傳統中醫是建立在道家陰陽觀念之上。「陰」象徵生活中消極被動的
一面，包括女性、月亮、土地與水；「陽」則代表積極主動的一面，如男性、

太陽、天與火。陰陽並不衝突，而是在一種平衡且包羅萬象的圓之中互動。以「道」調和使人健康，當陰陽間的平衡被打亂時，就會造成疾病。而用藥的目的是為了恢復這種平衡。草藥與藥物（例如人參和當歸）、按摩、針灸與艾灸是最常見的治療方式，以恢復病人體內陰陽的協調。艾灸是在針灸過後的穴道上燒棒狀或圓錐狀的植物，過程中釋放的熱，被相信可促進「氣」（天地間流動且賦予生命的能量）的流動、緩和疼痛、紓解虛弱與疲勞。美國每一個中國城都有中醫師和藥材商，而住在中國城內的華人，特別傾向尋求傳統中醫的協助。

第六節　今日的華裔美國人

1982 年 6 月 19 日晚間，二十七歲的華裔繪圖師陳果仁 (Vincent Chin)，參加朋友在密西根州高地公園的 Fancy Pants Strip Club 為他舉辦的單身派對，慶祝他即將到來的婚禮。當時美國汽車業正進入衰退期，許多憤怒的美國人將這歸因於日本人不公平的競爭。二名白人汽車工人 Ronald Ebens 與他的繼子 Michael Nitz 才剛被公司裁員，那一天他們也剛好在 Fancy Pants。起先，他們誤認陳果仁為日本人，開始對他叫罵一些帶有種族歧視的言語，並將美國汽車工業的困境歸咎於他。一場爭執發生後，雙方都被請出酒吧。當天稍晚，Ebens 與 Nitz 在附近的一間速食餐廳又看見陳果仁，兩個人粗暴地以棒球棒攻擊陳果仁，陳果仁在四天後因傷重不治。Ebens 與 Nitz 被指控二級謀殺罪，但最後以過失殺人罪定案。在宣判時，偉恩郡 (Wayne) 的巡迴法院法官 Charles Kaufman 只要求 Ebens 與 Nitz 每人支付三千美元罰金，加上七百八十美元的易科罰金，換取三年緩刑❷❺。美國華裔社區對這樣的輕判感到憤怒與懷疑，因此發起組織「公道委員會」，爭取正義公理。聯邦政府介入調查此案，並在 1984 年以因種族歧視的動機犯下罪行並剝奪陳果仁的公民權來起訴 Ebens。聯邦陪審團認定 Ebens 有罪，並判他二十五年有期徒刑。但是，上訴法院裁定輕判 Ebens 過失殺人，緩刑三年，罰款三千七百八十美元，並

---

❷❺ *New York Times*, June 30, 1982.

在 1987 年 5 月 1 日撤銷判決。當年 7 月，在陳果仁母親陳余瓊芳 (Lily Chin) 對 Ronald Ebens 的民事訴訟中，要求 Ebens 支付一百五十萬美元補償陳果仁。但是，Ebens 將他的資產脫手並逃離該州。他與 Michael Nitz 都未曾因為他們犯下的謀殺罪，入獄服過一天的刑罰。

此事震驚全美國，後來由崔明慧 (Christine Choy) 與 Renee Tajima-Pena 拍攝獲得奧斯卡提名的長篇紀錄片《誰殺了陳果仁?》(Who Killed Vincent Chin?, 1988)，透過與事件相關人物的訪談，巧妙地記錄了陳果仁事件，其中包含兇手訪談與新聞畫面。此片為的是提醒人們，直到 1980 年代末期，美國華人爭取平等權利之路仍是崎嶇不平。

從虛構角色看華人形象

小說中的殘酷角色傅滿州 (Fu Manchu) 是英國推理小說家 Sax Rohmer 的創作，Rohmer 本名 Arthur Henry Ward，於 1883 年出生，是定居在英格蘭的愛爾蘭移民。Rohmer 總共寫了十三本傅滿州小說，並被翻譯成超過十二種語言與點字印刷。1920 年代，有一系列由 Henry Agar 主演的英國無聲電影，就是根據傅滿州小說拍攝而成。在之後的六十年間拍攝了更多的傅滿州電影，從 1929 年派拉蒙公司的有聲電影《神秘的傅滿州博士》(The Mysterious Dr. Fu Manchu) 開始，由瑞士籍演員華納·奧蘭德 (Warner Oland) 主演；到 1980 年由彼得·謝勒 (Peter Sellers) 主演的喜劇《傅滿州博士的奸計》(The Fiendish Plot of Dr. Fu Manchu) 等。此外，「傅滿州的冒險」(The Adventures of Fu Manchu) 是由白人演員葛倫高登 (Glen Gordon) 飾演反派角色的電視影集，也在 1955～1956 年間播出。

根據小說敘述，傅滿州是倫敦東區角落萊姆豪斯 (Limehouse) 一個秘密會社的華裔犯罪首領，首次出現在 1912～1913 年的雜

圖 10：傅滿州的電影形象（出處：©AF archive/ Alamy）

誌連載上，並在 1913 年出版成書。在每一本傅滿州小說中，傅滿州博士被形容成極度邪惡並密謀征服世界，藉由綁架、控制心靈與勒索，達到他卑鄙的目的。在《傅滿州的秘密》(The Mystery of Dr. Fu Manchu, 1929) 中飾演傅滿州的奈蘭・史密斯 (Nayland Smith) 外貌如下：身材又高又瘦、面露狡猾，有著像莎士比亞一樣的眉毛、魔鬼一樣的臉龐、完全剃光的頭頂、像貓眼般又細又有魅力的長眼睛，完美呈現西方人眼中的「黃禍」形象。

　　小說中個性溫和的華裔偵探陳查理 (Charlie Chan) 是美國小說家、劇作家厄爾・畢格斯 (Earl Derr Biggers) 的創作，他的靈感來自於一位現實生活中的偵探 Chang Apana。在 1925～1932 年間畢格斯創作了六本陳查理全集，全部都連載在《週六晚報》(Saturday Evening Post)，其中好幾本被翻譯成約十種語言。1925 年，陳查理這個人物在無聲電影《不上鎖的房子》(The House Without a Key) 中擔任配角初次登上電影大銀幕，讀者們都知道他在 1880 年前後出生於中國，並在孩提時期遷到檀香山，並不擅英文。

　　1931 年之後，陳查理這個人物開始因電影《黑駱駝》(The Black Camel) 與《陳查理再接再厲》(Charlie Chan Carries on) 掀起熱潮。至 1949 年，已有四十四部以陳查理為主角的電影。當他帶領全球觀眾解決謎題時，其矮矮胖胖的形象取悅了美國觀眾，如《陳查理在羅馬》(Charlie Chan in Rome)、《陳查理在巴拿馬》(Charlie Chan in Panama)。陳查理在 1931～1938 年間是由華納・奧蘭德飾演，1938～1947 年由薛尼・杜勒 (Sidney Toler) 飾演，1947～1949 年由羅蘭・溫特斯 (Roland Winters) 飾演，而畢格斯也從好萊塢劇作的改編與小說銷量獲得龐大收益。1950 年代電視界也加入這個熱潮，由卡洛爾・奈許 (J. Carrol Naish) 主演的半小時影集，希望藉此讓陳查理再次風行，但該節目未受到

圖 11：陳查理的電影形象（出處：©Moviestore collection Ltd/ Alamy）

支持。好萊塢最後一次嘗試為激起觀眾對陳查理的興趣而發行了《龍之后》(*Charlie Chan and the Curse of the Dragon Queen*, 1981)，但觀眾和評論家並不熱衷。

根據約翰・史東 (John Stone, 第一部陳查理電影的製片) 的說法，將陳查理小說拍成電影是反駁傅滿州對華人的不良性格描述，以及展示所有少數團體都可以在銀幕上有正面取向的理念。但許多亞裔美國人駁斥和藹可親的陳查理是矯正邪惡傅滿州形象的最佳方法。從許多亞裔美國人的觀點看來，陳查理文弱與書呆子的形象，種下外人對亞裔男性的刻板印象。

龍女／盛開的蓮花二分法 (dragon lady/ lotus blossom dichotomy) 這個名詞是由身為導演、編劇家與製片的 Renee Tajima-Pena 所創造，用來描述電影中亞裔女性的兩種刻板形象：奸詐與欺騙人心的狐狸精，和總是討好別人的善良女子，例如，在 1931 年傅滿州的恐怖電影《龍女》(*Daughter of the Dragon*) 中，華裔女演員黃柳霜扮演迷惑人心的龍女與娼妓。相反地，蘇絲 (Suzie)，由香港演員關南施 (Nancy Kwan) 在 1961 年改編自 Richard Mason 暢銷小說《蘇絲黃的世界》(*The World of Suzie Wong*) 的電影中飾演的香港妓女，象徵著「天真無邪的亞裔女孩」刻板印象，當她愛上一名美國畫家時，她以典型好女孩的方式告訴他：「我不重要」和「我會一直在你身旁，直到你說，蘇絲走開」。

電影事業方面

1920～1950 年代，好萊塢的華裔演員只有很狹隘的選角空間。華裔女演員黃柳霜是一名在 1919～1960 年間在大銀幕上演出六十八部電影的傳奇人物，1905 年出生於洛杉磯中國城花街 (Flower Street)。其著名作品包括特藝彩色公司的第一部彩色電影《海逝》(*The Toll of the Sea*) 與《上海快車》(*Shanghai Express*)，與經常演出亞裔女英雄、神秘女性 (有時另有白人演員同時演出亞裔角色) 的瑪琳・黛德麗 (Marlene Dietrich) 共同演出，黃柳霜的出色演技被大眾公認為史上最傑出的女演員之一。

在 1920～1940 年代，好萊塢將美國華人描寫成奴僕、走狗、奸詐的妖婦與妓女、或如鴉片館與暗房中壞透了的傅滿州形象、陳查理般的智者。當時由眼睛歪斜、帶著裝出來的東方腔調的白人演員來飾演華人，十分常見。例

圖 12: 黃柳霜

圖 13: 瑪娜・洛伊

如 1927 年的電影《老舊金山》(*Old San Francisco*)，由華納・奧蘭德飾演一名
擁有中國血統的犯罪組織首領，他不僅虐待當地華人、將自己的兄弟囚禁在
地下室，還計畫將白人女性賣為奴隸。而女演員瑪娜・洛伊 (Myrna Loy) 成功
取得大量的華裔角色，包括她的最後一個角色，在《傅滿州的面具》(*The
Mask of Fu Manchu*, 1932) 片中，飾演淫亂且殘酷的女性。同一部電影中，英國
演員波利斯・卡洛夫 (Boris Karloff) 飾演傅滿州。卡洛夫在他的職業生涯中也
演出許多華裔角色。他最著名的角色應是詹姆士・李・王 (James Lee Wong)，
1938～1940 年間由莫納格蘭電影公司 (Monogram Pictures) 發行的六部電影中
的華裔偵探。陸錫麒 (Keye Luke) 以飾演陳查理的大兒子聞名，在王先生系列
的第六部電影《華埠魅影》(*Phantom of Chinatown*) 中扮演王先生。王先生的出
現全拜美國觀眾對亞裔偵探產生興趣的陳查理系列所賜。日裔偵探原先生
(Mr. Moto) 由彼得・洛 (Peter Lorre) 演出，這部在 1937～1939 年間拍攝的一系
列電影（共八部），他是受陳查理系列影響的另一名偵探角色。

　　被稱為中國芭杜的關南施，1939 年出生於香港，父母分別為華人與蘇格
蘭人㉖，在她早期的職業生涯中也被侷限在上述幾種類型的角色上。她首先
以 1960 年電影《黃蘇絲的世界》中的香港妓女—蘇絲——角色吸引觀眾的注
意，接著成功演出改編自黎錦揚《花鼓歌》(*Flower Drum Song*) 的電影中，一名

㉖　她並非美國公民，在洛杉磯居住了超過四十年。

在美國出生的華裔夜總會舞女羅琳達 (Linda Low)。在接下來的數十年間，她在美國的電視影集演出，如《夢幻島》(*Fantasy Island*)、《麻煩事來了》(*Knots Landing*)、《醫學博士特蘭‧普‧約翰》(*Trapper John, M.D.*) 等影片，頗受歡迎。

李截 (Jason Scott Lee) 被視為首位華裔性感明星，演出多部電影如《愛在我心深處》(*Map of the Human Heart*)，並在《李小龍傳》(*Dragon: The Bruce Lee Story*) 中飾演李小龍（他也時常被誤認為是李小龍），也曾演出《木乃伊傳奇》(*Russell Mulcahy's Tale of the Mummy*)，並為《星際寶貝》(*Lilo & Stitch*) 中的大衛‧卡威那 (David Kawena) 一角配音。

劉玉玲 (Lucy Liu) 為華裔美國人，出生於紐約皇后區，在 1997 年的演出大放異彩，在當年上映並大受好評的電視影集《艾莉的異想世界》(*Ally McBeal*) 中飾演暴躁的律師吳玲 (Ling Woo)。在大銀幕上，她以動作片《危險人物》(*Payback*) 中演出與梅爾‧吉伯遜 (Mel Gibson) 對立，支配慾很強的女子；動作喜劇《西域威龍》(*Shanghai Noon*, 2000) 中飾演被綁架的公主佩佩 (Pei Pei)；《霹靂嬌娃》(*Charlie's Angels*, 2000) 中飾演嬌娃愛麗絲，以及續集《霹靂嬌娃二：全速進攻》(*Charlie's Angels: Full Throttle*, 2003) 及其他電影，取悅了許多觀眾。

在 1960、1970 年代，好萊塢向美國觀眾展示了更多正面的華人形象。美國人特別著迷於華人演員李小龍 (Bruce Lee) 有名的詠春拳，與由他建立的武術風格「截拳道」。1940 年出生於舊金山的李小龍在好萊塢以跑龍套出道。1966 年與 1967 年，他在《青蜂俠》(*The Green Hornet*) 中飾演加藤一角，此片在美國成功演出，並在香港引起轟動。香港電影業馬上簽下李小龍的首部經典武打片《唐山大兄》(*The Big Boss*)。李小龍主演數部電影，例如：《精武門》(*Fists of Fury*)、《龍爭虎鬥》(*Enter the Dragon*) 與《猛龍過江》(*Return of the Dragon*)。他的第五部動作片《死亡遊戲》(*Game of Death*) 只拍了少數的場景，年僅三十二歲的李小龍突然因使用藥物過敏造成腦水腫，死於香港住處。全球的電影觀眾與武術迷都對這位偉大武術家的逝世表示哀悼。而李小龍最後的這部電影《死亡遊戲》由製片以雙主演的方式完成，並在 1978 年發行。華

裔演員成龍 (Jackie Chan)1954 年生於香港，他的父母窮到將他就近賣給接生的醫生以支付接生費用。觀眾可以在近百部的香港與好萊塢電影中看到成龍的演出。他以 1996 年電影《紅番區》(*Rumble in the Bronx*) 中的演出，開始吸引大批美國觀眾的目光。

近幾十年來美國華人致力於在銀幕上展現實際的美國華人生活。華裔導演王穎 (Wayne Wang) 即為代表，其作品包括他首部受讚賞的批判性影片《尋人》(*Chan Is Missing*, 1982)；《點心》(*Dim Sum: A Little Bit of Heart*, 1985)；改編自朱路易 (Louis Chu) 同名作品的《喫一碗茶》(*Eat a Bowl of Tea*, 1989)；與以譚恩美 (Amy Tan) 暢銷同名小說為藍本的《喜福會》(*The Joy luck club*, 1993)。在劇場領域，華裔演員黃榮亮 (B. D. Wong) 以《蝴蝶君》(*M. Butterfly*) 中宋麗伶一角，在 1988 年獲得東尼獎殊榮。黃榮亮在大銀幕上的演出有《侏儸紀公園》(*Jurassic Park*, 1993) 與《花木蘭》(*Mulan*, 1998)。女演員陳沖 (Joan Chen) 生於中國，在孩童時期獲得許多的演出機會。她 1981 年來到美國，1990 年在美國電視界有傑出的表現，如《雙峰》(*Twin Peaks*) 中飾演令人著迷的 Josie Packard，並在《末代皇帝》(*The Last Emperor*)、《天地》(*Heaven and Earth*)、《喜福會》與《金門大橋》(*Golden Gate*) 等電影中演出。陳沖執導的電影有《天浴》(*Xiu Xiu: The Sent Down Girl*)，及《紐約的秋天》(*Autumn in New York*) 等片。

文學方面

在 20 世紀的前半，美國作家存在著反亞裔情節，塑造了主流社會對美國華人的負面印象，因此華裔作家的作品常被忽略。此時期，華裔作家湯婷婷 (Maxine Hong Kingston)，其暢銷小說與得獎作品《女鬥士》(*The Woman Warrior: Memoirs of a Girlhood Among Ghosts*, 1976) 藉由交織民間故事、傳奇、家庭經驗與個人回憶，反映了美國華人女性受到歧視的負面影響，她為美國華人與女性作家開闢了新天地。她後期的許多作品，如《金山勇士》、《孫行者》(*Tripmaster Monkey: His Fake Book*, 1989) 都十分暢銷。1988 年劇作家黃哲倫 (David Henry Hwang) 以百老匯作品《蝴蝶君》吸引了觀眾與評論家的注意，主題是探究美國白人對亞洲人的刻板印象。《蝴蝶君》贏得東尼獎最佳劇作獎 (Tony

Award for Best Play)、最佳百老匯劇作獎 (Outer Critics Circle Award for Best Broadway Play)，以及 1988 年的其他獎項，使黃哲倫成為重要劇作家 (1989 年該劇本出版成書)。譚恩美也在 1989 年以暢銷書籍《喜福會》吸引了美國讀者，並在 1993 年拍成同名電影。之後，譚恩美出版了三本小說都十分成功：《灶神之妻》(*The Kitchen God's Wife*, 1991)、《百種神秘感覺》(*The Hundred Secret Senses*, 1995) 與《接骨師之女》(*The Bonesetter's Daughter*, 2001)。

很少人聽說過伊迪斯·伊通 (Edith Maude Eaton)，她是首位將華人在美國的經驗，用英文寫成散文的華人作家，她的父親為英國人、母親為華人，並以水仙花 (Sui Sin Far) 為筆名。很少人聽過她的短篇故事集《春香夫人》(*Mrs. Spring Fragrance*, 1912)，故事細述華人在美國海岸所受到種種的不公平待遇。伊通在 1914 年過世後，連同她的作品被世人遺忘。直到 1995 年，再度出版《春香夫人》，作為早期書寫華人移民故事的伊通，在文壇上取得一席之地。

美國華裔作家黎錦揚以他的第一本詼諧小說《花鼓歌》獲得重視，被傳奇作曲家 Richard Rogers 與 Oscar Hammerstein II 改編成熱門百老匯音樂劇，繼而於 1961 年被拍成電影。1961 年，朱路易也出版了一本幽默小說《喫一碗茶》，是第一本由美國華裔作家書寫有關中國城的小說。該書在 1989 年由王穎拍攝成同名電影，詳述紐約華埠單身漢社會在 1943 年面對《排華法》廢除後，華人社會重視家族傳宗接代的故事。

1990 年代對華裔作家來說是重大的時代。李健孫 (Gus Lee) 於 1991 年出版半自傳式的小說《中國男孩》(*China Boy*)，敘述面對種族議題敏感的社會，美國華人如何成長的故事，這本小說在文藝界引起一陣轟動；雷祖威 (David Wong Louie) 以他詼諧的短篇故事集《愛之慟》(*Pangs of Love*, 1992) 贏得滿堂喝采；任碧蓮 (Gish Jen) 以她苦中帶甜的《典型美國人》(*Typical American*, 1992)，敘述三名華人年輕移民對美國社會的冷淡、歧視和現實的體現，吸引了評論家的注意。李健孫接著出版三本自傳小說《責與榮》(*Honor and Duty, 1994*)、《虎尾》(*Tiger's Tail*, 1996)、《毫無證據》(*No Physical Evidence*, 2000)，以及散文作品《追隨赫本》(*Chasing Hepburn: A Memoir of Shanghai, Hollywood, and a Chinese*

Family's Fight for Freedom, 2004)。2000 年雷祖威出版了他的第一本小說《野蠻人來了》(*The Barbarians Are Coming*)，觸動人心地描寫移民經驗中特有的疏離感。任碧蓮也接著出版《典型美國人》的續集《應許之地的夢娜》(*Mona in the Promised Land*, 1997)，以及短篇故事集《誰是愛爾蘭人?》(*Who's Irish?*, 1999) 等佳作。

科學與醫學方面

二戰期間，核子物理學家吳健雄 (Chien Shiung Wu) 參與曼哈頓計畫 (Manhattan Project)，表現相當傑出。1912 年出生於上海的吳健雄，在 1936 年來到美國，並於 1940 年在加州大學獲得博士學位。身為一名物理學教授，她獲獎無數，被指名為美國物理學界的首位女性主席。1957 年新澤西普林斯頓高等研究院 (Institute for Advanced Study, New Jersey) 的楊振寧 (Chen Ning Yang) 與哥倫比亞大學 (Columbia University) 的李政道 (Tsung Dao Lee) 以研究「宇稱守恆定律」，推翻了自 1925 年來的基礎量子守恆定律，證明兩種物質系統與對方相同，並且一定以相同方式運作。他們成為首位獲頒諾貝爾物理學獎的美國華人，這是美國華人的驕傲。

1976 年，麻省理工學院 (MIT) 的美籍華人丁肇中 (Samuel Chao Chung Ting) 與史丹佛線性加速器中心 (Stanford Linear Accelerator Center) 的 Burton Richter 以「發現新種類重基本粒子」的成果，共同獲得諾貝爾物理學獎。這種新類型基本粒子即是「J 粒子」，具體證明作為吸引力的第四夸克 (a fourth quark) 確實存在。現今，J 粒子仍在粒子物理學上占有重要地位。十年後的 1986 年，出生於臺灣的李遠哲與赫施巴赫 (Dudley R. Herschbach)、波蘭伊 (John C. Polanyi) 共同以「關注化學元素的動態過程之成就」獲得諾貝爾化學獎。美籍華裔科學家朱棣文 (Steven Chu) 在 1997 年與 Claude Cohen Tannoudji、William D. Phillips 二人，以發展雷射冷卻，並捕捉原子之技術，共同獲得諾貝爾物理學獎。

美籍華人在醫學上也有亮麗的成就。何大一博士 (David Da I Ho) 是一名內科醫師、愛滋病研究者，自 1990 年起擔任全球最大的私人 HIV 病毒暨愛滋

病研究中心——紐約愛倫戴蒙愛滋病研究中心 (Aaron Diamond AIDS Research Center) 的負責人。何大一於 1995 年提出「雞尾酒療法」，藉由多種藥物組合的治療，有效降低愛滋病患的死亡率，這項重大研究讓他成為 1996 年《時代》的年度風雲人物。何大一 1952 年生於臺灣臺中市，十二歲時來到美國，以他的專業醫學突破獲得大量獎項的肯定，包括恩斯特榮格醫學獎 (Ernst Jung Prize) 與美國傳染病學會獎 (Infectious Diseases Society of America)。

政壇方面

從 20 世紀後半開始，華人在美國政壇上有顯著的表現。1959 年，鄺友良 (Hiram Leong Fong) 成為歷史上第一位被選為美國參議員的華人，而他的父親只不過是一名夏威夷甘蔗園的工人。在他擔任夏威夷參議員的三年任期中，他促進了美國與環太平洋國家的貿易關係。江月桂 (March Kong Fong) 在 1966 年被選入加州州議會，成為首位美國華裔女性議員，而 1974 年成為第一位被選為加州州務卿的女性。她擔任該職直到 1994 年，之後柯林頓總統 (Bill Clinton) 指派她為駐密克羅尼西亞 (Micronesia) 美國大使。1976 年，民主黨籍的李碩（Daniel K. Akaka，夏威夷原住民與華裔混血），由夏威夷國會第二選區的選民選入美國眾議院。他在眾議院服務至 1990 年 4 月，被指派到參議院以替補松永正幸 (Spark M. Matsunaga) 議員過世後留下的職缺。1990 年 11 月，李碩贏得補選完成松永參議員的四年任期，並在 1994～2013 年間再次被選為參議員。1984 年，美籍華裔物理學家吳仙標 (S. B. Woo) 獲得德拉瓦州 (Delaware) 副州長一職，證明在一州之中即使只有少數亞裔人口，亞裔也能贏得選舉。

近來，民主黨員駱家輝 (Gary Locke) 在 1996 年被選為華盛頓州州長，成為美國歷史上首位華人州長，在 2000 年取得連任。吳振偉 (David Wu)1961 年與家人一起從臺灣移民美國，1998 年被選為奧勒岡州第一選區代表，使他成為首位出生於臺灣與第三位在眾議院擔任代表的美國華人。其後他又在 2000 年贏得選舉，並成為當屆唯一的華裔議員。吳議員所提出的法案，包括改善教育品質、改善病人的醫療品項與提升公共安全。當他無緣進入能源部 (Department of Energy)，即使已出示他的國會議員徽章還被要求證明他的美國公

民權時，吳議員向亞裔美國人宣傳重要議題──種族形象。

勞工部部長趙小蘭 (Elaine L. Chao)，在八歲時與家人從臺灣移民美國，是美國歷史上首位進入內閣的華人女性。趙小蘭先前在政府部門擔任的職務，包括美國運輸部副部長、聯邦海運委員會主席、運輸部海運顧問代表，在2000 年獲小布希總統 (George W. Bush) 提名為勞工部部長（2001 年 1 月 29 日獲美國參議院批准），從那時起，她積極努力地維護美國勞動人口的利益，並確保所有美國人都有平等的機會。

體壇方面

在世界級美國華裔運動員成就中，張德培 (Michael Te Pei Chang) 是美籍華裔中最閃耀的運動員，1987 年他年僅十五歲，就在美國網球公開賽晉級四強，震撼網壇。之後，張德培轉為職業球員，1989 年他成為史上最年輕、也是繼崔伯 (Tony Trabert) 之後首位贏得法國網球公開賽的美國人。同年，張德培也是網球史上最年輕進入世界排名前五名的選手。從那時起，張德培以他的速度與全力以赴的特質，獲得讚揚與贏得無數的頭銜。

1978 年出生於加州聖荷西 (San Jose) 的華裔體操運動員周婉儀 (Amy Chow)，於 1996 年成為首位被選入美國奧運體操隊的亞裔選手。1996 年在亞特蘭大的夏季奧運中，她協助「神奇七人組」(Magnificent Seven) 的隊伍，寫下美國第一支贏得金牌的美國女子體操隊的歷史。周婉儀也在 1996 年奧運中獲得個人高低槓項目銀牌，2000 年她更獲得全美平衡木比賽的冠軍。

華裔溜冰運動員關穎珊 (Michelle Kwan) 在 1998 年於日本長野縣 (Nagano, Japan) 舉辦的冬季奧運女子單人花式溜冰項目中，以令人讚嘆的溜冰技巧奪得銀牌時，首次吸引全世界的目光。出生於 1980 年加州托倫斯 (Torrance) 的關穎珊，在 1997 年出版自傳《冠軍的心聲》(Heart of a Champion)，2002 年獲得《時人》雜誌提名為「全球前五十名美人」。她以三十四次 6.0（最佳成績）的紀錄，在大型比賽中贏得多次冠軍，在 2002 年鹽湖城 (Salt Lake City) 冬季奧運的表現也受到矚目。由於關穎珊的名聲甚高，美國第一部以花式溜冰為主題的互動式電玩「關穎珊花式溜冰」(Michelle Kwan Figure Skating)，就是以她命

名。此外，在專業團隊運動領域，華裔的鍾尤金 (Eugene Chung) 是少數從事專業美式足球的亞裔人士。1992 年，當新英格蘭愛國者隊挑選進攻線衛時，鍾尤金成為首位第一輪被選入國家美式足球聯盟選秀的亞裔選手。在體壇上，華裔人士的表現相當輝煌。

其他領域方面

全球與美國最傑出的建築家之一的美籍華人貝聿銘 (I. M. Pei)，他設計了超過五十棟建築物，其中包括巴黎羅浮宮廣場 (Louvre Museum) 的玻璃金字塔、波士頓近郊的甘迺迪圖書館 (John F. Kennedy Library)、華盛頓特區美國國家畫廊的東棟建築 (East Building of the National Gallery of Art)、科羅拉多州博爾德市美國國家大氣研究中心 (National Center for Atmospheric Research)、紐約市賈維茲會展中心 (Jacob K. Javits Convention Center)、費城社會嶺住宅區 (Society Hill development in Philadelphia)、新加坡華僑銀行中心及萊弗斯城 (Overseas Chinese Banking Corporation Center and Raffles City in Singapore)，與 1990 年世界上最高的建築之一——香港七十二層樓的中國銀行，皆為世人所稱道。

美籍華裔建築師林瓔 (Maya Ying Lin)，以她設計的華盛頓特區越戰紀念碑 (Vietnam Veterans Memorial, 1982)、阿拉巴馬州蒙哥馬利市 (Montgomery, Alabama) 越南戰爭紀念碑 (Vietnam Memorial, 1989)、田納西州柯林頓市的蘭斯頓休斯圖書館 (Langston Hughes Library in Clinton, Tennessee) 及其他作品獲得上百萬美國人的讚賞。她傑出的設計作品「戰爭牆」(the Wall) 在 1981 年完工，是一面作為越戰紀念碑的磨光黑色石牆，這是她就讀耶魯大學 (Yale University) 時參加在華盛頓特區之建築紀念碑的全國設計比賽的作品。2000 年，林瓔出版了《疆界》(Boundaries)，收集了素描作品、練習畫冊內容、照片與原始設計圖，並且詳述她的建築與雕塑作品背後之靈感與演變的過程。

1938 年生於中國、在臺灣中央警官學校畢業的李昌鈺 (Henry Chang-Yu Lee)，是全球頂尖的犯罪現場調查專家，協助調查超過六千件的案件。他對美國人來說並不陌生，他在無數有名的犯罪事件與民事案件中，奉獻寶貴的刑事鑑定專業判斷，其中還包括眾所皆知的辛普森謀殺案及柯林頓總統的緋

聞案等。1998 年李昌鈺博士在康乃狄克州紐哈芬大學 (University of New Haven)
設立「李昌鈺鑑識科學研究機構」。在 2000 年之前，他是康乃迪克州警政廳
廳長與刑事實驗室主任。除了擔任顧問之外，他還是紐哈芬大學終身教授。
另一位執法界的傑出華人為李亮疇 (Bill Lann Lee)，他原是一名在紐約開設洗
衣店華人之子。柯林頓總統在 1997 年提名他為民權助理檢察官（美國司法部
之職位），使他成為當時在執法單位中最高層級的亞裔人士。李亮疇擔任該職
直到 2001 年柯林頓總統第二任任期結束。

在教育領域，已故的田長霖 (Chang Lin Tien) 生於中國武漢，先後於上海、
臺灣接受機械工程師教育，並於 1990 年被提名為加州柏克萊大學 (UC
Berkeley) 校長，成為首位領導重點研究大學的亞裔人士，他擔任此職直到
1997 年。

在新聞廣播界，宗毓華 (Connie Chung) 是美國新聞界中卓越的女性記者。
她傑出的職業生涯持續三十年，其中包括 1993 年與丹拉瑟 (Dan Rather) 共同
主持 CBS 晚間新聞，使宗毓華成為第二位登上美國電視新聞網的女性主播
〔第一位是芭芭拉・華特斯 (Barbara Walters)，曾在 1970 年代中期短暫的與哈利里森納
共同主持〕。2001～2003 年間，她主持 CNN 的《宗毓華今夜新聞》(Connie
Chung Tonight)，每天一小時，綜合訪談與當日重點新聞調查報告的節目。

馬友友 (YoYo Ma) 是華人史上最傑出的大提琴家之一。1955 年出生，父
母居住於巴黎，他在四歲開始學習大提琴，五歲舉辦個人首場演奏會，童年
時期舉家遷往紐約。他在全球各種大型舞臺上演出，並以他有活力的舞臺表
演、傑出的技巧與生動的樂章，振奮古典音樂界。馬友友使用的是來自威尼
斯的 1733 年蒙塔那那 (Montagnana) 大提琴與 1712 年大衛杜夫・斯特拉迪瓦
里 (Davidoff Stradivarius) 大提琴。

美籍華人不僅在科技領域處於研究的領導尖端，在商場上也大放異彩。
1951 年，王安 (An Wang) 僅投資六百美元創辦王安實驗室，此公司一開始就
是計算機科技的領導者，日後逐漸成為電腦產業的龍頭。王安曾說過：「我建
立王安電腦公司是為了向世人展示華人也擅長於開洗衣店、餐廳之外的其他

　　事業。」1952 年自中國來到美國的王嘉廉 (Charles B. Wang)，於 1976 年建立冠群電腦股份有限公司 (Computer Associates International, Inc.)，是僅次於微軟 (Microsoft) 與甲骨文 (Oracle) 的第三大軟體販售商。作為該公司 1976～2000 年間的執行長與 1980～2000 年間的董事會主席，王嘉廉將冠群電腦從單一商品的公司改造成提供一系列電子商務解決方案的國際企業。

　　出生於中國上海的蔡至勇 (Gerald Tsai, Jr.)，1982 年以執行副總裁的身分加入美國罐頭公司〔之後變成普利梅利加公司 (Primerica Corporation)〕。他之後成為普利梅利加公司發展金融服務業務的主要智庫，最後被選為該公司執行長與董事長。蔡至勇於 1993～1997 年擔任三角洲生活公司 (Delta Life Corporation) 的董事長、總裁與執行長，該公司主管業務為壽險與年金事業。而他日後自創管理諮詢公司──蔡氏管理公司 (Tsai Management, Inc.)。

　　美籍華人陳文雄 (Winston H. Chen) 於 1978～1994 年擔任電子產品承包商旭電公司 (Solectron) 的總裁、執行長與董事長。他擔任該公司董事直到 2002 年，同時他從 1993 年開始也是英特爾公司 (Intel) 的董事。1984 年，不到三十歲的華裔企業家 Gene Lu 創辦了 Advanced Logic Research，該公司在 1997 年被捷威公司 (Gateway) 收購前，曾是高性能電腦系統的設計與生產龍頭。他也是 FIA 儲存系統公司的總裁兼執行長。林傑屏 (David K. Lam) 於 1989 年創辦市值數百萬美元的 Expert Edge 公司。他之後曾任慧智科技公司 (Wyse Technology) 與友訊科技公司 (D-Link Corporation) 的經理，並創辦林氏研究公司。

　　華裔楊致遠 (Jerry Yang)1994 年與同為史丹佛大學博士生的大衛・費羅 (David Filo) 共同創辦了全球頂尖的網路通訊、商業與傳媒公司雅虎 (Yahoo)。他們一開始只是為了記錄他們感興趣的網站，但不久之後其他人開始使用他們架設名為「Jerry 全球資訊網指南」的網站。當 Jerry 全球資訊網指南在 1994 年秋天達到一百萬點閱率時，楊致遠與費羅知道這在未來將是一大商機。

　　Gap 子公司「老海軍」(Old Navy) 是鄭嘉儀 (Jenny Ming) 的事業。1986 年，她以消費者的身分開始接觸 Gap。出生於澳門的鄭嘉儀，以她對潮流的直覺感受，在公司內快速晉升。1999 年，她被提名為「老海軍」的總裁，自此之

後，該公司便成為美國成長最快的零售商。

　　廚師甄文達 (Martin Yan) 生於中國廣州，他是暢銷食譜作者與中式及亞洲料理節目「甄能煮」(*Yan Can Cook*) 的主持人，該節目於 1982 年開始播放，並在美國與其他國家播出。甄文達以在該節目的努力，兩次獲得具有威望的詹姆斯‧貝爾德美食大獎 (James Beard Award)，分別是 1994 年的最佳烹飪節目獎與 1996 年的最佳美食新聞獎。除了主持節目與寫書外，甄文達也在美國頂尖的烹飪學校教授中式與亞洲料理，其中包括北美最具權威的專業廚師組織——美國廚藝聯盟 (American Culinary Federation)；他也是食品與餐廳顧問，經常擔任廣播與電視節目來賓，以及在大型會議、貿易展或其他場合示範與授課。

　　從 1850 年大批華工赴美開始，勤奮的華人受雇於工場及農場；也因華人接受低薪資和高壓環境而受白人雇主的欣賞，導致其他族群的工人失業，引起對華工的不滿、排擠進而驅逐。從《排華法》的通過、修改到廢除，呈現美國社會對華人由排斥到接受的轉變。至今，華人在美國的經濟實力增強，並於各領域嶄露頭角。2012 年 6 月美國眾議院通過一項決議案，正式對《排華法》的制訂和影響致歉，華人的移民奮鬥史，值得人們重視與反思。

第四章

日本族群

日裔美國人在新世界的歷史可以追溯到 19 世紀後半葉，他們體現了從迫害到接受的堅韌人權爭取過程。世世代代的日本人，在美國忍受數十年的歧視，甚至在 1941 年 12 月 7 日二次大戰期間，日本偷襲珍珠港 (Pearl Harbor) 後，美國強制拘禁日本移民於集中營。儘管遭受極大困難，今日的日裔美國人已成為美國最成功的少數族群之一。日本的壽司與豐田汽車就像蘋果和雪芙蘭乳液一樣，是美國社會中重要的一部分。日裔美國人成功的故事，十分出眾醒目。

大約在 1869～1924 年間，首批日本移民抵達夏威夷與美國，這批移民被稱為一世 (Issei)。在 1952 年《麥卡倫 - 華爾特法》通過前，多數一世日裔沒有資格歸化美國國籍，成為美國公民。其後代在美國出生，被稱為二世 (Nisei)；而「歸米」(Kibei) 是指回日本受教育的二世。二世的年齡層很廣，他們大多數曾在二戰期間的集中營裡度過青壯年時期。三世 (Sansei) 是第三代日裔美國人，四世 (Yonsei) 是第四代的日裔美國人。

自二戰後，來自日本的新移民加入日裔美國人的行列，但是因為家鄉經濟繁榮、政治穩定，所以移民人數極少；對於在美國的日裔社會，並未有明顯的改變。

第一節　前往夏威夷的日本移民

1869 年，第一批抵達夏威夷的日本人是一百五十名農工，受雇於夏威夷日本總領事尤金・馮里德 (Eugene M. Van Reed)。結果，馮里德雇用的勞工受到虐待，而且多數人對工作內容感到厭煩。當他們受到虐待的報導傳回日本，在日本政府安排下，讓四十名日本勞工從夏威夷返回日本，並在往後的十七年間，禁止人民前往夏威夷❶。

日本移民最早的目的地是夏威夷。1875 年，夏威夷與美國簽訂《互惠條約》(Reciprocity Treaty)，允許夏威夷的糖免稅進口美國，夏威夷的製糖業因而需要更多勞工。夏威夷甘蔗園主將日本視為廉價勞工的來源，與日本移民公司簽約，雇用日本農村的年輕男性，僅僅在 1891～1908 年間，日本移民公司就為夏威夷甘蔗園提供了超過十二萬四千名日本勞工,並從中獲得許多利益。日本人會想前往夏威夷並取得製糖業所開放的工作，是因為當時日本的經濟狀況十分惡劣。1868 年新登基的明治天皇 (Emperor Meiji) 為強化工業化與軍事化建設，以對付西方強權主義，開始向人民徵收高額稅金。日本農民因無法

---

❶ Kiyoshi K. Kawakami, *Asia at the Door*: *A Study of the Japanese Question in Continental United States, Hawaii and Canada* (New York, N.Y.: Fleming H. Revell Company, 1914), 99.

承受這項新稅制的衝擊而失去土地，到夏威夷工作似乎成為可以擺脫經濟困境的一個方法。

在 1880～1910 年間，前往夏威夷的日本人絕大部分是出外打工，他們是暫時出國工作，等到賺夠了足以償還家族債務的資金，或拿回失去土地的金錢後返回日本的旅居者。1900 年美國通過《組織法》，夏威夷成為美國領土，部分在夏威夷的日本人前往美國本土。因此，夏威夷一開始對來自日本農村的移民頗具吸引力，之後則成為移民北美的跳板❷。就是這個夢想，促使美國參議員井上建的祖父井上朝吉 (Asakichi Inouye) 在 1899 年，亦即美國併吞夏威夷群島前一年，與妻兒前往夏威夷並在甘蔗園工作，最後井上朝吉選擇把夏威夷當作永久的家。

夏威夷在缺乏勞動力與面臨諸多困難下，商人積極雇用來自中國、葡萄牙、波多黎各 (Puerto Rico)、韓國與菲律賓的廉價勞工，當然也包括日本人。即便夏威夷勞動市場的族群眾多，日本勞工卻能在這種艱困的環境中忍耐度過。例如，日本人在他們的工作中，獲得最低的工資；在他們的三年契約時效中，日本人必須長時間從事艱困的工作，並且將大部分的薪水繳給當初為他們安排，並提供資金前往夏威夷的日本移民公司。因此，他們在甘蔗園的工作相當於「契約奴隸」(contract slaves)。

1900 年夏威夷主權轉移到美國手中，契約體制被廢止。但是，甘蔗園主仍試著用操控工資的方法掌控日本工人，引起 1909 年日本工人罷工反擊，反對工作歧視。罷工從 1909 年 5 月 9 日開始，日本勞工離開艾耶亞莊園 (Aiea Plantation)，抗議葡萄牙工人每月實得美金 22.5 美元，而他們每月卻只得 18 美元的薪資。不到一個月，歐胡島 (Oahu) 上有超過七千名日本勞工加入罷工行列，直到 1909 年 8 月罷工才結束。罷工進行期間，全夏威夷的日裔社區團結起來，為罷工勞工提供食物、金錢與免費醫療。1909 年的甘蔗園罷工令莊園主不悅，但已瞭解他們再也無法如此容易地剝削日本勞工。罷工結束之後，

❷ Clarence Glick, *Sojourners and Settler: Chinese Migrants in Hawaii* (Honolulu, Hawaii: Chinese History Center and University Press of Hawaii, 1980), 34–35.

莊園主發起大規模活動，引進容易掌控的菲律賓勞工。面對工作上的不平等待遇，許多日本人在完成契約後即離開種植園。一部分日本人回去母國，其他人則前往檀香山 (Honolulu) 或美國西岸❸。

日本移民就如同華人移民般，單身出洋賺錢，但對承襲傳統文化的觀念始終不移，尤其結婚一事，甚至到 20 世紀，仍非常重視婚姻觀念，認為婚姻並非個人的事情，個人主義下的追求與戀愛並不重要。婚姻亦非兒戲，因此經常是由長輩找媒人幫忙，安排相親結婚，而這個習俗一直延續至今。當男性移民與日本女性相隔太遠而無法親自見面時，雙方便依賴交換照片與訊息變得熟識。20 世紀之交，在夏威夷（或之後在美國本土）具有合法歸化權的日本單身男性，大多希望娶日本女性為妻，但離家太遠無法與未來的妻子見面，便依靠「照片新娘」(picture bride) 的方式結婚。可是有意願前往夏威夷群島的日本女性沒那麼多，所以在美國的日本男性於尋找結婚對象上並不順遂❹。

照片新娘從日本啟程前往夏威夷前要參加傳統的婚禮，但有一個特殊的改變：她是和代表她丈夫的代理人交換誓言。然後，照片新娘就帶著新婚夫婿的照片離開日本前往夏威夷。許多照片新娘看到丈夫後都很失望，當時在國外的男性為刻意隱瞞他們卑賤的地位，會在照相時租用衣服盛裝打扮，以欺騙日本的女性。但是，與其冒著可能使家族蒙羞的抱怨，大部分的照片新娘仍會克服一開始對丈夫的失望，在美國努力建立婚姻生活。日本政府鼓勵照片新娘前往夏威夷與美國和丈夫生活，避免重蹈美國華人社會因單身漢過剩而引起的「娼妓」與「賭博」問題。照片新娘不是唯一前往夏威夷的日本女性，在 19 世紀晚期，日本政府制定政策教育日本女性，並允許她們加入勞動市場，促進國家經濟發展。日本女性快速在製造業、紡織廠與煤礦坑找到工作，在 1900 年之前人數占日本工業勞動力的 60%。同一時期，她們也獲

---

❸　Takashi Tsutsumi, *History of Hawaii Laborers' Movement* (Honolulu, Hawaii: Hawaiian Sugar Planters' Association, 1922), 194–198.

❹　William C. Smith, *The Second Generation Oriental in America* (Honolulu, Institute of Pacific Relations, 1927), 21.

准移民到夏威夷當勞工，她們在那裡逐漸改變夏威夷群島的日裔單身漢社會❺。

此外，許多夏威夷日裔家庭仍需女性外出工作，貼補家用，所以有大量的日本女性進入勞動市場。一部分女性從事為夏威夷單身男性煮飯、縫製衣服與打掃環境等工作，其他人則前往夏威夷種植莊園工作。莊園主人十分樂意在農場中雇用日本女性工作，相信她們會增加男性的責任感與愉悅的心情，因而提升作物的總產量。在1910年，有工作的夏威夷日本女性中，有三分之一在農場工作。雖然日本一世女性從事像男性一樣繁重的工作，例如鋤地、灌溉與收割等，但卻獲得比男性勞工更少的工資❻。

由於多數日本女性即使結婚後，仍必須在家庭外從事勞動以維持家計，但因女性勞工無法獲得有薪產假或提供小孩照護，使得夏威夷日裔的出生率相當低。如果有生育，則日本女性往往須工作到生產前的最後一個月，之後就把嬰兒綁在背上帶到農場、用簡單的嬰兒推車帶著他們，或將嬰兒交由其他女性照顧。於是其後，她們要求與工作相等的薪水和改善工作環境，特別是有關兒童照顧方面。她們透過參與對抗莊園主人的罷工傳達要求。例如，在1909年甘蔗園罷工中，日本女性除了其他方面的訴求外，還要求在生產前後有有薪產假。

夏威夷的種植莊園一直是1920年前一世女性主要的工作場所。雖然二世女性在經濟大恐慌時期可能大量重返種植莊園中工作，但是她們並未回去，而是尋找勞動較少的商店或辦公室工作。

---

❺ Kazuo Ito, *Issei: A History of Japanese Immigrants in North America* (Seattle, Wash.: Japanese Community Service, 1973), 446.

❻ Sucheng Chan, *Asian Americans: An Interpretive History* (Boston, Mass.: Twayne Publishers, 1991), 107; Milton Murayama, *All Asking for Is My Body* (San Francisco, Calif.: Asian American Theater Center, 1975), 34.

第二節　二戰前在美國的日本移民

1869 年，明治維新時期，德國商人約翰‧亨利‧施奈爾 (John Henry Schnell) 協助約三十名日本人偷渡赴美國加州。這些日本人與施奈爾在加州黃金山 (Gold Hill) 的格蘭傑牧場 (Granger Ranch) 建立了若松茶與絲綢農場 (Wakamatsu Tea and Silk Farm Colony)。開拓者希望能從種植樹、橘子、葡萄獲取高利潤。但是，因為氣候不適宜與經濟發生困難，讓他們的努力全都白費了。施奈爾放棄農場，而日本移民也因此被迫離開此地。雖然，根據 1870 年美國的人口普查統計，40% 的日裔居住在黃金山，但史料只記載三位日人。其中一名女性阿敬 (Okei)，她可能是施奈爾子女的保母，在 1871 年死於熱病，被推測是第一名在美國過世的日本女性❼。

1880 年代開始掀起大批年輕單身的日本男性前往美國。雖然在 1871～1880 年間只有 149 名日本人前來美國❽，但之後，1881～1890 年間有 2,270 人，1891～1900 年間有 2,594 名日本人進入美國。1901～1910 年間日本移民達到高峰，有 129,797 名抵達美國。早期來到美國的日本旅居者，透過加州、奧勒岡州、華盛頓州的港口 (如西雅圖和舊金山) 進入美國。1882 年《排華法》禁止華工移民美國，日本移民也受到限制，多數在這三州的日本人從事農業、鐵路、小本生意、家庭服務、鋸木廠、鮭魚罐頭工廠、礦業等領域工作，過著旅居般的生活。逐漸地，日本勞工被吸引到農場工作，在 1910 年前加州的日本農工比其他族裔還多。

對於日本移民而言，舊金山是西岸最受歡迎的據點，他們可以在當地找到不需技能的工作，並且在該市的族裔聚集區中獲得安全感與友誼。當一世移民的社區繁榮起來時，許多日裔開始經營小本生意，如雜貨店、餐廳、理髮店、旅館、冰淇淋店與銀行，以滿足族群聚集區中的需求。但是仍有其他

---

❼　Roger Daniels, *Concentration Camps, U.S.A.: Japanese Americans and Wolrd War II* (New York, N.Y.: Holt, Rinehart and Winston, 1972), 17.

❽　比 1861～1870 年間的一百八十六人還少。

人以當傭人、學校老師、裁縫師、內科醫生和牙醫等業為生。一世日裔也建立了互助組織，幫助族群聚集區內的成員累積財富。在 1906 年，加州發生大地震，舊金山被夷為平地後，許多日本移民選擇在加州其他區域的「小東京」裡安身，特別是洛杉磯，他們可以在農場、鐵路找到工作，或經營小本生意。根據報導，1890 年住在洛杉磯的日本人只有 36 人，但在 1910 年之前人數成長到 8,641 人。如同華裔般，一定比例的日裔從西岸向內陸遷移，例如猶他州、懷俄明州、科羅拉多州，他們主要是在鐵路、煤礦與甜菜糖廠工作。

　　到了 1894 年，日本政府嚴格控管日本勞工出境，以保護國家的名聲。日本官方將可能危害到日本聲譽之低下、未受教育的勞工和其他不良分子予以剔除，只有識字、強壯、健康、有受過教育的日本人才可移民，以提升日本人在國際間的聲望。日本政府也參與選拔出洋的國民，以防止美國政府用排斥華人般的粗暴行徑，限制日本人進入美國的可能❾。

　　自 1850 年代始，隨著華人與日人的移入，排亞呼聲與日俱增。在 1905 年舊金山的勞工，面對來自華裔、日裔勞工的威脅，組成了「排亞聯盟」(Asiatic Exclusion League in 1905)，因為那年日本移民激增，該聯盟要求大量減少或禁止亞洲人移民美國。「排亞聯盟」的成員由於不願意等待政府漫長的移民政策修正過程，因此猛烈攻擊一世日裔，以言語騷擾他們、破壞他們的生意、毀壞他們的資產，甚至痛打他們。1905 年初，《舊金山紀事報》(*San Francisco Chronicle*) 藉由刊登一系列有關「黃禍」(yellow peril) 等聳動文章來排斥日本人，主因是日本移民人數增加，對美國會造成威脅。報導將日本人描寫成間諜，一大群密謀推翻美國的人，以及會侵犯白人女性的罪犯。其他更瘋狂的頭條新聞寫著：「黃禍日本人如何排擠掉白人」與「皮膚黝黑的工匠竊取白人的工作」等聳動的標題。

　　在學校教育上，排亞聯盟的成員與其他本土文化保護主義的舊金山人，

---

❾　William Petersen, "Chinese Americans and Japanese Americans," *Essays and Data on American Ethnic Groups*, ed. Thomas Sowell (Washington, D.C.: The Urban Institute, 1978), 66.

特別擔心美國小孩在學校裡與日裔男性一起學習。1906 年，舊金山教育委員會強制要求所有日本人前往為「華裔或蒙古人種」(Chinese or Mongolian descent) 的小孩所創立的特別學校就學。縱使當時報紙連一篇有關日裔學生猥褻或脫序行為的報導都沒有，但白人卻聲稱他們的白人學童，特別是女生，在教室有可能受到日裔男性青少年攻擊或性侵害的危險。但因後來法院裁定日本人非蒙古人種，所以可以與白人一起進入正規學校就讀時，教育委員會想將日裔隔離在特別學校的努力就此破滅。但舊金山教育委員會仍執意日本人確實是蒙古人種，並且在 1906 年 10 月 11 日要求日本人進入華裔學校。舊金山日裔學生被該市學校封殺的新聞，很快地傳回日本政府耳中，日本政府譴責美國當局對日本人民的虐待，同時要求美國政府立即改善。美國總統老羅斯福 (Theodore Roosevelt) 察覺到日本的強大軍事能力，擔心此事會激怒日本政府，而導致日本以某種方式反擊。於是，老羅斯福總統派遣商務部長兼勞工部長維多·梅特卡夫 (Victor H. Metcalf) 介入調停。舊金山的學校官員為他們的行為辯護，向梅特卡夫部長列舉日本人在學校對白人女孩造成的恐懼威脅。梅特卡夫部長建議教育委員會為每個年級設定年齡限制，取代對學生進行種族隔離，以解決當時的情況。他也提出語言能力較差的學生，要送去特別學校學習英語，之後再返回正規學校。美國檢察官對舊金山教育委員會提出兩項訴訟，希望學校官員撤回要日本學生就讀華裔學校的命令。最後由於雙方調解成功，美國政府也撤銷了訴訟❿。老羅斯福總統迅速且果斷地解決舊金山教育委員會危機，令日本政府對日本人在美國的處境感到安心。

1908 年美日兩國簽署《君子協定》(Gentlemen's Agreement)，明確要求日本只將護照發給非勞工及「先前的僑民」、「僑民的父母、妻子與子女」、「定居的農業專家」等資格的移民；同時阻止美國領土上任何侵擾日裔的法規制定。根據《君子協定》，日本也必須控制她的人民繼續以勞工身分前往夏威夷。老羅斯福總統同時下令暫停日裔移民從夏威夷前往美國本土。這項命令在 1908

❿ Yasuo Wakatsuki, "Japanese Emigration to the United States, 1866–1924," *Perspectives in American History*, XII (1979): 465.

年夏天生效。雖然《君子協定》是設定遏止日本移民前往美國，卻帶來了意想不到的影響。因為美國政府同意定居美國之日裔父母、妻子與子女有移民的權利，進入美國的日裔人數仍維持穩定的數量：在 1901～1910 年間有 129,797 名日本人入境美國，1911～1920 年有 83,837 人入境。日本的移民中，女性人數增多，數以千計的女性赴美與丈夫團圓，或是以「照片新娘」方式，第一次與丈夫見面。如果不是因為《君子協定》，美國日裔社會將會持續數十年男性單身漢過多的情形，許多二世日裔可能也不會出生。因此在 1924 年之前，美國日裔的性別已經有平衡化的趨勢。

美國的本土主義者，對於《君子協定》未能達成阻止日本移民美國感到氣憤。事實上，與歐洲移民人數相比，日裔移民人數一直很有限。例如，1913 年 7 月 1 日～1914 年 6 月 30 日間，大約有 283,000 名義大利人進入美國，但是自 1860 年代至 1924 年，只有 275,000 名日本人來到美國。這些數據對本土文化保護者而言並不重要，因為他們只想完全禁止日本移民進入美國。本土主義者要求美國政府對日裔有更嚴格的限制，終於在 1924 年政府通過《移民法》，禁止沒有歸化權的外國人進入美國；因此在 1925～1941 年間，只有約七千名日本人進入美國❶。這種情況一直持續到二戰後，亞洲移民中除了菲律賓人外，全部禁止入美。

19 世紀末，美國都市工業化的發展，創造出大量的生鮮產品，這與加州改良式灌溉系統的發展及貨運冷藏的發明有關，將美國的農業帶向繁榮。雖然在農業之外已有大量工作機會為日裔勞工開設，但是小規模的農耕仍是多數一世日裔的生活方式，他們也從美國消費者對新鮮蔬果的需求中獲益。日裔勞工深知，除非擁有自己的農地，否則在美國仍無立足之地，因此，一世日裔藉由同宗族的成員組成一個「會」（指標會），合資租用或購買土地。由於他們的努力，1909 年一世與二世日裔擁有加州 16,449 畝的土地，租用 137,233 畝土地。雖然看似很多，實際上日裔擁有或租用的土地只占加州農地

---

❶ U.S. Census Bureau, *Historical Statistics of the United States* (Washington, D.C.: U.S. Government Printing Office, 1976), 107–108.

不到 2%。儘管如此，加州及其他西岸各州的白人地主，對日裔農夫的競爭越來越感到憂心，試圖壓制他們，要求限制日裔擁有土地。加州議會為了回應白人地主對日裔競爭的關注，在 1913 年通過《外籍人士土地法》(Alien Land Law)，規定「沒有歸化權的外國人」禁止擁有資產，也包括在美國的日裔。《外籍人士土地法》禁止加州的日裔與其他外國人租用農地超過三年，更禁止遺贈他們的土地❶。在 1920 年之前，有十三個西部的州跟進，直到 1947 年這個法案在一些地區仍具效力。

日裔對於這極不公平的《外籍人士土地法》盡量規避，並尋找法律的漏洞：法律中沒有提到禁止日裔在美國出生的子女擁有或租用土地。因此，日裔農夫用他們在美國出生的小孩名義購買或租用土地，然後作為子女的法定監護人，由他們監督這片土地。這樣的作法，激怒了加州的白人農夫，他們隨後向加州議會施壓，剝奪日裔以未成年子女的名義購買或租用土地的權利。一世日裔試著規避這條法令，藉由與白人地主簽訂租約，利用少許資金來維持小規模農耕。之後，一世日裔透過在農地中集約式耕作，不領取報酬和長時間工作以營利。1940 年一世與二世操控了加州 70% 的土地，增加了加州 30～35% 的蔬果作物❸。

1929 年，由於美國境內排日氣氛的高漲，一群受教育且被美國社會同化的二世日裔，成立了美國最早也最大的亞裔公民權組織——「日裔美國公民聯盟」(Japanese American Citizen's League，簡稱 JACL)，以對抗美國對日裔的歧視，並爭取他們的人權及公民權。「日裔美國公民聯盟」以美國公民權作為入會門檻，鼓勵二世日裔接受美國文化的同時，維持與日本母國、日本傳統的關係，作為在美國社會中尋找自己的根基和消除反日種族歧視的方法。「日裔美國公民聯盟」的成員，積極融入美國主流社會並參與活動。1941 年 12 月 7 日的珍珠港事變導致美國加入二次大戰，對日裔來說是一個嚴峻的考驗。

---

❶ Yasuo Wakatsuki, "Japanese Emigration to the United States, 1866–1924," *Perspectives in American History*, XII: 465.

❸ Thomas Sowell, *Ethnic America: A History* (New York, N.Y.: Basic Books, 1982), 166.

第三節　二戰期間的日裔美國人

　　1940 年，日本與德國、義大利簽訂軍事條約，讓在美國的日本人十分驚恐。他們深知，如果日本和美國開戰，反日情緒勢必會增強。他們最大的恐懼終於在 1941 年 12 月 7 日應驗了，日本空軍及海軍向停泊在歐胡島珍珠港的美國太平洋艦隊投下炸彈，進行猛烈的攻擊。1941 年 12 月 8 日，亦即珍珠港事件發生的隔天，美國總統小羅斯福向日本宣戰。美國的海軍部長法蘭克・諾克斯 (Frank Knox) 被派遣到夏威夷進行損失評估，並調查攻擊後的狀況。諾克斯曾是《赫斯特報系》(*Hearst Newspapers*) 的總經理，該報是以強硬的反日態度聞名。在諾克斯的評估中，夏威夷日裔居民涉及歐胡島的破壞與諜報工作，建議應將他們撤到夏威夷島嶼。許多美國政府官員，包括聯邦調查局局長胡佛 (J. Edgar Hoover) 及空軍中將提洛・埃蒙斯 (Delos Emmons)，並不同意諾克斯的調查結果，並向夏威夷日裔社區保證：美國政府不會實施民眾集中營，要記住這裡是美國，我們一定要以美國方式行事。

　　美國政府害怕，珍珠港事件只是日本計畫侵略美國的第一步，擔心日本的下一個目標會是美國西岸，因當地日裔社會並未融入美國主流社會，與日本有文化、種族、習俗及信仰上的牽絆，並與母國有密切的連繫。美國政府推測，日本將會有下一波先發制人的行動，因此立刻採取安全措施，例如設立集中營並審問上千名一世日裔，其中包括佛教僧侶、日語老師、商界領袖和老年人，部分二世日裔也受到審問。上千名一世日裔都曾被逮捕過，並拘留數日到數週，約八千人被軟禁❶❹。

　　許多美國報紙，如《赫斯特報系》，開始散布日本敵人已滲入美國境內，造成國內的不平靜。又如 1941 年 12 月 8 日，《洛杉磯時報》(*Los Angeles Times*) 的擁有人 William Randolf Hearst 在社論中寫道：「這裡有上千名日本人，也許大多數……是善良的美國人。剩下的會是什麼人，我們並不知道，我們也不能在前車之鑑下冒險，因為背信與兩面手法是日本最常用的手

❹　《赫斯特報系》，1942 年 1 月 29 日。

段。」⑮接下來的幾個月裡，許多報紙專欄作家，都要求美國西部所有日裔撤離重要城市。其中《赫斯特報系》的一名專欄作家 Henry McLemore，在 1942 年 1 月 29 日寫道：「我要求立即將西岸的每個日本人調往領土中部……讓他們感受疼痛、傷害與飢餓。就本人而言，我痛恨日本人。」⑯甚至是知名美國專欄作家 Walter Lippmann 都曾寫過文章贊成撤離日本人。

《行政命令第 9066 號》(Executive Order 9066)

1941 年 3 月 31 日，美國眾議院決議以「國家防衛移動調查委員會」(House Select Committee Investigating National Defense Migration) 之名，繼續對移民的問題關注。委員會已經注意到，大量日本勞工在相關國防工業工作。自 1941 年 6 月至 1942 年 9 月，委員會在全國各地舉行聽證會，是為了決定軍事上是否真的需要撤離大批住在西岸的日裔美國人。但是，1942 年 2 月 19 日總統小羅斯福簽署《行政命令第 9066 號》，授權戰爭部長淨空且重新安置將近十一萬名定居在西岸的日本人（其中將近 2/3 是美國公民）。因此，當國家防衛移動調查委員會於 1942 年 2～3 月間舉辦聽證會時，會中只討論撤離政策的問題。在聽證會上，「日裔美國公民聯盟」的首領，即使知道被撤離者沒有舉行個人聽證會的權利，美國也違反《人權法案》的保障及正當法律程序，但他們仍同意配合撤離行動。他們選擇支持政府的命令，因為他們想顯示日裔社會對美國堅定的忠誠。他們害怕反抗會被誤解成對美國的不忠誠，或是侵略行動，而導致強制撤離，甚至發生流血衝突。因此，日裔美國公民聯盟的首領力勸日裔公民與僑民，在即將到來的撤離行動中與政府、軍方合作，他們甚至抨擊社會中少數的抵抗者。

然而，實行《行政命令第 9066 號》的軍事指揮官陸軍中將約翰・德威特 (John L.

圖 14：命令日裔美國人撤離的告示

---

⑮　《洛杉磯時報》，1941 年 12 月 8 日。

⑯　《赫斯特報系》，1942 年 1 月 29 日。

DeWitt)，他以國家安全為名，提出所有居住在華盛頓州、加州、奧勒岡州及其他西部各州的日裔都將撤離。德威特中將也主張，無須搜索令就可以搜查日裔的住家及工作場所，沒收日人家中的武器和相機。新聞媒體報導美國扣押了西部日裔的 2,592 把槍枝、199,000 發子彈、1,652 根炸藥、1,458 臺收音機及 2,000 多臺相機，獲得大眾廣泛的認可。這些報導其實誤導了觀眾，因為他們沒有提及，其中絕大多數扣押的物品都是來自一家槍枝商店和一間雜貨店的倉庫，而且都有合法執照❶。

1942 年 3 月 2 日，德威特中將宣布了《第 1 號公告》，是一系列與《行政命令第 9066 號》相關公告的第一篇，使美國西部的日裔全面撤離。根據《第 1 號公告》，美國將華盛頓州、奧勒岡州、加州的西半部及亞利桑那州的南部指定為第一軍區，這幾州是有被敵人入侵的高風險區域，而西岸各州的東半部及亞利桑那州北部是第二軍區，被入侵的風險較小。《第 1 號公告》也奉勸居住於第一、二軍區的日裔公民與僑民向內陸移動，以免被強制安置，但許多住在軍事區域的日裔拒絕前往。第一軍區裡的 107,500 名日裔中，只有 4,889 人在內陸區域重新安身。他們在新家園忍受敵意與排擠，其中也有人因害怕性命不保而搬回西岸。

3 月 16 日，德威特中將發布《第 2 號公告》，將愛達荷州、蒙大拿州、內華達州、猶他州及其他小區域定位為第三、四、五、六軍區。德威特中將也設法撤離這些區域中的日裔，但遭到戰爭部的反對。3 月 21 日，總統小羅斯福通過法案，同意美軍有權管理並監控這六個軍事區域。3 月 24 日，德威特發布《第 3 號公告》，將所有敵對國僑民白天的活動範圍，限制在他們的工作地點、住家與住家附近周長八公里的範圍，晚上八點至隔天早上六點只能待在住家，不能外出活動。接著 3 月 27 日的《第 4 號公告》，禁止所有日裔自發性地移出第一軍區。從此刻起，即便想往內陸移動者，再也不准前往。就像《公民驅逐令第 34 號》所規定的，從 1942 年 3 月 24 日開始，西岸六個軍事區域正式撤離日裔公民與僑民的行動。被拘留者一組接一組被送到臨時

---

❶　Daniels, *Concentration Camps, U.S.A.: Japanese Americans and Wolrd War II*, 79.

的集會中心，接著前往集中營，撤離行動在五個多月後的 1942 年 8 月 7 日完成。但是，最後一批被拘留者要等到 1942 年 11 月 3 日才從集會中心送往集中營。值得注意的是，在這六個軍事區域外上千名日裔公民與僑民未被撤離與拘禁，證明美國政府對於美國境內日裔會造成國家安全威脅的論點並非屬實，也顯示了小羅斯福政府面對西岸的軍事將領、政客與媒體對抗日本敵人的壓力所採取的順應政策❶❽。

總而言之，這是美國歷史上最大的強制遷徙，約十一萬名居住在美國西部的日裔美國公民被撤離家園、工作地點與居住的社區，安置在十個拘留營或集中營中。拘留營或集中營位於阿肯色州的傑羅姆 (Jerome) 與羅偉爾 (Rohwer)、亞利桑那州（印第安保護區）的希拉河 (Gila River) 與波斯頓 (Poston)、加州的曼札納 (Manzanar) 與圖利湖 (Tule Lake)、愛達荷州的米尼多卡 (Minidoka)、猶他州的托帕、科羅拉多州的阿瑪契 (Amache)、懷俄明州的心之山 (Heart Mountain)，全都是地形（如沼澤與沙漠地區）與氣候極端惡劣的邊遠地區。拘留者被關達四年之久，一直到二次大戰結束後才釋放。自從營區關閉後，這些區域完全被廢棄，且直至今日都無人居住。

其實二戰中的撤離行動，對日裔社會產生相當大的影響。從經濟的角度來看，撤離行動對日裔移民而言，付出的代價甚高。被撤離者除了少許衣物、寢具與個人物品獲准帶入集中營外，在極短的時間內他們必須變賣房地產、結束事業，或找人幫忙儲存，甚或賣掉他們的財產。僅有少數人有機會將財產交由鄉居或朋友保存，多數人將他們的資產以最低價脫手。但即使在這樣險惡的時期，也有些人將尊嚴看得比變賣資產的利潤還重，寧可丟棄也不願低價賣出具有重要意義的物品❶❾。除了經濟上的損失外，撤離行動對日裔移

---

❶❽　Daniels, *Concentration Camps, U.S.A.: Japanese Americans and Wolrd War II*, 130.

❶❾　在《再見集中營：日裔美國人在二戰期間和之後被監禁的真實故事》(*Farewell to Manzanar: A True Story of Japanese American Experience During and After the World War II Internment*, 1973) 書中，描述著一對日本夫妻情願將價值超過二百美元的家傳瓷器組丟掉，也不願賣給只出價十七美元的貪心商人。

民帶來心理上極大的創傷。他們感受到雙重的背叛：先是日本母國攻擊珍珠港壞了他們的名聲，而後美國又令他們經歷羞辱的遷移與拘禁過程。被撤離者也對未來感到不確定，不知道將前往何處、會被扣留多久、家庭是否會被迫分離、集中營的環境將會是如何。

　　至於日裔美國人面對撤離行動，縱使深覺羞辱，但是他們亦做出不同的反應。許多日裔完全配合撤離行動，但仍有少數日裔，他們以人權受到侵犯為由，拒絕遵從撤離令。第一名反抗者戈登·平林 (Gordon K. Hirabayashi)，是就讀於華盛頓大學的二世日裔，他反對德威特中將的宵禁令與撤離令。最後他遭到逮捕，地方法院判處六個月有期徒刑。平林在 1943 年向高等法院上訴，法官一致通過維持原先的判決。在「平林對美國政府」(Hirabayashi v. United States) 一案中，最高法院並未裁定撤離令的合法性，只裁定了美國軍方為限制日裔活動的宵禁令是合法的。第二名反抗者安井稔 (Minoru Yasui) 是日裔二世，畢業於奧勒岡州大學法學院，身為美國陸軍儲備軍官、合格的律師，同時也是「日裔美國公民聯盟」的一名積極成員，安井稔違反了對日裔實施的宵禁令，在法庭上挑戰美軍對公民的審判權。安井稔的案子由詹姆斯·阿爾傑·費 (James Alger Fee) 法官主持，這名法官認為《第 3 號公告》(Public Proclamation No. 3)❷⓿違憲。但是，費法官認定安井稔在受雇於日本領事館時就放棄了他的美國公民權，因此，他是一名敵對國人民。因而認為對安井稔實施宵禁令是合法的。安井稔被罰款一千美元與求處一年有期徒刑。安井稔向最高法院提出上訴，與平林同一天在 1943 年 6 月 21 日獲得裁定，宵禁令被裁定為合法，所以違反宵禁令的安井稔被判有罪。但是，最高法院不同意費法官對安井稔在受雇於日本領事館時就放棄了公民權的見解。總之，法院再次迴避了撤離問題，並確立了宵禁令合乎《美國憲法》。第三名反抗者是是松豐三郎 (Fred Toyosaburo Korematsu)，來自加州奧克蘭的二世日裔，他違反了《公民驅逐令第 34 號》，躲藏起來並改成墨西哥姓名以逃避監禁。當聯邦調查局

---

❷⓿　此法的規定是將日裔白天活動範圍限制在工作地點、住家與住家周圍周長五英里內，夜晚只在住家之中。

探員發現他時，他是一名戰時工程的焊接工。1942 年 9 月，舊金山地方法院判決是松豐三郎因為不遵守撤離令，處以緩刑五年。依照《公民驅逐令第 34 號》，他被撤離到集中營。代表是松豐三郎的公民權律師以撤離令違憲為由提出上訴。1944 年 12 月，美國最高法院維持「是松豐三郎對美國政府」(Korematsu v. United States) 一案的判決，認為撤離令合乎《美國憲法》規定。但是，判決未獲一致通過❷❶。

在夏威夷的日裔美國人，有著不同的處境。夏威夷是戰時的一個矛盾之地。在地理上，夏威夷比加州更接近日本，一旦日本攻擊行動開始，夏威夷勢必比美國本土更容易遭受攻擊。儘管如此，所有日裔夏威夷人都在二次大戰期間逃過撤離與拘禁。其理由是在 1940 年代早期，夏威夷的日裔人數已達約十五萬人，超過夏威夷群島三分之一的人口，因此也是最大的勞動力來源。對他們實施大規模的撤離與拘禁行動，將會損害夏威夷的經濟發展。此外，夏威夷人口十分多元，亦即日裔移民大致上被接受且不容易被醜化；同時，夏威夷軍方並不願意因不明確的原因騷擾守法的公民。最重要的是，夏威夷軍事總督空軍中將提洛‧埃蒙斯反對拘禁行動，他不想消耗夏威夷軍方有限的資源，以及監禁大多數人口。埃蒙斯受到美國海軍部長法蘭克‧諾克斯與美國陸軍的反對。雖然如此，疏散日裔夏威夷人的計畫從未展開。

第四節　戰時集中營的生活

1942 年 3 月 18 日，根據《總統行政命令第 9102 號》成立戰時遷移管理局（War Relocation Authority，簡稱 WRA），該機構負責蓋建集中營，並安置日裔撤離者在集中營中的生活。在 1942 年 6 月 5 日前，戰時遷移管理局已在亞利桑那州、愛達荷州、科羅拉多州、懷俄明州、阿肯色州、加州與猶他州選定十個集中營地點，並在軍方的指示下迅速地蓋好，耗費 56,482,638 美元的天價。這期間，日裔美國人被編組，並且過著沒有尊嚴的集中營生活。在集中營蓋建期間，軍方開始發表「對所有日裔的指示」，住在不同軍事區域的日裔

---

❷❶　Daniels, *Concentration Camps, U.S.A.: Japanese Americans and Wolrd War II*, 155.

圖 15：集中營一景

圖 16：曼札納戰時遷移中心的瞭望塔（出處：Gaun Matsuda/ Wikipedia）

要向控制中心回報，他們在控制中心登記、獲得號碼牌，並將號碼牌貼在背包與衣領上，以號碼做編組，作為前往集中營的最先準備工作。在前往集中營之前，他們會從控制中心向集會中心回報。多數的集會中心是由農舍倉促改建而成，有簡易廚房、廁所的臨時住處。一名被撤離者描述當時的情形是「一個三千人的家庭，露宿在牛舍中」❷❷。

　　當被撤離者到達集中營後，他們發現環境並沒有改善。集中營的周邊環繞著鐵絲網與設有瞭望塔，每個集中營裡都住了將近七千至九千人不等，十分擁擠。集中營多數是由三十六棟用木頭和防水紙建成的營房，每一間營房約六十六坪，分成六間房間、公共餐廳、沒有隔間的公共廁所、公用的淋浴間、洗衣間及行政大樓。所有的建築都是不符合標準的，且集中營都位在寒暑氣候嚴峻、有野生猛獸出沒的地方，對日裔的健康造成嚴重威脅。醫療照顧、營養、衣服、鞋子及個人物資的缺乏，令情況更加悲慘。

　　被拘禁的日裔美國人用盡方法改善生活環境。例如，種植蔬菜、飼養牲畜來補充日常飲食。一些被拘禁者在餐廳裡當廚師、洗碗工、洗鍋子的工人，或是當女裁縫和工友。曾當過內科醫生、護士、牙醫與老師的人，也在集中營裡重操舊業❷❸。其他人則被聘為圖書館員、行政人員、農作物管理員或是

---

❷❷　Ivan H. Light, *Ethnic Enterprise in America*, 10.

❷❸　Daniels, *Concentration Camps, U.S.A.: Japanese Americans and Wolrd War II*, 155.

發送物資的倉庫管理員。因為被撤離者在集中營裡有許多空閒時間，他們以學習美國歷史、日本花道等成人教育來消磨時間。此外，他們也成立了臨時圖書館，以他們可以蒐集到的圖書作為娛樂和教育用途。美國攝影師安西爾·亞當斯 (Ansel Adams) 捕捉到了被拘禁者生活最真實的輪廓，他在 1943 年為被監禁在曼札納戰時遷移中心 (Manzanar War Relocation Center) 的人拍攝照片。他的照片包含二世日裔在工作、運動、娛樂活動的場景及農耕上的努力，這些照片的選輯，加上亞當斯的文案，在 1944 年以《人皆生而自由且平等》(*Born Free and Equal*) 為書名出版，獲得相當正面的評價。

　　集中營中所有超過十七歲的被拘禁者，必須填寫他們對美國忠誠度的問卷測驗。問卷中包含：「你是否願意在美國軍隊中服役，並接受隨時的戰鬥任務?」、「你會願意向美國發誓絕對忠誠? 並忠心保護美國免於其他國內外勢力的攻擊? 同時放棄對日本帝國或其他外國政府、力量與組織任何形式的忠誠?」六萬五千名被撤離者對這兩個問題都回答「是」，期盼這樣的回答可以讓他們從集中營中盡早被釋放出去。美國政府認為多數回答「是」的人是忠誠的。而回答「否」的人被貼上不忠誠的標籤，並烙上 "No-No boys" 的稱呼。許多 No-No boys 被送往加州圖利湖集中營，是美國政府特別為可疑人士準備的場所。

　　此外，美國在參戰前曾提出一項法案，即 1940 年《選擇性訓練與服務法》(The Selective Training and Service Act of 1940)，登記參加的日裔美國人，保證不會因為種族、信仰、膚色，或是任何勞工、政治、宗教或其他組織的成員與參與活動，而受到差別待遇。當珍珠港受到攻擊時，大約有三萬五千名二世日裔在美軍中服役。珍珠港事件之後，美軍拒絕保留二世日裔的軍階與分類。曾被徵召的二世日裔調動為儲備軍官或從職位上解雇。然而，1943 年 2 月戰爭部改變了心意，因為「日裔美國公民聯盟」的干預與總統小羅斯福的指示，將夏威夷和美國本土的二世日裔組成兩支軍事單位：美軍第 442 軍團戰鬥小組 (442nd Regimental Combat Team) 與第 100 步兵營 (100th Infantry Battalion)。當美軍在集中營中進行募兵時，許多二世日裔男性與部分二世日裔女性急切

地表現向美國效忠的機會。除了正常的志願申請之外，想入伍的日裔美國人必須填寫一份特殊表格——「日裔美國公民聲明書」(Statement of United States Citizen of Japanese Ancestry)，列出他們政治、宗教、社會上的人際關係，還有他們習慣閱讀的雜誌與報紙。他們也被要求提供五份推薦函，表明他們的意願，無論在何處戰鬥時都對美國效忠，並捨棄對日本的忠誠。整體來說，在二戰期間約有三萬三千名日裔美國人幫助同盟國取得勝利。

1943 年 3 月 23 日，由夏威夷及美國西岸的二世日裔組成第 442 軍團戰鬥小組，該單位的戰鬥口號是「豁出去！」("Go for Broke!")，而成員也以英勇與自我犧牲的方式服役。在 1944 年 5 月 1 日，第 442 軍團戰鬥小組在密西西比州的謝爾比堡 (Camp Shelby) 經過一年的訓練後抵達義大利，接下來的十二個月中，他們英勇地在義大利山區中奮戰、在法國東北部的孚日戰役 (Vosges Campaign) 與敵軍對抗，在義大利突破阻擋同盟國前進的德軍哥德防線 (Gothic Line)，使德軍撤回北方。第 442 軍團戰鬥小組英雄式的成就，拯救了 211 名士兵❷❹。在戰爭尾聲，第 442 軍團戰鬥小組已有 9,486 名士兵傷亡，其英雄般的行動獲得讚揚。1946 年 6 月總統杜魯門在白宮為第 442 軍團戰鬥小組的倖存者舉辦一場特別儀式，讚揚他們「不只對抗敵人，也對抗了偏見」。作為一個團隊，第 442 軍團戰鬥小組共獲得了四十三枚個別獎章、十三枚陸軍獎章、二枚優良服務單位獎章、七枚傑出單位總統表揚獎，是美軍歷史上獲得最多勳章的團隊。成員還獲得五十二枚傑出服務十字勳章、一座傑出服務獎牌、九千五百枚紫心勳章、六百枚銀星勳章與四百座銅星獎牌。儘管如此，偏見仍然存在，只有一等兵宗森貞夫 (Sadao S. Munemori) 獲得軍方最高榮譽的國會榮譽獎章❷❺。

---

❷❹ 其中多是德州人，來自在法國被德軍包圍的第 141 步兵團的德州迷途營 ("Texas Lost Battalion" of the 141st Infantry Regiment)。德州迷途營中獲救的人員日後以刻有感謝之詞的銀製獎牌表揚第 442 軍團戰鬥小組。

❷❺ 用以表揚宗森於 1945 年 4 月 5 日在義大利聖拉維薩市 (Seravezza, Italy) 以肉身覆蓋在手榴彈上，用自己的性命拯救了二名同伴的事蹟。

半個世紀後，美國政府終於承認二世日裔在二戰期間自我犧牲的行動。總統柯林頓頒給二十名日裔老兵榮譽獎牌，其中十三名是追贈。獲得獎牌的七名倖存老兵中，有一名即為夏威夷參議員井上建。1999 年 6 月 5 日在洛杉磯的「小東京」正式揭幕「二世日裔軍人紀念碑」，紀念在二戰期間曾獲榮譽獎章者與勇敢為美國服務的日裔。

十分諷刺地，當美國大眾激烈地討論日裔社會對美國是否忠誠，以及美國政府認為日裔對國家安全有威脅時，日裔美國人從參戰第一天開始即在美國最機密的單位——軍事情報局工作。二世日裔美國人在軍事情報局中公開地執行任務，被視為是對抗日本最有力的秘密武器；美軍官員估計他們的協助，可以縮短二年戰爭時間。在二戰結束之前，六千名日裔美國人作為口譯員、翻譯員、間諜與情報專家，將他們的專業才能獻給軍事情報局。他們被指派到美軍與同盟國作戰單位，和駐紮在不同的情報指揮部中，他們的工作是口譯和監聽日軍電報；翻譯查扣的日軍地圖、指令、作戰計畫、日誌、指南、信件與其他文件，揭露敵軍的戰術和行動；他們也擔任美國軍事將領的口譯官、審問日軍戰俘，及說服日軍投降等工作㉖。

美國軍方徵召了三千名被監禁在集中營中的二世日裔男性。二世日裔為了證明他們的愛國心，大多數受到徵召者都答應從軍。但一名二世日裔法蘭克‧江見 (Frank Emi)，在懷俄明集中營裡號召三百多名日裔組織「公平競爭委員會」(Fair Play Committee)，爭取恢復美國公民身分與釋放他們，否則拒絕為美國服務。江見公然反抗徵召，認為美國對外作戰，宣稱捍衛自由正義，強調民主理念，卻拒絕給予日裔美國人公平待遇。對於江見和其他二世日裔，美國政府宣判三百一十五名二世日裔違反《義務兵役法》，將他們送進監獄，至少待上二～三年，直到 1947 年 12 月總統杜魯門才特赦這些二世日裔。

反抗徵召的日裔在監獄中並未被接納，他們受到其他被監禁的日裔嘲笑

㉖ Monica Boyd, "Oriental Immigration: The Experience of the Chinese, Japanese, and Filipino Populations in the United States," *International Migration Review* (Spring 1971): 59.

和躲避，畢竟他們必須仰賴向美國證明他們不可動搖的忠誠才能生存下去。在反抗者返家後，他們隱姓埋名，害怕日裔社會抨擊他們，也會連累他們的家人。近年來，年輕一代的日裔揭露二世反抗徵召者的故事，這些人才被迫面對過去的傷痛。多數人體會到，二世日裔拒絕徵召令的舉動，並選擇對抗種族歧視與壓迫的勇氣，實難能可貴。

東京玫瑰的故事

「東京玫瑰」(Tokyo Rose) 也是戰爭下的受害者。1943～1945 年間，在南太平洋作戰的美軍給東京電臺一名精通英語、主持流行樂節目與為日本宣傳戰爭的女性播音員，取了「東京玫瑰」的綽號。多數的美國軍官喜愛這位為他們提供音樂，並帶有美國口音的女性。1944 年有美國記者形容東京玫瑰是一位損害美國軍人士氣、誘人且邪惡的嘲弄者。因為媒體對東京玫瑰神話的加油添醋，東京玫瑰的知名度在美國現役軍人之間迅速流傳。東京玫瑰基本上變成了存活在美國軍人與記者心中的廣播美女。利用東京玫瑰的新價值，美國記者持續推測她的身分。最誇大的傳言是東京玫瑰是 1937 年消失在太平洋上空、第一位想要飛行環繞世界的女性、美國飛行員艾米莉亞・埃爾哈特 (Amelia Earhart)。

最後這個神話落在一名來自洛杉磯，名為戶栗郁子 (Iva Ikuko Toguri D'Aquino) 的日裔女性身上。1899 年，她的父親從日本移民到美國。1941 年 7 月，戶栗自加州大學畢業之後，沒帶美國護照就前往日本拜訪一位重病的阿姨，並且學習醫學。大致來說，她對日本生活感到不滿，並抱怨日本糟糕的飲食，害她得了壞血病與腳氣病。戶栗渴望回到美國，因此她會見美國在日本的副領事以取得她的美國護照。但是在護照簽發之前，美日兩國爆發太平洋戰爭，戶栗郁子因而被困在日本。為了維持生計，她在東京電臺工作，一開始只是打字員，之後成為日本宣傳與音樂節目的廣播主

圖 17：戶栗郁子

持人，她擔任這份工作直到二戰結束。

美國記者在 1945 年根據幾條線索找到戶栗郁子，記者支付戶栗二千美元，要戶栗郁子化名為東京玫瑰採訪，並承諾如果她答應回答問題，記者們將不再糾纏她。因為對美國戰爭勝利感到高興，戶栗郁子竟接受採訪，並同意聲稱自己是東京玫瑰。後來美國政府搜捕東京玫瑰，逮捕了戶栗郁子。在舊金山法院，戶栗被以叛國罪的罪名受到審判。自 1949 年 7 月 5 日開始審判期間，檢方以捏造的證據來對付戶栗。在極不公正的情況下，全美白人組成的陪審團作出有罪的判決，於 1949 年 10 月 6 日，戶栗因為叛國罪被判刑十年有期徒刑和十萬美元的罰款。在服刑六年之後，她在 1956 年 1 月 28 日獲得提前假釋出獄。幾個月後，美國移民與歸化局聲稱，戶栗被判罪使她變成無國籍人士，因此要求戶栗自行離境或是被驅逐出境，戶栗對這項命令表示質疑。1958 年，美國政府撤銷驅逐戶栗郁子出境的行動，但拒絕恢復她的美國公民權。

在戶栗的審判期間與之後的日子中，美國日裔社會視戶栗的訴訟為一恥辱，並且疏遠她。到了 1970 年代有報導指出，舉發戶栗的證詞是假的，且美國司法部是知情的。一名退休的舊金山小兒科醫生克里夫宇田 (Clifford I. Uyeda) 確信戶栗是受到冤枉，經過多年的奔走爭取，最後於 1977 年獲得福特總統特赦，並恢復戶栗的公民身分。

遠藤三雅──真正的二戰女英雄故事

遠藤三雅 (Mitsuye Endo) 是一名來自加州沙加緬度的二世日裔公務員，原擔任速記員，1942 年遭加州州立高速公路委員會 (California State Highway Commission) 解雇，並將她撤離及監禁在加州紐厄爾 (Newell) 的圖利湖集中營；而她的哥哥是一名在海外為美國作戰的軍人。雖然她有能力也有機會申請重新安置，但遠藤三雅卻選擇在法庭上為她所受到的不合法拘留進行辯駁。1942 年 7 月一名公民權律師詹姆斯·普塞爾 (James Purcell) 代表遠藤三雅向加州北區的美國地方法院，提出申請人身保護令的請願書，主張監禁遠藤的行為侵犯了她的公民權，並要求恢復她的自由，但法官否決了遠藤的請願，

並裁定軍方有權拘禁她。

遠藤在 1944 年 12 月 8 日向美國最高法院提出上訴，法官一致通過拘禁守法的美國公民是非法的行為，並指示要釋放遠藤三雅。如同法院的聲明，「她是一名絕對忠誠的公民，沒有從事間諜活動或破壞行為的表現。忠誠是有關心靈和個人想法的問題，非關種族、信仰與膚色。忠誠之人絕非間諜或破壞分子。拘禁的權力是為了保護戰時對抗間諜或破壞活動，但所有與這個目標無關的監禁行為都是不受許可的」❷❼。最高法院裁定支持遠藤三雅，但反對平林與是松這兩個較早的案件，因為遠藤毫無反抗的服從了拘禁的軍事命令，然後才在法庭中，以正當理由挑戰拘禁的合法性。

年輕日裔的教育問題

二戰期間，被安置在集中營的日裔後代面臨教育的困境。1942 年的夏天，除了從軍的男性及女性二世日裔可離開集中營外，另外協助美國戰時工程的工人及大學生亦獲准離開集中營。1941～1942 學年度結束之前，從大學校園被撤離之日裔教師，開始關心他們下一代的未來。為了降低日裔高年級生因學業中斷導致無法畢業的衝擊，一些教育工作者，例如加州大學的校長 Robert Gordon Sproul 便授與缺席的日裔學生畢業證書❷❽。更重要的是，這些教育工作者與教會領袖、基督教青年會代表，以及其他全國性組織結合起來，在 1942 年 5 月成立「全國日裔美籍學生遷移會議」(National Japanese American Student Relocation Council)，協助「戰時遷移管理局」為忠誠的二世日裔大學生提供所需的教育。「全國日裔美籍學生遷移會議」向「戰時遷移管理局」及其他政府單位提出協商，釋放集中營裡有才能的大學生，讓他們可以進入大學念書。受監禁的大學生還必須接受聯邦調查局的安全檢查和官方的測驗，顯示出他們對國家安全沒有威脅，以獲得離開集中營的許可。而獲得許可的學

---

❷❼　William Petersen, "Chinese Americans and Japanese Americans," *Essays and Data on American Ethnic Groups*, 66.

❷❽　華盛頓大學的校長 Lee Paul Sieg 則在華盛頓普亞勒普的集會中心為日裔高年級者舉辦特別的學位頒授典禮。

生又將面臨另一個難題，即籌措就學費用。美國教育局並不提供學生學費津貼，而「戰時遷移管理局」僅提供旅費與每名學生二十五美元的獎學金。學生們只能單靠私人獎學金和他們的家庭支助，以及全國日裔美籍學生遷移會議為學生所爭取的一些經濟協助。

　　全國日裔美籍學生遷移會議也積極說服大學接納二世日裔學生入學就讀。對於軍事設施、戰略影響區域或軍事訓練及研究單位附近的學校，日裔學生被嚴格禁止入學，其他高等教育機構則向日裔學生開啟大門。根據全國日裔美籍學生遷移會議的紀錄，在 1944 年 12 月 15 日前，有 3,593 名二世日裔進入四十六州、約五十五間高等教育機構念書。估計約有 40% 的學生是女性。儘管在集中營有令人難以忍受的限制，然而進入大學學習，對這些年輕女性來說，也不是一個容易的抉擇。

　　當多數美國勞工離開工廠和農場前往海外戰場時，那些原被拘禁於集中營的日裔便開始扮演十分重要的角色。1942 年 5 月，有十五名被拘禁者從集中營被送往奧勒岡州的一個農場。當他們的工作獲得認可後，有更多的被拘禁者獲准離開集中營加入勞動行列。至 1942 年底前，約有一千五百名被拘禁的日裔從集中營被釋放出來，送往愛達荷州、猶他州與蒙大拿州的農場，大約有一萬人得到政府保證的季節性釋放，協助農作物收成。

　　從集中營裡被釋放的日裔勞工與學生，重新安置在非日裔傳統居住區，例如俄亥俄州、愛達荷州、密西根州、明尼蘇達州、紐約與芝加哥等，都是在 1945 年 1 月 1 日前最主要的重新安置區域，影響了日裔人口在美國的分布。「戰時遷移管理局」與小羅斯福總統都稱讚這個重新安置計畫。在一場記者會上，小羅斯福總統表示：「已經順利的將日裔分散在整個國內……他們是美國公民……七萬五千個家庭分散在全美，不會打擾到任何人。」❷⁹

集中營的淨空及對日裔的補償

　　1944 年 12 月 17 日，戰爭部宣布與西岸日裔公民、僑民相關的撤離令將

---

❷⁹　William Petersen, *Japanese Americans: Oppression and Success* (Gloucester, Mass.: Peter Smith Publisher, 1988), 196.

被廢止，並在 1945 年 1 月 2 日生效。「戰時遷移管理局」在 1945 年底前關閉所有的安置中心，戰時遷移計畫也在 1946 年 6 月 30 日終止。在 1945 年 12 月 15 日之前，除了圖利湖集中營以外，所有的集中營都已關閉，仍在集中營裡的五萬人大多數都獲得釋放❸。在他們離開之前，「戰時遷移管理局」提供被監禁者最基本的援助每人二十五美元，每個家庭五十美元，再加上交通費用。一世與二世日裔在返家後發現，他們先前的家園大多已被摧毀，他們的資產也被瓜分一空。最令人傷心的是，有些人的家族基園也受到破壞。總之，日裔美國公民與僑民遭受到的經濟損失，總計四億美元。多數人都很懷疑他們能否重建原先的生活。強制拘禁還造成他們肉體上的損傷，事後發現，被監禁者心血管疾病與早產兒死亡的發生率，是未受監禁者的二倍。長期的心理損傷也重傷日裔美國人，這些被監禁者感受到極度的羞辱、如次等公民。一些人甚至無法與他人，或是他們的子女公開討論生命中這段痛苦煎熬的時光。

　　因為被監禁者被強制撤離或監禁，造成經濟的重大損失，1948 年美國國會通過《軍事撤離賠償法》，給予被監禁者象徵性的賠償。被監禁者雖意識到這是另一項不公平的行動，但他們選擇不去批評美國政府所給予的低額賠償，因為他們害怕他們的不滿，會再度引起仇視外國人的本土保護主義者強烈反彈。1976 年 2 月 19 日，小羅斯福總統簽下《行政命令第 9066 號》的三十四年後，福特總統發表《公告第 4417 號》，撤銷《行政命令第 9066 號》，並宣告「我們現在必須知道……不僅這道命令是錯誤的，而且日裔美國人過去和現在都對美國忠心耿耿」。雖然這段宣告不算正式的道歉，卻是為日裔爭取公平跨出了一大步。

　　由於美國政府承認二戰期間美國監禁日裔的行為是個錯誤，日裔美國公民聯盟與三世日裔主導的賠償／賠款聯盟（National Coalition for Redress/Reparations，簡稱 NCRR）在 1978 年通過決議，請求給予每名倖存的被監禁者二萬五千美元的補償金。他們爭取金錢賠償的努力，不僅受到美國種族主義

---

❸　1946 年 3 月 20 日，圖利湖安置中心終於關閉，最後一名被拘禁者也重獲自由。

者的反對，也受到日裔美國公民聯盟成員的非議。部分日裔美國公民聯盟成員認為沒有一個金額可以適當的補償受監禁者的痛苦與損失，而金錢賠償只是為「自由」標上價格。其他人主張，補償是一種社會救濟制度，也是對過去的一種警惕。來自美國日裔社會的反對聲浪，促使 NCRR 支持一個在 1979年 8 月 2 日提出的法案，該法案要求指派委員會以確定「因《行政命令第9066 號》而對美國公民與僑民進行重新安置與拘禁的措施是否有錯……並提出適當的補救措施」。1980 年，卡特政府晚期，美國國會建立「戰時平民重新安置與拘禁委員會」(Commission on Wartime Relocation and Internment of Civilians，簡稱 CWRIC)，負責調查與提出補救措施。CWRIC 的九名成員（其中一人是日裔）進行無數次的訪談、檢視戰時檔案，在 1981 年為拘禁問題舉行公開聽證會，其間聽取七百五十名目擊者的證詞，包括受監禁者與涉及重新安置計畫的官員，他們的說辭卻是南轅北轍。曾管理「戰時遷移管理局」的內政部副部長阿貝·福塔斯 (Abe Fortas) 證明，當時對日裔公民與僑民實施的平民撤離行動是「一個不幸的錯誤」，而「種族偏見」是最主要的因素。雖然如此，其他人仍為拘禁行動辯護。約翰·麥科伊 (John J. McCoy) 為了保護他的上司——時任戰爭部部長亨利·史汀生 (Henry L. Stimson)，堅稱「美國總統與美國政府關於日裔人口的撤離行為是合理地進行且考慮周到、符合人性的實施」❸。

　　1983 年，戰時平民重新安置與拘禁委員會的正式報告出爐，認為美國政府在監禁忠誠的日裔美國公民與僑民時，確實嚴重地不公正。該委員會向國會建議，應該賠償每名倖存的受監禁者二萬美金，以補助他們因拘禁行動造成的經濟損失，並由美國政府發出正式的道歉函。因為國會未能對這項建言採取行動，夏威夷參議員松永正幸在 1987 年提出《日裔美國人賠償法案》(Japanese American Redress Bill)，給予每名被撤離與拘禁的倖存者二萬美元的賠償，與戰時平民重新安置與拘禁委員會所要求的金額相同。美國國會在 1988年通過這項法案，也就是所謂的《公民自由法》(Civil Liberties Act of 1988)，並且在同年 8 月 10 日由雷根總統 (Ronald Reagan) 簽署生效。1989 年 11 月老布

---

❸　Petersen, *Japanese Americans: Oppression and Success*, 201.

希總統 (George Herbert Walker Bush) 在賠償支付計畫上簽名。第一張支票與正式的道歉函在 1990 年 10 月送達最年長的受拘禁者的手中，最後一封在 1994 年送出。賠償金額總計十六億三千九百四十八萬美元，分別支付給 81,974 名受監禁者，他們終於獲得遲來的正義。

第五節　二戰後的日裔美國人

　　二次大戰期間，日裔被強制拘禁在集中營中，使得一世與二世日裔美國人陷入貧困際遇，而他們的社區與社會組織也因此被破壞。美國政府安置他們散居在全國各個角落，以致戰後許多日裔再也沒有回到傳統的族群聚居地了❷。一世與二世決定透過辛勤地工作、依靠家族成員互助、重拾平靜心情，以恢復原先生活。戰後有兩件事給予他們正面的幫助，其中之一是 1952 年通過的《麥卡倫華爾特法》，該法廢除美國公民的種族配額，使一世得以成為美國公民，因此，視一世日裔為外國人身分的反日法規從此無效。許多一世把握獲得公民權的機會，總計於 1965 年之前有四萬六千人入籍美國。另一件是夏威夷在 1959 年 8 月 12 日獲准成為美國的第五十州，為第一位日裔眾議員（井上建）開啟踏入美國國會服務的大門。因為通過對日裔有益的法律，日裔的政治影響力快速增長，日裔美國人對社會參與變得更加積極。

　　戰後美國經濟逐漸成長，社會穩定，進而對日裔的敵意減輕。這時期的日裔追求更高的教育水準❸，白領階級人數也升高至前所未有的數字。在 1940 年有超過 25% 的日裔是勞工，只有 3.5% 是專業人才；但到了 1950 年代只有 5% 是勞工，而有 15% 的專業人才。在 1950 年代至 1960 年代，有大量的二世擔任公職或在銀行工作。戰後美國對教師的大量需求，使得二世有機會向教育界求職，而那是在戰前對日裔封閉的領域。不過諷刺的是，多數人是在集中營裡學會教書的。在 1960 年代前，多數日裔美國人是中產階級，

---

❷　1915 年，30% 的一世日裔住在日人聚居區中；到了 1967 年之前只剩 4% 的二世日裔住在日裔社區。

❸　一世的平均教育水準是接受部分的中等教育，而二世則是大學教育。

並融入美國主流社會。根據美國人口普查局於 1970 年的報告，日裔有比其他族裔還高的教育程度，他們的專業人口，比全美專業人口比例還多；他們的中產家庭收入，比全美總人口中的中產家庭收入多了四千美元。戰爭的年代奪走了日裔的財富和尊嚴，但戰後日裔社會卻恢復的相當快速且穩定。

1965 年《移民法》通過，為亞洲移民敞開了前往美國的大門：1961～1970 年間有四十四萬五千三百名亞裔移民美國；1971～1980 年間有一百六十萬人；1981～1990 年間有二百八十萬人。在這幾十年間，日裔卻只占全部亞裔移民中的一小部分。根據美國移民與歸化局的統計數據，1961～1970 年間有 39,988 名日裔移民美國；1971～1980 年間有 49,775 人；1981～1990 年間有 47,085 人。這段期間日裔移民規模較小，可能與日本戰後的經濟擴張，為日本人提供更多工作機會有關。

戰後，日裔三世與四世比過去享有更多追求較高教育的機會，也因為如此，他們受到比二世更好的教育。三世與四世平均而言是大學畢業生，有更高的教育成就，其在社會上也頗有成就。二世日裔雖有不少人為專業人才，但大多數日裔仍是在農場工作、從事服務業、貿易、經營自己的小本生意，或受雇於銀行和州政府等大型企業。反之，三世與四世主要是專業人才，許多人在醫學、工程學、會計、法律與商業上成就非凡。他們享受著比全國平均還高的生活水準，住在郊區，並遠離日裔聚集的「日本埠」和「小東京」區。

因為受到美國社會的高度同化，使得三世、四世與五世日裔美國人，對族裔社群的連結強度與對日本的傳統價值❸逐漸減弱。二世異族通婚比例少於十分之一，相較之下，三世與四世則高達二分之一。只有少數三世能以日語對話，而且這群能說日語的人，其實是在大學裡學習日語；至於四世的日語能力則又更差了。

而日裔在美國人口與分布上，逐年有顯著的變化。日裔人口是 1990 年代在美國唯一人數下降的亞裔族群，其原因包括低生育率、移民率降低等因素。

❸ 指家庭親近、謙虛、不屈不撓等價值觀。

據美國 2000 年人口普查統計，美國有 1,148,932 名日本後裔，796,700 名純日裔、55,537 名日裔與其他亞裔的後代、296,695 名日裔與至少一種非亞裔族群的後代，他們絕大部分是美國公民。2000 年日裔人口分布最多的五個州分別為加州（288,854 人）、夏威夷州（201,754 人）、紐約州（37,279 人）、華盛頓州（35,985 人）與伊利諾州（20,379 人）。

至 20 世紀末期，美國境內排日的種族歧視氣氛相當嚴重。即使二戰後美國日裔經歷嶄新的社會、進展的經濟，他們的地位仍與美日關係息息相關。在 1980 年代至 1990 年代早期，日本國內驚人的經濟成長，贏得比美國自由市場更高的成長率，美國同時也面臨對日本的貿易逆差，這都刺激政治人物、商業領袖與媒體推測，「日出之國」將會勝過美國，成為世界最大經濟體，相當於一次「經濟上的珍珠港事件」。為了與日本對抗，美國的公司縮減工人的薪資與福利，並進行裁員。工人們對工作受到威脅感到憤怒，因此怨恨日本人。這種怨恨很快地在美國造成反日的暴力事件。例如，聯合汽車工人工會的成員以在保險桿上印上「豐田＋裕隆日產＋本田＝珍珠港」及「日本製造失業」，抗議日本對美國市場的支配。來自密西根的民主黨眾議員約翰・丁格爾 (John D. Dingell) 曾在一個場合中抱怨美國的工作機會都被「小黃人」(little yellow men) 搶走了，各地的美國人都抱怨他們隨處可發現日本後裔。

在宗教與文化上，日本的世界觀是由多種宗教建立起來。神道教是唯一的本土宗教，也是重要的信仰。它是一個沒有創立者、沒有宗教經典、不佈道的宗教，以自然形式（如：太陽、風、樹木等）的神祇為崇拜對象。儒教在唐代後自中國傳入日本，而儒教的道德面，特別是階級與忠誠的概念，最後與神道教融合。在印度興起的佛教，於 6 世紀中葉引進日本，帶入冥想的觀念與寺廟藝術。雖然一開始佛教與神道教教義衝突，此後教義逐漸融合，和諧共存。17 世紀初期，基督教在日本被認為是邪教並被禁止，很快地在明治維新後，反基督教的情緒日益減少。因為日本母國對基督教帶有敵意，沒有太多日本人改信基督教，但在美國的日裔確實有許多人信仰基督教。

毫不意外地，大量的一世日裔帶來日本佛教的信仰，而佛教主要的支派

有天台宗、真言宗、禪宗、淨土宗、日蓮正宗。根據一份在 1930 年代早期的調查，有 75% 的一世認為自己是佛教徒，20% 是基督教徒。他們在社區裡建立佛教寺院，也影響他們的子女信仰佛教。但是數十年後，有半數的二世認為自己是基督教徒。這是因為在一世抵達美國時，基督教教會為日裔提供了工作機會，並幫助他們在美國文化中找到自己的定位，使其能順利融入美國社會。漸漸地，在美國的日裔佛教徒，被認為比日裔基督徒更沒有融入美國社會。部分一世選擇不公開與佛教徒往來，害怕與「異教徒」接觸會更容易受到攻擊。他們的恐懼在日本攻擊珍珠港後成真：聯邦調查局集中訊問日裔佛教僧侶，懷疑他們與日本有聯繫。

二戰後，種族隔離的日裔教會被廢除，一世、二世日裔加入了一般的教會。由於多數白人敵視進入教會的日裔，強迫教會再次設立種族隔離教堂，不過多年後逐漸併入一般的教堂。然而，近年來，基督教會提供不一樣的服務，例如教導日裔美國人有關日本的傳統儀節。

禪宗是由達摩 (Bodhidharma) 所創立，他是一名經過九年面壁苦行而悟道的印度僧侶。禪宗在 1191 年自中國傳入日本。悟道是禪宗實踐的中心，也是對宇宙連結及外在物質之虛假的一種見解。禪宗相信開悟會出現在強烈冥想的一瞬間。因此，禪宗的冥想是將思想從所有信仰及判斷中脫離，以達到悟道的境界。藉由專注於禪宗的公案 (koan，即所謂看似荒謬且不合邏輯的謎題) 中達到開悟。美國信眾都能到禪寺修行，靠近加州卡梅爾 (Carmel) 禪山，是日裔及其他族裔經常造訪的禪寺之一。

此外，日裔美國人重視武術流派的傳承。空手道、柔道和合氣道是最流行的日本武術流派。空手道著重拳腳，柔道強調摔倒和用腿掃對手，合氣道重視扭打和箝制對手。空手道據說是達摩發展出的一套訓練功夫及空手道的流派，在 6 世紀引進中國，並在中國河南省建立少林寺。少林和尚設計出一種充滿技巧的打鬥風格，將徒手的肉體格鬥與中醫針灸點穴做結合。後來這種武術傳入沖繩島 (Island of Okinawa) 又有了新的改良。沖繩被日本統治後，因為日本習慣穿戴木製盔甲，所以他們著重手腳並用以摧毀盔甲。1917 年，日

本文部省請來沖繩武術的倡導者船越義珍 (Funakoshi Gichin) 示範沖繩派的武術。沖繩派武術馬上在日本各地流行，一開始稱為「唐手」(Chinese hand)，後改名為「空手」。二戰後，空手道藉由在日本服役的美國軍人，和 1960 年代晚期到 1970 年代早期移民海外的日本講師傳入美國。空手道現在在美國有大量的日裔人口學習，並有吸引其他社群接觸。柔道在 19 世紀由日本的嘉納治五郎 (Kanò Jigorò) 創立，被稱為「柔之道」，遵守不抵抗的原則，移動重心到比對手重心還低的位置，大約在肚臍的地方，然後讓對手失去平衡。合氣道也是採不抵抗、合作的元素為基礎，1942 年在日本由植芝盛平 (Morihei Ueshiba) 經過二十年的努力所創立。合氣道之中的「合」代表和諧、「氣」表示意志或能量、「道」則是指自律。合氣道練習者以協調對手與自己的動作來中和攻擊力道。所以如果用力一推，合氣道練習者會隨著推力移動。這種「隨波逐流」的策略疏導了對手的力量，因此對手會失去平衡、力量也會被抵銷，再加上針對弱點的手法，如扭轉腕部、扣住手肘。只要技巧使用正確，就可以以柔克剛❸❺。

　　至於傳統慶典及節慶日上，在美國的日裔主要慶祝的節日有日本兒童節、盂蘭盆會 (Obon Festival) 和中元節❸❻。美國盂蘭盆會的主要內容是「初盆」(Hatsu Bon)，在全美國的佛教廟宇舉行紀念死者的儀式。美國盂蘭盆會也有戶外活動，像是嘉年華比賽、盆舞❸❼，也有日本傳統食物或美國小吃攤。日裔美國人也創造了自己的節慶，其中最大的活動是二世日裔週，在美國的洛杉磯「小東京」慶祝美國日裔文化。首次「二世週」舉辦於 1934 年大蕭條時期，目的在幫助洛杉磯「小東京」度過經濟困境時期。當年主要活動有文章及海報競賽、時裝秀、豐富的文物展覽和遊行。自此之後，「二世週」每年都在洛杉磯舉辦。「二世週」的活動包括傳統日本花道、日本書法展、茶道、劍道、賀茂人偶展示、日本舞、空手道比賽、選美比賽、茶會、加冕舞會和二

---

❸❺　Petersen, *Japanese Americans: Oppression and Success*, 79–81.

❸❻　用來紀念亡者的節日，是佛教與早期日本信仰及習俗的結合。

❸❼　一種圍繞高臺一圈的民俗舞蹈，在高臺上擊太鼓。

世週大遊行。

　　另一個主要的日裔節日是 4 月初在舊金山日本城的櫻花季，慶祝春季的來臨，自 1960 年代晚期開始舉辦，是個有半個多世紀歷史的日本習俗，為日本城中最盛大的年度活動，也是港區豐富的日本文化資產。在某些程度上言，櫻花季與二世週很類似。有日本茶道表演、日本舞與音樂表演、詩詞朗誦、盆栽展、木板畫展、摺紙和花藝展、櫻花季選美比賽、日本城櫻花季遊行❸。2002 年，加州帕薩迪納市的日裔試圖展現自己的日裔社區特色，以櫻花季開場，舉辦遊行、展示日本文化與日本武術示範，並有種植新櫻桃樹活動，充滿族裔色彩。

　　多數日裔喜歡一般的美國食物，但他們也很享受日本傳統菜餚，像是白飯、烏龍麵、蕎麥麵、拉麵、泡菜、味噌湯、壽喜燒、炸蝦和炸蔬菜、雞肉魚肉牛肉燒烤、海鮮火鍋、壽司、生魚片等等。壽喜燒是一種把牛肉、洋蔥、蘑菇、蔬菜和豆腐，淋上醬油高湯和日本甜酒製作的料理，在日本是一道表達友誼的菜餚，是很受外國人歡迎的日本料理。美國的日裔廚師不只在日本壽司餐廳和日本麵店提供日本料理，也因為自 1990 年代開始美國人對壽司的熱愛，他們在壽司料理上變了一些新花樣。傳統的壽司捲有鮪魚捲、河童捲（小黃瓜捲），壽司師父也增加了一些美國化的壽司捲，如加州捲（包有蟹肉、酪梨、小黃瓜）和費城捲（包有新鮮鮭魚或煙燻鮭魚、乳酪、酪梨）。這些創新的壽司捲和傳統壽司很受美國主流社會歡迎，今日已是日常必備的食物，不只在壽司熱潮源頭的加州，現在在全美各地的市場，都可以買到松茸、白蘿蔔、味噌、醃紅薑和日式的芥末醬等。

第六節　今日的日裔美國人

學者專家方面

　　羅納德・高木 (Ronald T. Takaki) 出身貧寒，是位有成就的日裔學者，享譽國際。他的祖先是在 19 世紀末，由日本移居夏威夷的佃農。從祖父一輩到他

---

❸　主要內容是抬著神轎沿著郵政街遊行。

這一代，飽嘗美國社會對有色人種歧視的苦楚，因而產生一種反對種族主義
的精神。1967 年，高木在加州大學柏克萊分校拿到美國歷史博士學位後，任
教於加州大學的洛杉磯分校，首次開設美國黑人史課程。這期間，他還出面
協助設立研究非裔黑人、亞裔美國人、奇卡諾人和土著美國人的學術機構。
1972 年，高木重返柏克萊分校，出任族群研究系主任，擔任該校在美國首創
的民族研究專業的博士班導師。此外，高木也是康乃爾大學的兼職教授。
1987 年和 1990 年，還曾兩度應蘇聯科學院邀請，赴莫斯科做關於美蘇民族
問題比較研究，和冷戰對於種族與民族衝突的影響等專題報告。高木的著述
豐富，是一個影響力極大的日裔學者。

政壇方面──夏威夷

　　亞洲移民一般對於政治的參與抱持冷漠的態度，日裔美國人亦復如此。
然而經歷了二戰之後，日裔美國人為了己身族群權益的爭取，慢慢在政壇嶄
露頭角。第一位進入政治界的日裔，是夏威夷州民主黨參議員井上建，他在
1924 年生於檀香山。當 1941 年 12 月 7 日日本攻擊珍珠港的美軍時，十七歲
曾受過醫護訓練的井上建，協助照顧受傷民眾。1943 年 3 月，他受召入伍，
並進入第 442 軍團戰鬥小組。二戰期間，井上建在歐洲英勇地奮戰，在義大
利戰場試圖單獨奪取敵軍的機關槍，使他的軍隊得以駐紮時，他卻因此受傷，
失去了右手臂。在軍醫院中休養了二十個月後，井上建獲得勳章以英雄身分
回到家鄉。1954 年，井上建獲選為夏威夷眾議員，進入政治界。他在 1956
年連任夏威夷眾議員，1958 年獲選為夏威夷參議員。1959 年 8 月 2 日，夏威
夷成為美國的第五十州後，井上建獲選為夏威夷州首屆聯邦眾議員。紐約州
眾議員李奧‧歐布萊恩 (Leo O'Brien) 追憶井上建在眾議院宣誓效忠的那一天，
記載在《國會紀錄》(*Congressional Record*) 中的內文：「雷伯恩 (Sam Rayburn) 議
長莊重地說著：『舉起你的右手並複誦我所說的。』當新議員舉起左手而非右
手，然後重複誓詞時，現場一片死寂。議長先生，（他）沒有右手。這名年輕
的美國軍人在二戰時失去右手了。沒有人能否認當時在眾議院嚴重的歧視。」
1960 年井上建連任眾議員，之後在 1962 年贏得美國參議員職務，並擔任該

職長達十年。在這些年間，井上建以 1973～1974 年間身為水門 (Watergate) 事件參議員委員會的成員、1987～1988 年擔任伊朗門事件委員會 (Iran-Contra Committee) 主席及其他工作，贏得世人對他的尊敬。他一生獲獎無數，包括聯合服務組織的最高榮譽希望精神獎 (Spirit of Hope Award, 1999)、美國軍事學院 1949 年班級榮譽成員，以及美國步兵獎等傑出貢獻。歷經半個世紀的光景，於 2000 年 6 月 21 日獲得國家最高國會榮譽獎章，成為由柯林頓總統頒發榮譽獎章的第二十名日裔。

　　1974 年，有吉良一 (George Ryoichi Ariyoshi) 獲選為首位亞裔州長，開啟了一個新局面。有吉良一 1926 年出生於夏威夷檀香山，他於二戰末期在美軍情報局擔任口譯員，之後在 1954～1958 年間服務於夏威夷眾議院，1958～1970 年間服務於夏威夷參議院，1970～1974 年擔任夏威夷副州長。1973 年有吉被指派為夏威夷代理州長。1974 年，他以自己的努力獲選為夏威夷州長，並在該職服務三個任期直到 1986 年。有吉良一離開公職後，加入了英與川林 (Ing Kawabashi) 律師事務所，成為成功的律師與商人。

　　松永正幸是夏威夷的民主黨員，也是二戰退役軍人，曾於第 100 營、第 442 軍團戰鬥小組服務，並在 1954 年進入政壇，他在 1954～1959 年間，在夏威夷眾議院井上建議員身旁工作，直到 1958 年被選為夏威夷議員。他在夏威夷眾議院的最後幾年擔任多數黨領袖，於爭取夏威夷取得州地位上功不可沒。當井上建於 1962 年自美國眾議院進入參議院時，松永取代了他在眾議院的位置，自 1963 年服務到 1977 年。他在眾議院中致力於確保日本移民的權利和退役軍人的福利。1977 年 1 月 3 日，松永正幸加入井上建在美國參議院的行列，直到他於 1990 年 4 月 15 日過世為止。他在參議院時，積極推動法令，並建立一個由國會議員募款、獨立、無黨派的聯邦機構——「美國和平基金會」，加強國家以和平方式解決國際衝突的能力。松永參議員也是 1988 年《公民自由法》的背後推手，該法擴大對美國集中營倖存者的補償和官方道歉事宜。為了紀念松永議員一生致力於推動和平的努力，夏威夷大學在 1985 年建立松永和平機構 (Matsunaga Institute for Peace& Conflict Resolution)，贊助

研究以非暴力方式解決衝突。

　　日裔三世民主黨員佩詩敏科 (Patsy Takemoto Mink)，支持婦女運動，為美國日裔女性開闢一條新的道路。敏科在 1927 年生於毛伊島派亞 (Paia, Maui)，1948 年只因為她是女性，被多所醫學院拒絕，最後她將注意力轉移到法律上。儘管夏威夷是美國的領土，但她申請的芝加哥法學院入學許可時仍被視為外籍學生。不久之後，她成為夏威夷第一位開業的亞裔女性律師。1956 年佩詩敏科獲選進入夏威夷眾議院，在 1958～1959 與 1962～1964 年間，她是夏威夷首位在議會中工作的女性。1964 年，她在夏威夷獲得第二席眾議院代表後，獲選進入眾議院，成為第一位進入眾議院的亞裔女性。敏科在眾議院中服務連續六個任期，直到她在 1976 年放棄連任，競選參議員，但在民主黨內初選時，輸給松永。在角逐參議員失敗後，敏科在卡特政府時期被指派為美國國務院海洋、國際環境與科學事務辦公室 (The Office of Oceans and International Environmental and Scientific Affairs) 的副部長，並擔任該職二年。1990 年 9 月，敏科在填補眾議員李碩缺額的補選中出線，重返眾議院。她至 2002 年 9 月過世前，都在眾議院裡努力不懈地爭取社會給予女性、少數族裔、兒童、勞工、窮人與受壓迫者的平等機會與公平對待。她在眾議院的任期中，最大的成就是 1972 年共同執筆《教育法修正案》第九條❸⑨。2002 年 10 月 4 日，在夏威夷首府檀香山為她舉辦的大型追悼會中，美國運輸部部長峯田良雄 (Norman Y. Mineta) 告訴群眾，佩詩敏科「出生在一個視日本為出爾反爾的國家。她出生在一個長久以來不只限制女性完成她們的夢想，甚至是限制她們嘗試行使基本權利的國家」。

政壇方面──美國本土

　　除了夏威夷外，美國本土的日裔，在政治界持續發光發熱。生於 1931 年加州聖荷西的日裔美國人峯田良雄，於二戰期間在集中營度過少年時光。在集中營時，他曾照顧白人童子軍亞倫・辛普森 (Alan Simpson, 後來擔任懷俄明

---

❸⑨　《教育法修正案》第九條 (Title IX Amendment of the Higher Education Act) 禁止受聯邦贊助的機構有性別歧視的行為。

州參議員)。峯田因為他的愛國精神，得以離開集中營：他於 1953 年入伍，並在接下來超過三年的時間裡，在同盟國日本與韓國辦公室服務。峯田在 1967 年進入政治界，成為首位聖荷西市議會非白人成員。他擔任該職直到 1971 年獲選為聖荷西市長為止，成為首位美國主要大城的亞裔市長。峯田在 1974 年從聖荷西市長位置卸任，被選為美國眾議員，擔任該職直到他在 1995 年辭職。雖然他曾擔任無數個重要委員會的主席，也是眾議院主要法案的背後推手，但峯田認為最引以為傲的，還是 1988 年的《公民自由法》。為了表揚峯田促進人權的成果，喬治華盛頓大學 (George Washington University) 在 1995 年授予他馬丁‧路德‧金恩紀念獎牌 (the Martin Luther King, Jr. Commemorative Medal)。1995～2000 年間，這位卸任的眾議員擔任洛克希德馬汀公司 (Lockheed Martin Corporation) 的副總裁。之後在 2000 年，柯林頓總統執政時期擔任美國商業部長，成為首位亞裔內閣。在小布希執政時，受第二個內閣職位的提名，峯田在 2001 年擔任美國運輸部長，成為首位連續擔任內閣的亞裔。

日裔三世眾議員松井武男 (Robert T. Matsui)，他與家人在 1942 年被撤離與拘禁到加州圖利湖集中營時，他只有六個月大。1966 年他取得法律學位，1967 年在沙加緬度成立律師事務所。1971 年松井獲選進入沙加緬度市議會，1975 年連任，在 1977 年成為該市副市長。1978 年沙加緬度第五行政區的人民選出松井為眾議院議員，此後他一直擔任該職。在國會山莊任職期間，松井議員努力於自由與開放的國際貿易、加強美國的社會安全計畫和改革健保、福利與稅制。

山繆‧早川 (Samuel I. Hayakawa) 是一名來自加州的共和黨員，在 1977～1983 年間當過一任美國參議員。早川是生於 1906 年（加拿大）英屬哥倫比亞省溫哥華的日本移民，在 1941 年出版《語言與人生》(*Language in Action*)，成為語言學的大師；在 1955 年成為美國公民，並曾在數所美國大學與學院中，教授英文與語言藝術。1968 年學生罷課與暴動時期，被指派為舊金山州立大學代理校長；他很快地恢復了校園中的秩序，贏得大眾的尊敬，在 1969 年正

式被任命為大學校長，並擔任該職直到 1973 年。1977～1983 年早川擔任美國參議員，但在完成一任參議員任期後，並未爭取連任，而擔任駐亞太國務卿一職，他擔任該職至 1990 年。1992 年 2 月 7 日，山繆‧早川逝世於加州格蘭布易 (Greenbrae)。

雕刻、建築方面

日裔藝術家與建築師嶄露頭角，作品傑出，受到世界的肯定。山崎實 (Minoru Yamasaki) 是 20 世紀最卓越的建築師之一，並對全球的都市景觀有著卓越的貢獻。1912 年生於西雅圖的山崎實是一名二世日裔。他在孩提及少年時期，經歷貧困和無情的種族主義，但仍試圖在罐頭工廠半工半讀，以取得華盛頓大學學位，之後進入在紐約大學完成碩士學位。其作品特色在於訴諸感覺，並且脫離嚴峭感。山崎實以身為紐約市世貿中心的首席設計師聞名，其中一百一十層樓的雙子星大樓建築改變了曼哈頓市容，也改變了美國歷史。山崎實的其他重要作品有蘭伯特聖路易斯機場航空站 (Lambert-St. Louis International Airport, 1951～1956)、普林斯頓大學伍卓威爾遜公共與國際事務學院 (Woodrow Wilson School of Public and International Affairs at Princeton University, 1965)，以及奧克拉荷馬州突沙市表演藝術中心 (Tulsa Performing Arts Center, Oklahoma, 1973～1976)。

野口勇 (Isamu Noguchi) 為 20 世紀最偉大的雕刻家之一，他以金屬、石塊、大理石的雕塑作品，家具、花園與遊樂場的設計，以及和紙燈 (Akari lamps) 享譽國際。1904 年生於洛杉磯的野口勇，他的父親是日裔、母親為白人，他在 1925 年之前在美國藝術界崛起，1925 年他在國立設計學院和賓州現代藝術學院展出雕塑品。在二戰之後，野口勇開始頻繁地造訪日本。他的作品反映出東西合璧之美，和紙燈的藝術是野口勇在藝術上的獨特創作。和紙燈起源自古代日本的紙燈籠技術，一反過去傳統的設計，野口勇的和紙燈是把未上色且不對稱的桑樹皮，黏貼在竹製的螺旋骨架上，並且由電燈泡而非蠟燭點燃。其他著名的作品有巴黎聯合國教科文組織總部前的花園、耶魯大學拜內克珍本 (Beinecke Rare Book) 與手稿圖書館的低窪花園，與位在賓州向班傑明‧

富蘭克林 (Benjamin Franklin) 致意、名為「閃電」(Bolt of Lightning) 的一〇二英尺的不鏽鋼雕塑。野口勇在他的藝術生涯中也投身舞臺設計：他為瑪莎‧格蘭姆 (Martha Graham) 的作品設計舞臺，也曾與喬治‧巴蘭欽 (George Balanchine)、梅西‧康寧漢 (Merce Cunningham) 合作。野口勇以他的藝術貢獻獲得 1987 年國家藝術獎章，全部作品都在紐約皇后區野口勇花園博物館展出。

圖 18：野口勇位於紐約的雕塑作品（出處：Shutterstock）

美術、音樂方面

享譽國際的畫家國吉康雄 (Yasuo Kuniyoshi) 1893 年生於日本，1906 年移民加拿大溫哥華。在 1920 年代之前，國吉已是紐約藝術界重要的一分子，他定期在曼哈頓著名的丹尼爾畫廊 (Daniel Gallery) 展出融合了美國民間藝術、文藝復興與現代藝術的作品。國吉康雄曾獲得 1934 年賓州美術學院的聖殿金獎 (Temple Gold Medal of the Pennsylvania Academy of Fine Arts) 和 1944 年卡內基研究院年度美國繪畫展第一名。1948 年紐約惠特尼藝術博物館 (Whitney Museum of American Art) 展出大型的國吉康雄作品回顧展，是該博物館首次展出還在世藝術家的個人作品。雖然國吉康雄曾申請成為美國公民，但沒有成功。因為當日軍突襲珍珠港時，他的申請文件正在檢查當中。國吉被認為是敵國僑民，試著逃避二戰期間的撤離與拘禁，因此在戰時受到旅遊與經濟限制。他的美國公民申請公文直到他在 1953 年過世時尚在認可程序。

日裔音樂家的表現，更是受到國際的青睞。1933 年生於東京富有家庭的小野洋子 (Yoko Ono)，以己身才能成為一位藝術家及音樂家，十四歲時舉家遷移到紐約州斯卡斯代爾鎮 (Scarsdale)，她的父親被指派為紐約市一家銀行的總裁。在從莎拉羅倫斯學院 (Sarah Lawrence College) 退學後，她前往格林威治村

(Greenwich Village) 定居，與許多前衛藝術家接觸。小野洋子在 1960 年代早期以「互動概念藝術活動」(interactive conceptual events) 小有名氣，這是一種由觀眾共同參與的視覺藝術。她最有名的作品在 1964 年上演，由觀眾剪掉她的衣服直到裸體，代表擺脫偽裝和物質主義的外表。1966 年小野洋子在倫敦的個人藝術展遇見了第三任丈夫——披頭四 (Beatles) 的約翰・藍儂 (John Lennon)。在 1980 年藍儂被槍殺前，夫妻兩人曾在無數的藝術作品、電影、音樂與概念藝術活動上合作。他們最廣為人知的概念藝術活動，是他們在阿姆斯特丹 (Amsterdam) 度蜜月時，在旅館臥床 (Bed-In)，接受媒體採訪，宣揚反戰與和平。在藍儂過世後的二十五年間，小野洋子持續用藝術表達自己的聲音，發行過三張專輯、舉辦兩場巡迴演唱會、創作兩齣音樂劇。

受人讚揚的指揮大師小澤征爾 (Seiji Ozawa) 享有數十年的國際聲響。1935 年小澤征爾出生於中國瀋陽，他於 1961 年出現在世界舞臺，當時美國紐約愛樂 (New York Philharmonic Orchestra) 的指揮雷納德伯恩斯坦 (Leonard Bernstein) 對他的印象深刻，讓他擔任 1961～1962 年演出季的助理指揮。小澤征爾在 1965～1969 年間是多倫多交響樂團 (Toronto Symphony) 的音樂總監，1970～1976 年則是在舊金山交響樂團 (San Francisco Symphony)。1973～2002 年間擔任波士頓交響樂團 (Boston Symphony Orchestra) 的音樂總監，以在波士頓交響音樂廳、坦格塢 (Tanglewood) 音樂會、全美及世界巡迴演出，提升了該樂團的知名度。他在波士頓交響樂團的任期長達二十九年，在美國樂團上為任期第二長的音樂家❹。2002 年小澤就任維也納國家歌劇院 (Vienna State Opera) 的音樂理事，在此之前他已長期擔任該劇院的客座指揮。多年來他獲得多項殊榮，其中包括 1998 年由法國總統席哈克 (Jacques Chirac) 頒發的法國榮譽軍團勳章。

五嶋綠 (Gotô Midori) 在 1982 年年僅十一歲，已是國際知名的小提琴家。她於 1971 年生於日本大阪，定居在紐約市。在紐約愛樂除夕傳統音樂會上，演出由祖賓・梅塔 (Zubin Mehta) 改編的管弦樂曲，擄獲了音樂界的心。她十

---

❹　目前任期最長的記錄為尤金奧曼迪 (Eugene Ormandy) 於費城交響樂團擔任四十四年的音樂總監。

四歲時在坦格塢音樂會的表演過程中斷了兩條弦，仍從容的與波士頓交響樂團完成演出，登上全球新聞頭條。此後，她開始在歐洲、北美、亞洲的音樂廳與頂級樂團合奏。五嶋綠演奏的小提琴是向「林原基金會」(Hayashibara Foundation) 終身借用的 1734 年 Guarneri del Gesu "ex-Huberman"。1992 年，她建立了「綠之友」基金會 (Midori and Friends Foundation)，為紐約市上千名兒童，包括可能無法接觸古典音樂的病童與需要特殊照顧者，提供免費音樂指導、講習班與音樂會，也在日本建立了相似的組織。

戲劇演員方面

日裔美國人在螢光幕前的表現亦相當亮麗。早川雪州 (Sessue Hayakawa) 是第一位在好萊塢大放異彩的日裔演員，他本名早川金太郎 (Kintaro Hayakawa)，1889 年生於日本本州的千葉縣。1915 年早川在賽西爾・德米勒 (Cecil B. DeMille) 的默片《騙子》(*The Cheat*) 中以富有的東方惡棍一角躍升為國際明星。當有聲電影在 1920 年代中期出現時，早川轉往歐洲發展，在法國情境默劇 J'ai Tue〔《我殺過人!》(*I Have Killed*, 1924)〕中演出。1931 年早川以飾演《龍女》裡中國罪犯首領傅滿州一角重返好萊塢。1949 年哥倫比亞製片公司選出早川在《東京風雲》(*Tokyo Joe*) 中與漢弗萊・鮑嘉 (Humphrey Bogart) 演對手戲。早川還曾演出多部電影，之後他以 1957 年在史詩電影《桂河大橋》(*The Bridge on the River Kwai*) 中演出日本戰俘營指揮官佐藤一角，獲得奧斯卡最佳男配角提名。1960 年代中期早川退休並搬回日本，成為一名禪師並指導戲劇。

日裔女演員梅木美代志 (Miyoshi Umeki) 生於日本北海道、在美國長大。她在 1957 年首次演出電影，她在浪漫愛情片《櫻花戀》(*Sayonara*) 中飾演一名嫁給美國公務員〔由瑞德巴頓斯 (Red Buttons) 演出〕的日裔婦女。兩名演員都以他們的優異表現獲得奧斯卡金像獎。梅木接著演出羅傑斯與海默斯坦百老匯 (Rodgers Hammerstein Broadway) 作品《花鼓歌》中梅莉 (Mei Li) 一角。在淡出影壇前演出另外三部好萊塢電影：《啼笑姻緣路》(*Cry for Happy*, 1961)、《同僚中尉》(*The Horizontal Lieutenant*, 1962)，及《民子》(*A Girl Named Tamiko*, 1963)。1969～1972 年間，梅木美代志也在 ABC 電視臺推出的連續劇「埃迪父親的求愛」

(*The Courtship of Eddie's Father*) 中飾演管家婆李文斯頓太太。

　　另一名傑出的日裔女演員是信麥卡錫 (Nobu McCarthy)，她是日裔加拿大人，嫁給美國軍人後移居美國，她在好萊塢的演出超過五十年。1950 年代，她在《藝妓少年》(*The Geisha Boy*, 1958)、《天黑後的東京》(*Tokyo After Dark*, 1959)、《溫泉之戀》(*Wake Me When It's Over*, 1960) 與《龍行》(*Walk Like a Dragon*, 1960) 中都飾演相似的藝妓角色。1970 與 1980 年代，信麥卡錫獲得演出一些比較不具有刻板印象角色的機會，如電視版的「再見集中營」(*Farewell to Manzanar*, 1976)，與電影《小子難纏》第二集 (*The Karate Kid Part II*, 1986)、《愛的進行式》(*The Wash*, 1988)。

　　森田則之 (Noriyuki "Pat" Morita) 是一名多產且富有才華的日裔演員，1958 年他在與約翰韋恩 (John Wayne) 和導演約翰休士頓 (John Huston) 合作的作品《蠻夷與藝妓》(*The Barbarian and the Geisha*) 首次登場後，開始向電影業發展。森田最有名的作品是他在 1984 年《小子難纏》(*The Karate Kid*) 與三集續集中所扮演的空手道師父宮城健介 (Keisuke Miyagi)，以及在 1987～1989 年間偵探電視劇《大原》(*Ohara*) 中的校長角色。很少美國人注意到森田在小時候曾受脊椎病痛之苦，而且少年時代在美國曾被監禁在二戰集中營裡。

　　武井穗鄉 (George Hosato Takei) 是以在七十九集科幻連續劇「星艦迷航記」(*Star Trek*, 1966～1969) 與七部《星艦迷航記》系列電影中，扮演蘇魯 (Hikaru Sulu) 一角，贏得美國觀眾的心，尤其受到《星艦》迷的喜愛。生於洛杉磯的武井穗鄉如同森田則之一樣，在二戰集中營裡度過童年。1986 年武井獲得成為在好萊塢星光大道上留名的日裔美國人的殊榮，1988 年以朗誦《星艦迷航記》第四集，被提名葛萊美獎 (Grammy Awards) 最佳朗誦或非音樂類專輯獎 (Best Spoken Word or Non-Musical Recording)。他在 1973 年角逐洛杉磯市議員，以些微差距落選，之後 1973～1984 年間就職於南加州快速運輸協會理事長。

體壇方面

　　湯米河野 (Tamio "Tommy" Kono) 是史上最偉大的日裔美國運動員，他在 1952 年赫爾辛基奧運、1956 年墨爾本奧運中贏得舉重金牌，同時寫下舉重三

百八十五磅的世界紀錄，並獲得 1960 年羅馬奧運銀牌。河野最了不起的是他是奧運歷史上首位在三個不同舉重量級都取得獎牌的選手。河野在 1990 年正式納入美國奧運名人堂，1991 年進入國際舉重聯盟。1930 年生於加州沙加緬度的河野，在二戰期間與父母、兄弟姊妹及其他來自西岸的日裔，一同被監禁在圖利湖集中營時，首次嘗試舉重。

此外，在 1952 年赫爾辛基奧運中，另有三位日裔運動員在游泳項目中獲得獎牌。生於夏威夷島的親川吉信 (Yoshinobu Oyakawa) 在一百公尺仰式項目中贏得金牌，同時打破了世界紀錄。福特今尾 (Ford Hiroshi Konno) 獲得一千五百公尺自由式、八百公尺自由式接力賽的金牌，以及四百公尺自由式銀牌。之後福特今尾還在 1956 年墨爾本奧運中贏得八百公尺接力賽銀牌。伊芙琳川本 (Evelyn Kawamoto) 在四百公尺自由式與四百公尺自由式接力中皆取得銅牌。另外值得注意的是今尾、川本及其他奧運選手都是由 1952～1956 年奧運游泳代表隊的日裔助理教練阪本曾一 (Soichi Sakamoto) 訓練出來的。

克麗斯蒂山口 (Kristi Tsuya Yamaguchi) 是 1990 年代美國頂級花式溜冰選手，是一名四世日裔。1971 年生於加州海沃市 (Hayward) 的山口，患有先天足部畸形，她在經過穿矯正鞋、支架矯正與物理治療後，看到電視上美國溜冰甜心桃樂西‧海彌爾 (Dorothy Hamill) 奪得 1976 年冬季奧運金牌後，山口積極接受治療，並在六歲時開始學習溜冰，期待自己有朝一日能夠登上舞臺。1992 年山口贏得了全國比賽，同年更在法國亞伯特維 (Albertville) 冬季奧運獲得女子個人花式溜冰金牌，還在世界花式溜冰大賽中表現出眾，成為繼 1968 年佩吉‧佛萊明 (Peggy Fleming) 之後，首位連續奪冠（1991、1992 年）的美國女子花式溜冰選手。另一名世界級的日裔花式溜冰選手是伊奈恭子 (Kyoko Ina)，1972 年生於日本，在她嬰兒時期舉家移民美國。伊奈恭子與約翰‧齊默爾齊 (John Zimmerman) 自 1998 年搭擋後，贏得三項美國比賽、四度進入全球錦標賽前十名，並贏得 2001 年四大洲花式滑冰錦標賽雙人賽銅牌。

科技專業方面

至於其他日裔美國人的成就，亦分布在各領域中。宇宙旅行的先驅太空

人鬼塚承次 (Ellison Shoji Onizuka) 1946 年生於夏威夷科納基萊 (Kealakekua) 科納 (Kona)，是一世甘蔗園勞工的孫子。1985 年 1 月 24 日鬼塚首次參與太空梭飛行任務，搭乘「探索號太空梭」自佛羅里達甘迺迪太空中心出發，成為首位前往宇宙探索的亞裔美國人，並同時是負責炸藥工作的任務專家。大約一年後的 1986 年 1 月 28 日，鬼塚再度參與太空任務，為挑戰者號 (*Challenger*) 七名組員之一，該架太空梭在起飛後 1 分 13 秒爆炸，全部機組人員喪命，也是 NASA 史上最慘烈的意外事件。

　　在醫界方面，醫生保羅‧寺崎 (Paul Ichiro Terasaki) 是加州大學洛杉磯分校醫學院的退休教授，是發展確認捐贈者器官與受贈者相容測驗的先鋒。這項測驗是 1967 年首次心臟移植手術成功的關鍵。

　　十九世紀後半葉，日本移民來到美國落地生根。儘管在二戰期間遭遇監禁及戰後重建，日裔仍試圖扭轉自身族裔的命運。對於被強制安置於集中營造成財務損失及心理傷害，日裔堅持要求美國政府賠償。1988 年美國政府正式對此事道歉，並賠償每人兩萬美元。時至今日，日裔美國人努力在美國社會中嶄露光芒、奉獻長才。

第五章

韓國族群

西元前 53 年開啟韓國歷史的第一章。韓國不是一個移民
情況常見的國家,然至 19 世紀末,韓國人開始移民美
國;探究原因,主要是因為中國與日本在 18～20 世紀為
爭奪亞洲支配地位而相互對抗。日本在甲午戰爭中擊敗
中國成為贏家,並積極侵略朝鮮半島。韓國曾抵抗日本
的侵略,但無濟於事。對韓國人民而言,日本的侵略與
占領,是一段痛苦而難忘的經歷。然而,在 19 世紀末,
只有為數不多的韓國人為了遠離國內動盪不安的局勢前
往美國尋求庇護。部分學者估計,1890 年代時只有為數
不到五十名的韓國人抵達美國。直至 21 世紀的今日,韓
裔社群出現,且在美國的表現亮麗卓著,逐漸受到矚目。

　　1894 年中日甲午戰爭爆發，日本擊敗中國，此後並積極侵略朝鮮半島。韓國曾抵抗日本的侵略，但無濟於事。韓國明成皇后 (Empress Myeongseong) 為了國家利益，暗中向俄國表達希望俄國介入，對此日本軍方相當不諒解，因而在 1895 年 10 月 8 日暗殺明成皇后。俄國的確有介入調停，並且為了取得在朝鮮半島的控制權，在韓國反抗軍（義兵）的協助下與日本作戰長達十年。1904 年日俄戰爭爆發，日本擊敗俄軍，再次證明日本實力強大。1905 年 9 月的樸資茅斯會議 (Portsmouth Peace Conference) 為這場戰爭畫下句點，英、美與中國皆承認日本在朝鮮半島的特權。

　　即使日本已取得朝鮮半島的控制權，日本仍意圖在 1905 年 11 月強迫韓國國王簽下條約，讓韓國成為日本的保護國，以鞏固其支配力。韓國國王在 1906 年派遣密使前往在海牙舉辦的國際和平會議，希望外界能介入斡旋，並反對日本占據朝鮮半島，但這項任務失敗了。韓國運用游擊武裝戰術，散布在朝鮮半島各地，使得情勢日益緊張。日本試圖掌握反抗軍（而非消滅它），並在 1910 年 8 月 22 日《日韓合併條約》(Japan-Korea Annexation Treaty) 聲稱，為了維持韓國和平、穩定，及促進韓國的繁榮、人民的福祉，日本正式併吞韓國❶。

　　日本政府全面修改韓國學校制度，摧毀國家認同：課堂上以日文教學取代韓文，同時韓國的歷史與文化也從課程中刪除。在國內部分地區，韓國學童因為被禁止入學，所以仍是文盲。日本政府徵收土地，沒收包含稻米等農作物，以供日本使用；也禁止商人雇用韓國人。與其說是要提升韓國人民的福祉，不如說日本殖民政府在韓國，是以徹底破壞朝鮮民族意識為手段，促進日本的繁榮，禁止韓國人民集會、結社、言論自由與出版的權利，沒收並焚毀有關韓國歷史、文化、地理之書籍❷，重整韓國經濟與貨幣制度。

---

❶ H. Brett Melendy, *Asians in America: Filipinos, Koreans, and East Indians* (Boston, Mass: Twayne Publishers, 1977), 133–134.

❷ 以 1910 年這一年為例，就有二十到三十萬冊被燒毀。

第一節　首批韓國人前往夏威夷

　　韓國人前往美國的人數，從涓涓細流變成奔流，1903 年美國夏威夷領土上開始有韓國人至此尋找工作。1902 年時，夏威夷群島上的甘蔗園主人，自從 1882 年《排華法》通過，禁止中國人進入美國及其領土後，迫切需要廉價勞動力，於是轉向韓國作為可能的勞力來源地。夏威夷甘蔗園主特別熱衷於招募韓國人，因為他們可以利用韓國人的抗日情操，暗中破壞會損害生產力與利潤的日本勞工罷工之威脅。

　　1902 年，一名「夏威夷甘蔗種植者協會」(Hawaiian Sugar Planters' Association，簡稱 HSPA) 代表，前往舊金山與美國駐韓大使賀拉斯・亞倫 (Horace N. Allen) 會面，計畫招募韓國勞工。亞倫找到一名不錯的招募人員戴許樂 (David William Deshler)，他是在韓國經營蒸汽船事業的美國商人。「夏威夷甘蔗種植者協會」同意，只要戴許樂為甘蔗園招募一名韓國勞工，就支付他五十五美元酬勞。戴許樂以高工資、免費住宿、健康照顧與旅費貸款等，說服韓國人前往夏威夷。美國長老教會 (American Presbyterian) 與衛理公會 (Methodism) 居中拉攏在韓國的傳教士，要傳教士鼓吹韓國人前往夏威夷群島，宣稱在那生活會使他們成為標準的基督徒，他們更會因此獲得上帝的祝福與財富。海報與報紙廣告將夏威夷描述成充滿「蜜」與「奶」的土地。更重要的是，韓國境內因乾旱造成稻米短缺的災害戲劇性地趨緩了，但農地荒蕪多時，耕作不易，刺激韓國人將希望寄託於夏威夷群島❸。

　　1902 年 12 月，「夏威夷甘蔗種植者協會」招募一百二十一名韓國人，登上 SS Gaelic 號航向檀香山。新員工中有十九名未通過港口的藥檢，在啟航前被要求離船❹。1903 年 1 月 13 日，剩下的一〇二名新員工，包括五十六名男性、二十一名女性及二十五名孩童，抵達檀香山港。在接下來的二年內，

---

❸　Wayne K. Patterson, *The Korean Frontier in America: Immigration to Hawaii, 1896–1910* (Hawaii: University of Hawaii Press,1988), 13–15.

❹　Patterson, *The Korean Frontier in America: Immigration to Hawaii, 1896–1910*, 22.

有近七千名韓國人（其中大部分是男性）加入他們的行列，這些人夢想著在夏威夷成功後返回韓國安穩的度日。1905 年 5 月，已全面掌控韓國的日本政府察覺到，已有太多韓國人逃離朝鮮半島，緊急禁止韓國人移居夏威夷❺。

1908 年，美國與日本簽署《君子協定》，阻止日本勞工進入美國本土與夏威夷；同時對已在美國境內之日裔公民嚴苛的不平等待遇予以減輕。根據《君子協定》，日本只能將護照發給日本的非勞動力以及早期僑民、僑民的父母、妻子或小孩，以及定居的農業專家。而韓國受日本的殖民統治，他們也受到同樣的限制。因此，許多韓國人以「僑民之父母、妻子或小孩」的身分加入，他們以依親夏威夷為由，逃離朝鮮半島。

20 世紀初期，夏威夷甘蔗園裡勞工的工作環境十分惡劣，而受招募的韓國人，大多曾居住在城市中，這樣的環境對他們而言似乎很糟。為了尋求慰藉，韓裔勞工求助於教會，在他們抵達夏威夷後立即由教士引導並參與教會活動。天主教傳教士在 17 世紀開始於韓國傳教，然而新教傳教士，自 1884 年開始湧入韓國，特別是長老教會與衛理公會，並成功地改變信仰。1903 年 6 月 14 日教士金一傑在夏威夷馬加利亞農場 (Magalia Farm) 為韓國勞工提供最早的服務。初始，韓裔勞工在各個農場間工作，傳教士企圖改善他們的命運，然後他們一起離開農場，從事農業以外的工作。在 1928 年之前，90% 的韓國移民離開農場，大多定居在夏威夷的城鎮中經營餐館、小商店與蔬果攤，從事裁縫師、木匠、小攤販或其他非農事的工作。自從 1910 年韓國被日本併吞後，夏威夷的韓國旅居者放棄了返回韓國的希望，接受了定居的心態。事實上，當大半的華工與日裔勞工終可返家時，只有六分之一的韓國人返回母國，這些人是在 1905 年 5 月日本禁止韓國移民前抵達的移民❻。

---

❺　Hyung June Moon, "The Korean Immigrants in America: The Quest for Identity in the Formative Years, 1903–1918" (Ph.D. thesis, University of Nevada, 1976), 199.

❻　Younghill Kang, *East Goes West: The Making of an Oriental Yankee* (New York, N.Y.: C. Scribner's Sons, 1937), 58, 74.

作為定居移民 (settlers)，而非旅居者，夏威夷的韓裔移民大體上皆企圖同化於主流社會，因此異族通婚的比例大於華裔及日裔。但仍有韓裔單身漢努力維持民族純正的血統，因此他們與家鄉媒人和家族，預選合適的新娘，並且交換信件和照片。當雙方同意結婚，新郎的家族將新娘的名字登入戶籍，使其婚姻合法化。然後，「照片新娘」啟程航向夏威夷，與她的丈夫見上「第一面」。在 1910～1924 年間，超過一千名韓國「照片新娘」前往夏威夷，另一些前往美國本土。當她們到達時，夏威夷韓裔社區極度不平衡的男女性比例，始獲改變。

第二節　韓裔進入美國本土

在將夏威夷甘蔗種植介紹到韓國後，韓國人抵達美國西海岸。被招募的三十三批韓國移民，首次至美國西岸。1907 年以前，大約有一千名韓國人從夏威夷航向美國，由舊金山港口入境，大部分落腳在城市及其近郊。他們的工作機會主要侷限在勞力邊緣的工作，如廚工、園丁、守門人與女傭。為了提升韓國新移民之福祉，1903 年，韓國知識分子安昌浩 (Ahn Cháng Ho) 在舊金山創立了「友誼協會」(Chinmok Hoe)，1905 年該會成員組織「青年學友會」(Kongnip Hyop Hoe)，出版《青年新報》(*Kongnip Sinpo*)，這是第一份集結美國本土韓國演說家的刊物❼。然而並非所有韓裔都停留駐足在舊金山，有些以農業維生的移民遍及太平洋沿岸的耕作區，也有人在猶他州銅礦區、懷俄明州與科羅拉多州煤礦區辛苦工作，更有人在亞利桑那州加入建築鐵路的行列，其他人則從事旅館事業。1906 年韓裔新移民吳慶植在加州沙加緬度開了第一家韓裔旅館，而在 1920 年之前，全美總共出現超過二十家韓裔旅館❽。

在美國本土，從母國逃出來的政治難民與學生，加入了來自夏威夷韓裔

---

❼ Moon, "The Korean Immigrants in America: The Quest for Identity in the Formative Years, 1903–1918," 208.

❽ Moon, "The Korean Immigrants in America: The Quest for Identity in the Formative Years, 1903–1918," 256.

移民的行列。在 1924 年之前，有五百四十一名政
治犯與學生在美國得到庇護，之後成為南韓首位
總統的李承晚 (Syngman Rhee) 也在其中。李承晚第
一次是以學生身分來到美國，在普林斯頓大學獲
得博士學位，之後返回韓國反對日本的占領。他
在被逮捕前逃回美國，一直待到二次大戰結束❾。

圖 19：李承晚（出處：Harris
& Ewing Collection/ Library of
Congress, Washington, D. C.）

就如同 20 世紀初在美國的華裔與日裔般，韓
裔被視為是外國人，無法獲得公民資格，並且經
歷美國白人本土保護主義者公開的種族歧視。白
人房東通常不願租屋給韓國人，餐廳、商店和娛
樂場所也拒絕服務韓國人。電影院時常將韓裔與白人顧客座位隔開。早期韓
裔常將他們在美國所受到的苛刻待遇歸咎於華人與日裔，他們認為是華人與
日本人堅守母國生活方式，才使亞裔在美國人心中的形象變差。韓裔相信要
推翻歧視亞裔的局勢，勢必要證明自己願意恪守美國生活方式。

20 世紀一開始，在美國剛起步的韓裔社區裡的仇日情緒，隨著日本簽下
《樸資茅斯條約》(Treaty of Portsmouth)，結束日俄戰爭，並聲明對韓國握有支
配權而日漸高漲。在美國的韓國人更無法容忍駐韓的美籍顧問達倫‧史帝文
斯 (Durham White Stevens) 與日本樞密院議長伊藤博文 (Itō Hirobumi) 私下協定，
表示支持日本接管朝鮮半島的立場。1908 年 3 月，史帝文斯在舊金山短暫停
留，並發表日本占領韓國的正當性宣言後，引起韓裔社區的一陣騷動。3 月
22 日，兩名分別來自「青年學友會」與舊金山韓國組織「大東保護協會」
(Taedong Pogukhoe) 的代表與史帝文斯會面，並傳達他們的意見。史帝文斯只強
調了他對日本占領行為的立場，反而激怒了這些韓國人民。在得知史帝文斯
隔天將乘火車離開舊金山後，「青年學友會」成員張仁煥 (Jang In-hwan)、「大東
保護協會」成員田明雲 (Jeon Myeong-un) 這二名韓國學生，決定在車站暗殺他。
在前往車站的路上，他們突然看到史帝文斯出現在渡輪大廈 (Ferry Building)

---

❾ Bong Youn Choy, *Koreans in America* (Chicago, Ill.: Nelson-Hall, 1979), 109–110.

前。在盛怒氛圍下，張仁煥對史帝文斯開了兩槍致他於死地，第三槍則失手
打中田明雲。在美國的韓國移民都認為史帝文斯是罪有應得，並尊張仁煥為
民族英雄。夏威夷和加州的韓國人更出於感動，捐款提供張仁煥法律辯護❿。

　　自從韓國人一抵達美國，他們便投身於韓國解放運動。日本在 1910 年併
吞韓國後，海外的韓國人驚覺自己的生命有如遊民般，像無根的浮萍，是沒
有故鄉的流亡者、漂流者。他們不但對未來感到不安，甚至許多人計畫返鄉，
為韓國親友的安危感到擔心。絕大多數在美國的韓國人，他們最終的目標，
就是期許能結束日本殖民與恢復韓國主權。他們辛勤地工作，期待賺取更多
的錢，為韓國獨立籌組基金。他們變得更有決心鞏固韓國的民族意識，灌輸
孩子韓國價值觀，並保證讓後代接受韓國的教育。因此在 1909 年，舊金山的
韓國移民成立了「韓國國家協會」(Korean National Association，簡稱 KNA)，致
力於光復和保存韓國的國家認同，促使 1910 年後在美國的韓裔社區更加團
結。令「韓國國家協會」與在美韓國人感到欣慰的是，韓國境內對抗日本統
治的游擊戰，轉變為全面反抗的三一獨立運動 (March First Movement of 1919)。
1919 年 4 月，當獨立運動失敗後，獨立志士在上海設立了韓國臨時政府，於
當年 9 月選出在美國受教育的李承晚為大統領。1924 年《移民法案》通過，
禁止沒有公民身分的外國人進入美國，使得韓國人直到 1951～1964 年才再
度進入美國。

第三節　二戰期間的韓裔美國人

　　1941 年 12 月 7 日，在美國的韓國人知道日本攻擊了歐胡島珍珠港的美
國太平洋戰艦，作為日本想接管全亞洲的侵略行動。隔天，美國對日宣戰時，
在美國的韓裔感到一絲希望，相信美國參與二次大戰，將可摧毀日本帝國，
進一步恢復韓國的獨立。由於韓國在 1910 年被日本併吞，二次大戰期間仍受
日本統治，於 1940 年 6 月 29 日美國國會通過《外國人登記法》(Alien
Registration Act)，將在美國的韓國人分類屬於日本國民。因此，1941 年 12 月

---

❿　Choy, *Koreans in America*, 159–161.

8 日當美國政府對日宣戰，在美國領土上的韓裔就像在美國本土的日裔般，被標示為「敵對國家人民」。當然，美國韓裔社區強烈反對這種分類法。夏威夷的韓國人被要求戴上鑲有黑邊的標誌，以表明他們受限制的身分，對此他們更加厭惡。夏威夷的韓國人對於被列入黑名單，發起無數場抗議活動，直到他們獲准印製自己的標誌，聲明「我是韓國人」為止❶。

夏威夷的韓國人並非唯一在二次大戰期間用標誌宣傳自己種族身分的人，本土美國人時常將韓國人誤認為日本人。為了避免被誤認成日本人，韓裔美國人穿上傳統服飾，或在衣服上附加標示寫上「我不是日本人！」("I'm no Jap!")。值得注意的是，儘管二次大戰期間，部分韓國人同情在美國日本人的處境，然而韓國人就像美國人一樣，仍然懷疑日本人。Kilsoo Haan 是「中韓人民聯盟」(Sino-Korean Peoples' League) 的領導者，他早在 1941 年 12 月 7 日前從韓國地下情報組織獲知，日本計畫在 1941 年聖誕節前攻擊駐守在珍珠港的美軍。Haan 將消息洩漏給 CBS 電視臺的艾瑞克・賽佛瑞德 (Eric Sevareid)，但未受到重視。接著他將資訊分送給愛荷華州參議員蓋吉列 (Guy Gillette)，他果斷地向美國國務院、陸海軍情報單位，甚至是美國小羅斯福總統，警告日本帝國的意圖。Kilsoo Haan 確信，夏威夷約有三千五百～五千名日本人會協助日本帝國與美國作戰，因此他在 1942 年要求撤離西岸的日裔作為防備❷。

美國對日宣戰後，在美國的韓國人樂於出力與分派通曉日語者給美軍。美國政府雇用精通日語的韓裔作為美軍部隊語言教師、美軍軍官口譯員，以及如地圖、手冊、信件等接收的日本檔案翻譯員。為美國政府服務的韓裔，也協助記錄、翻譯日本無線電，同時擔任無線電廣播員。一部分人受聘為蒐集資料的情報員，以秘密探員身分安插在日本占領區的亞洲地區。大後方的韓裔也主動為美國奉獻，洛杉磯韓裔人口中，有 20% 簽約加入加州國民軍

❶ Moon, "The Korean Immigrants in America: The Quest for Identity in the Formative Years, 1903–1918," 285.

❷ Melendy, *Asians in America: Filipinos, Koreans, and East Indians*, 151–165.

(California National Guard)，之後更成立一個名為「老虎旅」(Tiger Brigade) 的組織。老虎旅每週末進行數小時操練，為日本可能侵略加州作準備。韓裔老年人也在戰爭中貢獻心力：男性擔任火災守護隊與其他職務，女性則在紅十字會 (Red Cross) 幫忙。韓裔在戰爭中提供經濟協助：在 1942～1943 年，一萬名有錢的美國韓裔，購買了價值二十三萬九千美元的國防債❸。

第四節　韓戰爆發

　　1943 年 12 月 1 日，中美英三國在《開羅宣言》(Cairo Declaration) 中確立韓國將在適當時機恢復獨立。這份含糊不清的韓國獨立時間表，令韓國臨時政府十分不安，要求美國政府澄清其中的用語。美國政府拒絕回答，更進一步向韓國臨時政府表達這是一個誤會。大約二年後，英美對朝鮮半島的計畫才變得較為清晰。1945 年 2 月的雅爾達會議 (Yalta Conference) 中，美國總統小羅斯福與蘇聯總書記史達林 (Joseph Stalin) 會面，小羅斯福提出在朝鮮半島實施英、美、中、俄四國託管的主張。史達林原則上同意，而後於 1945 年 8 月 8 日，在美國政府的堅決要求下，蘇聯參戰以對抗日本，並支持韓國獨立。在韓裔共產僑民分隊的陪同下，蘇聯軍隊於 8 月 9 日進入韓國北部。兩天後（8 月 11 日），美國草擬《一般命令第 1 號》(General Order No. 1)，約定在北緯 38 度線以北的日軍向蘇聯投降，而 38 度線以南的日軍向美國投降。蘇聯政府不反對這項命令，於是美軍在 9 月 8 日進入韓國南部。隔天，日軍在首爾（Seoul，舊稱「漢城」）投降。於此之前，俄軍早已著手封鎖 38 度線的韓國北部。

　　在南方，韓國人於 1945 年 8 月組織「韓國獨立籌備委員會」(Committee for the Preparation of Korean Independence)，9 月 6 日委員會舉行國民大會，宣布「朝鮮人民共和國」(People's Republic of Korea) 成立。南方的美國軍政府拒絕承認該共和國。相對地，美國政府致力於英、美、中、俄四國託管的計畫，在 1945 年 12 月的莫斯科會議 (Moscow Conference) 上與相關國家達成正式協議。

❸　托倫 (John Toland)，《韓戰：漫長的戰鬥》（臺北：麥田，1999），85。

然而，託管的消息激怒了韓國人，為了平息韓國人的憤怒，美軍政府成立了民主代表理事會 (Representative Democratic Council)，屬韓國人的顧問委員會。該會由前任韓國臨時政府總統擔任主席。

在北方，蘇聯占領軍允許韓國共產僑民組織北韓臨時人民會議 (Provisional People's Committee for North Korea)，一個仿效蘇維埃政體的中央政府。在美蘇聯合會議後，韓國統一仍毫無進展，美國在 1947 年 11 月將此事提交聯合國。聯合國代表大會通過，由聯合國韓國臨時委員會 (UN Temporary Commission on Korea) 的監控下，在韓國舉行公投。南方在 1948 年 5 月 10 日舉行公投，接著通過《憲法》，7 月 20 日選李承晚為總統。8 月 15 日正式成立大韓民國，以首爾為首都，在南韓的美軍政府就此終止運作。北方則完全不是如此，蘇聯禁止聯合國韓國臨時委員會進入北韓。金日成被委任為總理，而他的獨裁統治與個人崇拜，一直持續到 1994 年他過世為止。1948 年 9 月 9 日朝鮮民主主義人民共和國 (Democratic People's Republic of Korea) 正式成立，以平壤為首都❶。

在 1949 年 6 月之前，美軍已完全從南韓撤離，只留下約五百名美國軍人，以訓練南韓陸軍。美國政府批准給予南韓可觀的武器援助，但是北韓領導人金日成於 1950 年 6 月 25 日以橫行朝鮮半島為目的，發動侵略南韓的行動。1950 年 6 月 25 日，美國總統杜魯門指派美國空軍及海軍進行作戰，以阻止共產勢力的擴張滲透，美軍也因而加入了「韓戰」。首爾隔日落入北韓手中。6 月 30 日，在士氣低落的南韓軍隊潰散的情況下，杜魯門總統命令駐守日本的美軍地面部隊進入韓國。接著，聯合國批准成立聯合指揮所，在美國指派的指揮官帶領下與北韓作戰。杜魯門總統指派麥克阿瑟 (Douglas MacArthur) 將軍為聯合指揮所指揮官。北韓軍隊立即將聯合國聯軍向南驅趕到韓國東南方的釜山，但在 1950 年 9 月，麥克阿瑟將軍發動「烙鐵行動」(Operation Chromite) 反擊，以驚人的兩棲作戰登陸首爾西方的仁川市，並捕獲該處的北韓軍隊。在 10 月 1 日前，聯軍已經將北韓軍隊趕回 38 度線且奪回

---

❶　托倫，《韓戰：漫長的戰鬥》，102。

首爾。他們接著挺進北韓，10 月 20 日奪下平壤，10 月 26 日抵達北韓的北方國界、滿洲邊界的鴨綠江。戰爭並未因此結束，1950 年 11 月，局勢有了驚人的轉折。大批的中國軍隊與北韓結盟，越過韓國邊界，逼迫聯合國聯軍從平壤周邊撤退。聯合國聯軍在 1951 年 1 月重新編組，展開反擊；在 3 月之前，他們曾一度越過北緯 38 度線。此時中國插手韓國事務，在沒有杜魯門政府的許可下，麥克阿瑟將軍公開支持延伸軍力對中國作戰。憤怒的杜魯門總統因此免去麥克阿瑟將軍的所有職務，由馬修・李奇維 (Matthew B. Ridgway) 代替。而軍事僵局也在 1951 年 6 月底前出現，38 度線再次成為朝鮮半島上兩方對立的政權及意識型態的分界線。1951 年 6 月開始停戰的交涉，但僵局一直持續到 1953 年 7 月 27 日停戰條約正式簽訂。38 度線被定為南北韓的邊界，邊界向南北延伸 1.2 英里的區域設為非軍事區。無論在經濟上還是傷亡人數上，韓戰都是美國 20 世紀最昂貴的軍事行動之一。據統計，這場戰爭中有 33,629 名美國軍人、3,194 名聯合國軍人，與大約 47,000 名南韓人身亡；另外，有 103,284 名美國軍人受傷。更驚人的是，有九十萬名中國人與五十二萬名北韓人在戰爭中身亡❶。在北緯 38 度線兩邊共有數百萬韓國人民傷亡，許多韓國家庭因為住在邊界上或邊界兩側而被拆散，無法聯繫及團聚。

第五節　第二、三波韓國移民

二次大戰結束後，南韓政府不同意移民行動，北韓則嚴格禁止移民，同時美國拒絕沒有獲得合法公民權的外國人進入美國。由於太平洋兩岸的這些限制，只有少數韓國人，例如護士等有專業技術而受過訓練者，才能移民美國。

韓戰過後，許多韓國女性設法利用 1945 年《戰時新娘法》進入美國。韓戰期間，在海外有無數美軍與韓國女性結婚，當美軍返鄉時，就帶著他們的韓國妻子。因為美國軍隊自韓戰後持續駐守，在 1950～1960 年代，美軍與韓國女性結婚的現象屢見不鮮。1951～1964 年間，超過二萬八千名韓國「戰時

❶　托倫，《韓戰：漫長的戰鬥》，198–200。

新娘」在美國展開新生活。韓戰後，大約十五萬名在戰爭中失去雙親的韓國孤兒，由美國家庭領養進入美國，也有少數韓國專業人才與學生進入美國。

1965 年《移民法》修改後，促成第三波韓國移民潮的湧入。韓國人利用美國移民政策的放寬，在 1960 年代後半開始，大批前往美國。雖然 1965 年只許可 2,165 名韓國移民，但是在 1965～1980 年間大約有 299,000 名韓國人來到美國。全美韓裔人口大幅度增加，從 1970 年的 69,130 人，躍升至 1980 年的 354,593 人，成長超過五倍。韓國移民在 1987 年達到高峰，當年約有三十六萬名韓國人進入美國。綜言之，以洛杉磯、紐約為中心的韓裔社區，在 1980 年代規模擴大超過二倍，而 1980 年更達到 798,849 人。1987 年後，韓國移民逐漸減少且趨於平穩，這都拜 1980～1990 年代早期，南韓的老虎經濟 (tiger economy)❶❻之賜。

第六節　韓裔美國人社會

在 1965 年《移民法》通過後的第一個十年，來到美國的韓國專業人士，起先很容易在會計、工程、教育與行政等領域找到工作，但其後的發展常受限於缺乏熟練的英語能力、高度競爭的工作市場與種族歧視觀念。面對職業遭到降級與美國製造業工作需求減少，大量的韓國專業人才轉而經營小本生意，或替韓國商人工作，直到他們累積足夠的經驗與資本，才開展自己的事業。1960 年代與 1970 年代，紐約市的韓國商人在自行創業的生意上大獲利益。早期是由義大利和猶太家族控制東部的零售業，1960 年代後韓裔的年輕一代選擇在紐約市內經營蔬果的供應。至 1980 年代中期之前，韓裔美國人已經擁有紐約市四分之三的蔬果店。今日，韓裔更擁有整個紐約三州地區 (New York tri-state area, 包含紐約州、紐澤西州和康乃狄克州) 80% 的蔬果公司，也控制了亞特蘭大 (Atlanta) 與華盛頓特區 (Washington, D.C.) 內城的雜貨業。自 1980 年

---

❶❻ 所謂老虎經濟，是指一個國家的經濟經歷了快速的增長，通常伴隨著生活水準的提升。這個詞最初是用於日本、韓國、新加坡和臺灣（即亞洲四小龍），並在 1990 年代應用到愛爾蘭共和國的經濟發展。

代起，韓裔也擁有營運紐約市與洛杉磯周邊大部分的乾洗店、魚市場、麵包店、熟食店與搬家公司❶。韓裔蔬果商與其他小本生意能在紐約市、洛杉磯與其他城市獲得成功，歸因於他們遵循的幾個主要策略，包括夜以繼日的工作、維持小本生意、家族成員經營、在貧困地區開店以壓低租金、引進可以吸引顧客的新事物（如曼哈頓蔬果店的半自助沙拉吧）、利用可以為韓裔商人與供應商、批發商及其他包商牽線的組織等。

此外，韓裔商人能夠在經濟上獲得成功，關鍵是他們帶資金來美國投資。沒有資金者，轉向韓裔社區親友借貸、「標會」或向韓裔美國人的銀行貸款。許多韓裔美國人的銀行都附屬於韓國的母公司，便於查詢借款人的信用紀錄。因此，他們比美國主流銀行更願意借款給韓裔。韓裔也常向教會尋求經濟協助，與教友集體研討新的合資事業。利用這些策略，韓裔小商人不只降低他們的營運成本，也增加了利潤幅度，他們持續在韓裔社區提供工作機會與投資。韓裔移民將家鄉跟「會」(kye) 的民間存款方式帶到美國社會來。「會」是一種輪流式的信用系統，通常有大量的資金流通。在美國的南韓移民依靠這種經濟，開始自己的事業與支持其他社區的成員。早期韓國移民是以誠信為基礎運作，將資金集中在一個「會」，然後輪流借用資金，直到所有會員都輪過。從會中提領錢的借用者，必須償還借款與利息。基金每輪一次，利率就會下降，所以當最後一個會員領錢時，借款不用利息。在 1965 年韓裔社會的大幅成長下，會員開始出現一些陌生人以詐騙的方式索取「會」錢。為了對抗詐騙，會員引進了雙方租貸的本票制度，貸方無權再另起基金，且如果有成員在循環結束前毀約的話，必須賠償損失。韓裔大多不願在外討論「會」的輪流信用基金，害怕國稅局會徹查從標會得來的利息收入。

至今美國社會韓裔人數占亞裔人口的多數。依據 2000 年美國人口普查局統計，在美國的韓國後裔有 1,228,427 人，從 1990 年的 798,849 人逐年往上增加。2000 年的統計中，有 1,076,872 人認為自己是純韓裔；22,550 人是韓裔與至少一種亞裔族群混血；129,005 人則是韓裔與至少一種其他族裔混

❶ Choy, *Koreans in America*, 169.

血。根據 2010 年人口普查局統計，美國的韓裔人數到達 1,423,784 人，韓裔人口最多的五個州分別為加州（約 45.2 萬人）、夏威夷州（23.2 萬人）、紐約州（14.1 萬人）、新澤西州（9.4 萬人）與佛羅里達州（7.1 萬人）。加州的韓裔大多數住在鄰近洛杉磯的五個郡中（即洛杉磯郡、橘郡、聖伯納丁諾郡、河濱郡與凡圖拉郡）。

圖 20：曼哈頓的 32 街（出處：Wynnie Kwok）

　　正如洛杉磯城，紐約市的「韓國城」也是美國東部韓裔人口最多之區。紐約市的韓國城雖然小卻很活躍，大約出現在 1980 年代早期，被韓裔暱稱為 "K-town"，是一個位於曼哈頓中心 31～36 街與第五～六大道之間的一個大型商業區域。韓國城的中心位在百老匯與第五大道之間的 32 街上。1980 年代中期之前，韓國城已是紐約市韓國人的購物區域與用餐勝地。根據人口調查數據，2000 年此地韓裔人口達到 86,473 人，也是韓裔公司、批發商、進出口公司與三家韓裔報社的營運中心。現在也是韓裔年輕人夜生活的聚集地，有無數的咖啡廳、卡拉 OK 與酒吧。

　　雖然紐約市以小巧又蓬勃發展的「韓國城」自誇，國內最大的韓國飛地還是在洛杉磯，是塊北邊與比佛利大道 (Beverly Boulevard)、南邊與皮可大道 (Pico Boulevard)、東邊與胡佛街 (Hoover Street)、西邊與克倫蕭大道 (Crenshaw Avenue) 接壤的零散區域。不過韓國城裡的人們，對於社區邊界有不同的看法。大多數人視這個社區中心在奧林匹克大道 (Olympic Boulevard)，這塊區域一開始在 1960 年代吸引韓裔商人，但洛杉磯市一直到 1980 年才將其標明為一個社區。洛杉磯韓國城同時是繁榮的商業區與住宅區，所以這個區域不只有韓裔開設的餐廳、咖啡廳、雜貨店、零售商店、銀行、高檔的購物中心（西岸韓國廣場）、娛樂中心，也有其他企業，如三家韓國廣播公司、三間電視公司及無數個韓裔教會。洛杉磯韓國城並非整體性的，其中也散落著拉丁市場、草藥雜貨店 (botánicas)、攤販與墨西哥料理餐車 (Taco Truck)。

在宗教方面，佛教長久以來是韓國最大宗的信仰。自 17 世紀天主教傳教士抵達朝鮮半島，與隨之而來的新教傳教士，在這些傳教士的努力之下，逐漸累積一定數量的信徒，並在日本占領韓國最艱困的時期，給予韓國人極大的協助。1965 年以降，移民美國的韓國人大多在母國就信仰廣義的基督教，並且在移民美國後維持信仰。在 1991 年前，有 51% 的南韓民眾認為自己是佛教徒、35% 新教徒、11% 天主教徒與 2% 信奉儒教。韓國移民中基督徒比例會如此高，是因為 1965 年後的韓國移民大多來自於基督徒活動的都市；而許多北韓基督徒也在韓戰前後到南韓避難，他們更傾向移民美國。因此，韓國基督徒移民至美國者，比佛教徒更多。

在傳統節慶方面，美國的韓裔通常在 9 月或 10 月會慶祝秋夕 (Chusok)，這是一個與感恩節相似的韓國節日，美國國內大型的韓裔社區通常會以遊行來慶祝。如紐約市的韓裔會聚集在曼哈頓慶祝，並在百老匯遊行。遊行隊伍有韓裔選美皇后、遊行團體、韓裔民俗團體、官方韓裔代表團、韓裔企業的商人以及代表佛教寺廟與韓裔教會的花車。韓裔美國人也在 5 月 5 日慶祝兒童節。另外，chanchi'i 是慶祝一歲與六十一歲生日的傳統習俗❸。韓裔美國人也慶祝韓國獨立紀念日（3 月 1 日）與韓文節（10 月 9 日），後者是對韓語字母表 (Hangul) 表示敬意的一天。

此外，大多數韓裔美國人同時依賴西醫與傳統韓國的醫學觀念❹治病。傳統韓國醫學（又稱為 Hanyak）認為健康是建立在宇宙中「陰」與「陽」兩股力量的平衡，生病與這些力量的不平衡有關。恢復陰陽之間適當的平衡與健康，需要如針灸、艾灸、把脈與深呼吸的步驟，也有使用草藥或是將人蔘、菊花、蛇酒、龜殼、鹿角、乾燥的爬蟲類做成茶來飲用❹。

---

❸　韓國嬰兒死亡率曾經很高，所以如果小孩可以過一歲生日是一件很光榮的事情。同樣地，因為平均壽命大約是六十年，很巧的與農曆年的一個循環相同，所以六十一歲生日也是很光榮的。

❹　傳統韓國醫學混合韓國民間醫藥、傳統中醫和傳統印度醫學。

❹　Choy, *Koreans in America*, 220.

　　韓國傳統的菜餚更是受到美國人民的喜愛。韓國人在料理食物時，試圖加入能展現韓國傳統食物的五味——鹹味、甜味、酸味、辣味、苦味。甜菜糖、蜂蜜與番薯為韓國菜添加甜味；食鹽、醬油與豆瓣醬則添加鹹味；芥末、紅辣椒帶出辣味；以柚子醋加入酸味；薑則帶出苦味。韓國人也會挑選能突顯韓國五種傳統顏色的材料——綠色、紅色、黃色、白色與黑色，例如他們添加黑木耳代表黑色。韓裔美國人最喜愛的菜餚是韓式烤肉，準備步驟是先將牛肉片、雞肉、魷魚或章魚浸泡在由醬油、糖、大蒜、薑與芝麻油混合而成的滷汁中，再放在用炭火燒烤的銅盤上。韓式牛仔骨是另一道受歡迎的燒烤料理，也喜歡用肉和蔬菜做成餃子與牛肉湯。大部分的韓式餐點會配上各式各樣的配菜與佐料，像是醃漬的魚、螃蟹與泡菜❷。許多韓國人與韓裔美國人相信，黑山羊肉能增加體力，所以他們常為大病初癒的病人準備黑山羊肉作為補藥。在洛杉磯，有時韓裔也會在一些韓式餐廳用黑山羊肉填飽肚子，包括在西第 8 街的一間名叫 Chin Go Gae 的韓國店，他們提供烤山羊肉或用濃郁高湯燉煮山羊肉等。

第七節　今日的韓裔美國人

　　韓裔移民在美國已經成功的立足於各職場上，在各領域表現突出，受到讚賞。今日的韓裔美國人，不論在文學、藝術、音樂、體壇或政壇表現都相當出色亮麗。

文學方面

　　美國韓裔作家揚希爾・康 (Younghill Kang) 享譽國際。揚希爾・康出生於 1903 年韓國咸鏡道的 SongDuneChi，之後就讀基督教學校，1931 年他因參與政治活動招致迫害，所以離開祖國，抵達美國時身上只有四塊美元。1931 年揚希爾・康發表了他的第一本小說《草屋頂》(The Grass Roof)，用檔案資料說明日本占領時期前十年在韓國的生活，最後則以主角航向美國作為收場。二年後的 1933 年，他成為第一位獲得古根漢文學創作獎 (Guggenheim Award in

---

❷　通常是用大白菜與白蘿蔔做成辛辣、用香辛料醃漬的泡菜。

Creative Literature) 的亞裔美國人。揚希爾‧康一生獲獎無數❷，更獲頒高麗大學文學榮譽博士學位。1937 年揚希爾‧康出版了《從東到西》(*East Goes West: The Making of an Oriental Yankee*)，是敘述一個韓國移民在美國尋求認同的故事，引起共鳴。在他的寫作生涯裡，他也發表了韓國文學作品的英文譯本；以《草屋頂》為範本，名為《快樂的叢林》(*The Happy Grove*) 的童書；以及在《紐約時報》寫書評。

另一位韓裔美國作家理查‧金 (Richard E. Kim) 也廣受歡迎。1932 年理查‧金出生於韓國咸興市，年輕時移民美國。他的第一本小說《殉教》(*The Martyred*)，是一本以韓戰為背景、討論戰時人類歷經的苦難與上帝給予人們歷練的機會的作品，被拿來與存在主義者卡繆相比較。理查‧金另一本值得注意的作品是《失落的姓名》(*Lost Names: Scenes from a Korean Boyhood*)，描述他在日本占領韓國後，這期間十三年的生活。之後，1926 年生於洛杉磯的韓裔小說家與藝術家羅楊葛‧金 (Ronyoung Kim) 繼承理查‧金的衣缽，在 1986 年出版《泥牆》(*Clay Walls*)，描述自 1920 年代到二次大戰結束，韓國移民試圖融入美國社會的掙扎路程。《泥牆》的韓文譯本出版後，深深影響韓裔美國人。

出生於首爾的韓裔小說家諾拉‧凱勒 (Nora Okja Keller)，在 1990 年代嶄露頭角，父親是德國人、母親是韓國人，她在夏威夷長大。1995 年凱勒以她的短篇故事〈母語〉("Mother Tone") 獲得手推車獎 (Pushcart Prize)，之後併入她的小說《慰安婦》(*Comfort Women*, 1997)。《慰安婦》是一本講述韓國婦女忍受成為日軍性奴隸之暴行的小說。這本小說幫助她獲得 1998 年美國圖書獎。之後她的另一本小說《福克斯女孩》(*Fox Girl*) 於 2002 年出版，描述三名在韓戰後被拋棄的韓國女性受到美軍軍官的虐待，這是一本令人感傷的小說，在出版後引起很大的迴響。

---

❷ 揚希爾‧康曾獲得的大獎有來自新學院的「路易斯偉斯紀念獎」(Louis S. Weiss Memorial Prize)、「法國霍爾柏林凱明斯基大獎」(France's Le Prix Halpérine Kaminsky)。

1965 年出生於首爾的李昌來 (Chang Rae Lee) 與家人在 1968 年移民美國，在耶魯大學取得文學學士後，曾在紐約華爾街當過一年的金融分析師。他的第一本小說《說母語的人》(*Native Speaker*)，描述主角朴亨利在童年隨著父母移民到美國，然而，沉默寡言的朴亨利卻是紐約市長指派成為敵對競選團隊的間諜，負責監視一名美國韓裔政治人物，使他因此陷入身分認同與家庭生活的雙重危機。該書在 1995 年發表後，為他贏得由前哥倫布基金會頒發的美國圖書獎筆會／海明威獎 (PEN/Hemingway Award) 及其他獎項。1999 年，李成芮出版了他的第二本小說《姿態人生》(*A Gesture Life*)，講述一名出身韓國的日本移民於二次大戰期間，在日本軍隊服役充當軍醫，並與慰安婦陷入愛河的故事。李昌來因《姿態人生》獲頒安尼斯菲爾沃爾夫小說獎 (Anisfeld Wolf Prize)、亞裔美國文學小說獎及其他獎項。也因為李昌來的作品廣受歡迎，使得 1990 年代韓裔作家開始得到更多一般讀者的注意。

其他韓裔當代小說作家也寫出自己的一片天，包括在自傳小說、短篇小說以及詩集方面，皆顯現出韓裔美國人在文學作品上的突出表現。

音樂方面

美國培育出許多傑出的韓裔古典音樂家及作曲家。厄爾金 (Earl Kim) 出生於 1920 年加州迪努巴 (Dinuba)，父母為韓裔移民。厄爾金是一名具有熱忱的老師、作曲家與非凡的鋼琴家，一生中獲得無數的榮譽❷。厄爾金最有名的作品，是改編自山繆・貝克特 (Samuel Beckett) 劇本之樂譜，其中包括他的音樂、鋼琴獨奏與歌劇《腳步聲》(*Footfalls*) 的組曲。厄爾金的作品由 20 世紀最有名的音樂家、指揮家與管弦樂團演出，其中包括了小提琴家伊扎克帕爾曼 (Itzak Perlman)、指揮家祖賓・梅塔及小澤征爾，以及紐約愛樂、波士頓交響樂團與費城管弦樂團等。

出生於首爾的小提琴手安琪拉・安 (Angella Ahn) 與她的二位雙胞胎姊姊——鋼琴家露西亞・安 (Lucia Ahn) 及大提琴手馬麗亞・安 (Maria Ahn)，組成安

❷ 其獎項有來自佛洛姆庫塞維茲基與瑙姆堡基金會、巴黎大獎、國立藝術與文學學院獎及布蘭代斯創造性藝術獎。

三重奏姊妹室內樂團，1980 年代晚期她們的音樂演奏，令全球的聽眾如癡如醉。三姊妹自小勤練屬於自己的專屬樂器，在 1979 年共同演出第一場公演，並由韓國電視播放。1981 年，安氏姊妹與母親一起移民紐約，就讀有名的茱莉亞音樂學院 (Julliard School) 大學預科課程。天賦優越的安氏姊妹，在 1987 年首次吸引全美的目光，當時《時代》的封面故事將她們稱為「亞裔神童」。1992 年，安氏姊妹獲得東北聯盟室內樂比賽與科爾曼室內樂 (Coleman Chamber Competition) 比賽最高獎。1995 年，她們發行了第一張專輯《巴黎里約》(*Paris Rio*)，以三重奏演奏拉威爾 (Joseph-Maurice Ravel) 與魏拉羅伯斯 (Heitor Villa-Lobos) 的樂曲，深獲讚賞。第二張專輯則是演奏約瑟夫蘇克 (Josef Suk)、德佛札克 (Antonin Leopold Dvorak) 與蕭士塔高韋契 (Dmitri Dmitriyevich Shostakovich) 的樂曲，於 1999 年發行時也獲得了高度肯定。2000 年第三張專輯《安插》(*Ahn-Plugged*)，收錄了她們演奏愛華森 (Eric Ewazen)、邦奇 (Kenji Banch)、伯恩斯坦 (Leonard Bernstein)、皮亞佐拉 (Astor Pantaleón Piazzolla) 與大衛鮑威 (David Bowie) 之非凡的演奏作品。《安插》之後是 *Groovebox*，是安氏三重奏的最新創作。

　　出生於首爾的樂團小提琴手 Chouhei Min，是首位受到世界級讚譽的韓裔美國小提琴手。Min 在五歲時開始學習小提琴，九歲時首次登臺與首爾愛樂演出。後來進入波士頓音樂學校就讀，畢業於康乃迪克州哈特音樂學院，並且在耶魯音樂學院取得碩士學位；之後，她被聘任為達拉斯交響樂團的副小提琴手。另一位韓裔獨奏小提琴家莎拉‧張 (Sarah Chang)，被列在全球最好的古典音樂家行列之中。她有多次在全球的舞臺上與知名管弦樂團一同演出的經驗。1980 年生於費城，被視為「神童」的莎拉‧張，在四歲時開始學習小提琴，八歲就參加了傑出指揮家祖賓‧梅塔與里卡多慕提 (Riccardo Muti) 的試鏡會，優異的技巧令人驚豔，莎拉‧張隨即獲得紐約愛樂與費城管弦樂團的聘用。當莎拉‧張九歲時，EMI 古典音樂公司錄製了她最暢銷的專輯，名為《初次登臺》(*Debut*, 1992)。1997 年莎拉‧張首次在卡內基音樂廳演出，1999 年獲得艾維費雪獎 (Avery Fisher Prize) 的極高殊榮。

政壇方面

　　韓裔美國人在政治界的經驗十分有限且困難重重。1939 年出生於首爾的金昌準 (Chang-jun Kim)，1961 年移民美國，於 1992 年成為第一位進入美國眾議院的韓裔，1993～1999 年為洛杉磯第四十一選區服務。但是，1997 年金昌準眾議員非法接受外國人與外國公司超過二十五萬的資助，是當時眾議員所收受的最大筆金額。因此，1997 年 7 月金昌準眾議員在聯邦法院上被判三項輕罪及違反《聯邦選舉法》。他也被判五項重罪，包括自 1992～1997 年在競選委員會裡向聯邦選舉委員會提交的報告中，隱瞞選舉捐獻的實情。金昌準眾議員因他所犯下的重罪要被判處至少三年的牢獄之災，但最後只禁閉在家二個月、社區服務二百小時及五千美元罰款，被稱為「有罪的眾議員」。

體壇方面

　　1920 年山米・李 (Sammy Lee) 生於加州，曾在夏威夷農場工作。身為運動員，山米・李是第一位連續在奧運高空跳水項目中獲得金牌的韓裔美國人：他在 1948 年倫敦奧運贏得十公尺高臺跳水金牌，同年在三公尺跳板跳水贏得銅牌。1952 年赫爾辛基奧運，山米・李再次獲得十公尺高臺跳水冠軍。最早山米・李只能在洛杉磯的游泳池練習游泳，因該處一週只開放一天給有色人種，只要有色族裔使用過泳池，管理員便會重新裝滿乾淨的水。不能使用游泳池時，山米・李經常以跳入砂堆當作跳水練習。不久，他受到著名跳水教練吉姆・萊恩 (Jim Ryan) 的賞識，帶領他進入洛杉磯體育俱樂部，此處是不允許有色人種進入的地方。1953 年，業餘體育聯盟頒給山米・李一項難得的殊榮，即詹姆士蘇利文獎 (James E. Sullivan Award)，這是專為美國最頂尖的業餘運動員所設立的獎項。1968 年這位跳水運動員正式被納入國際游泳名人堂。從世界級比賽退役後，山米・李轉為擔任游泳教練❷❹。除了跳水專長外，山米・李也攻讀南加大醫學院的醫學學位，並在 1947 年取得學位。1953～

---

❷❹　山米・李指導鮑伯韋伯斯特 (Bob Webster) 在 1960、1964 年取得奧運金牌，而在大約十年後，他指導了被認為是有史以來最佳跳水選手——蓋瑞洛加尼斯 (Greg Louganis)——在 1976 年蒙特婁奧運贏得十公尺跳臺跳水銀牌。

1955 年期間在韓國軍方醫療兵團服務，之後，在加州橘郡開設私人診所。

演藝方面

　　韓裔美國人在電影演出，表現獨特，成就非凡。在螢光幕上韓裔演員菲利浦‧安 (Philip Ahn) 本名安必立，1905 年生於加州高地公園 (Highland Park)，在好萊塢的三十年生涯中，拍過八十多部電影，享譽國際。1935 年，他在廣受好評的電影 *A Scream in the Night* 中獲得第一個角色。1930 年代後半，安必立在電影中大都擔任配角[25]。二次大戰期間，安必立在許多電影中扮演壞人，試圖激發美國人對日本敵軍的憎恨，並提高美國人的愛國情操，如《東方的背叛》(*Betrayal from the East*, 1945)，是關於一名移居國外的退役美國軍官，被日本間諜網找上的故事，最後被美軍情報局以反間諜的罪名收押作為劇終。他扮演卑鄙的日本軍官與間諜角色，表演得淋漓盡致，以至於他真實生活常收到恐嚇信、威脅與受到攻擊。1970 年代，安必立在電視影集「功夫」(*Kung Fu*, 1972～1975) 中飾演少林功夫大師 Master Kan，成功的演出，擄獲新一代觀眾的目光。安必立逝世於 1978 年，全好萊塢及全世界影迷一同為安必立哀悼。1984 年 11 月 14 日，洛杉磯市長湯姆布萊德利 (Tom Bradley) 宣布，當天為「安必立日」與「洛杉磯韓裔日」，安必立成為第一位與好萊塢星光大道上的明星，一名名垂千古的亞裔演員。

圖 21：安必立電視劇照

　　1943 年生於韓國的 Soon Tek Oh 是一名在舞臺劇與大小銀幕上獲得誇讚的韓裔演員。身為洛杉磯「東西演員」戲劇公司的創辦人之一，Soon Tek Oh 也是該公司的導

[25]　安必立拍過的電影有《大地》與《陳查理在檀香山》(*Charlie Chen in Honolulu*)，他也在《上海女兒》(*Daughter of Shanghai*)、《華埠之王》(*King of Chinatown*) 中與著名華裔女演員黃柳霜演對手戲。

演、劇作家與演員。電視上，他在許多主要劇作（如「美國警花」）的單集、電視電影與迷你影集中飾演配角。大銀幕上，他參與十幾部劇情片的演出，如《紅日昇》(*Red Sun Rising*)、喜劇《比佛利忍者》(*Beverly Hills Ninja*)，以及在迪士尼卡通《花木蘭》中為 Fa Zhou（花木蘭的父親）一角配音。

在舞臺劇方面，韓裔演員金德文 (Randall Duk Kim) 被視為是 1970 年代最佳詮釋莎翁作品者，獲得全國性的聲望。金德文最偉大的貢獻之一，是他在 1980 年創造美國演員劇場，並培育優秀演員，致力莎翁作品的演出。在 1980～2002 年間，金德文以他在百老匯《國王與我》(*The King and I*, 1996～1997)、《金童》(*Golden Child*, 1998) 與《花鼓歌》(2002) 等演出吸引觀眾的注目。

瑪格麗特・趙 (Margaret Cho) 是一名在銀幕上為人們帶來歡笑的韓裔喜劇演員，也是美國國內曝光率最高的亞裔演員。瑪格麗特・趙 1968 年生於舊金山，從六歲開始就在父母開設的書店樓上——名為「玫瑰與薊喜劇俱樂部」，表演單口相聲。當她二十歲時開始在各大學巡迴演出，並在兩年內演出超過三百場。一夕成名後，瑪格麗特・趙以她的喜劇才能，獲得 1994 年美國喜劇大獎的女性喜劇演員獎，讓她與阿森尼奧・霍爾 (Arsenio Hall) 一起出現在晚間電視節目，也與鮑伯・霍普 (Bob Hope) 一起登上黃金時段的電視特別節目。1995 年，她在 ABC 電視臺「全美女孩」(*All-American Girl*) 中擔任主角。然而「全美女孩」無法展現瑪格麗特・趙的演技，她辭去該角色後，她則演出了一系列的電影。2000 年瑪格麗特・趙巡迴演出她的個人表演 "I'm the one that I want"。這場巡迴音樂會，被娛樂週刊列為年度最佳演出，並獲得《紐約雜誌》的年度表演獎和曼哈頓俱樂部與歌舞廳協會獎。

視覺藝術方面

另一名出生於首爾的藝術先驅白南准 (Nam June Paik)，在 1960 年代與視覺藝術、激流派合作。白南准在 1970 年代晚期以他對電視與影像藝術性的詮釋，獲得全球的擁護，例如他的裝置藝術「電視佛陀」(TV Buddha, 1974)，是一尊盤腿而坐的佛像，盯著電視螢幕中自己影像的作品。白南准在 1980 年代最有名的作品「三色影像」(Tricolor Video, 1982)，是他為巴黎國立現代美術館

所創作的投影雕塑，由電視機組合成法國國旗的形狀。1996 年，白南准創作了「影像旗」(Video Flag)，堆疊七十臺螢幕，輪流展現星條旗、自由女神像、新聞照片、01 線條（即電腦二元語言），以及自杜魯門以降至柯林頓之歷任美國總統的相貌變化。白南准最後將雷射光束也加進他的裝置藝術中。白南准的作品曾在紐約的現代藝術博物館、惠特尼美術館、古根漢美術館與紐約的廚房博物館、芝加哥當代藝術博物館及東京大都會藝術博物館展出。

　　最早的一批韓國移民在 1903 年到夏威夷的甘蔗園工作，隨後進入美國本土。1965 年《移民法》修正後，更多的韓國人移民湧入美國。他們大多住在美國的大城市，其中洛杉磯是最大的韓裔聚集地。由韓裔聚集而成的「韓國城」，其特殊的民族文化，為美國社會注入一股活力。

第六章

菲律賓族群

菲律賓由 7,101 個群島所組成，屬於馬來群島的一部分。
1898 年美西戰爭 (Spanish-American War) 中，美國擊敗西
班牙後，西班牙割讓菲律賓給美國。此後，菲律賓成為
美國屬地，菲裔美國人在美國扮演著相當重要的角色。
菲裔美國人，被視為是一支安靜、沉默的族群。根據美
國官方統計，2010 年在美國約有 3,500,000 名菲律賓人，
為美國第二大的亞洲群體。菲裔美國人因其歷史的特殊
性而顯示出其獨特之移民文化。

第一節　菲律賓的歷史

　　菲律賓人的祖先，是從亞洲大陸移民過來的，大約在 11 世紀已有華商僑居。印度尼西亞 (Indonesia) 的室利佛逝帝國（梵文 Sri Vijaya，意為光榮勝利）和滿者伯夷 (Majapahit) 帝國帶給菲律賓南亞文化。菲律賓人相信萬物有靈，當時酋長統治下的村落設有酋長家族、貴族、自由民、佃農、奴隸五個階級。15 世紀時，伊斯蘭教 (Islam) 傳入民答那峨島 (Mindanao Island) 和蘇祿群島 (Sulu Archipelago)，繼而於 16 世紀中期出現兩個蘇丹王國 (Sultanate)。1521 年麥哲倫 (Fernando de Magallanes) 率領西班牙遠征隊到達以後，後繼者紛至沓來。1543 年探險家維拉羅伯斯 (Ruy López de Villalobos) 將菲律賓群島命名為 Las Islas Filipinas，獻給當時的西班牙王子菲立普 (Prince of Asturias)。自 1521 年登陸菲律賓群島，開始西班牙長達三百餘年的統治。此外，西班牙統治菲律賓人幾個世紀所遺留的另一個現象是「菲律賓人」(Filipino) 一詞原是指西班牙先民，他們在菲律賓出生，但現在係指在這些群島出生的人。

第二節　美西戰爭

　　1898 年，美西戰爭 (Spanish-American War) 是美國與西班牙的一場戰爭，也是一個相當重要的歷史轉捩點。此戰使西班牙結束了在美洲的殖民統治，而美國獲得西太平洋及拉丁美洲的領土。

　　戰事肇始於 1895 年 2 月間，古巴人因為長期受西班牙的統治，開始向西班牙爭取獨立。當時西班牙鎮壓叛亂的殘酷手段，經過美國一些報紙繪聲繪影的描寫，使美國人民對於反叛者之同情日益增長。當反西班牙暴亂在哈瓦那 (Havana) 發生後，美國曾派戰艦「緬因號」(Maine) 前往護僑，該艦無故於 1898 年 2 月 15 日在哈瓦那港沉沒，美國民間要求政府干預之聲浪日益高漲。3 月美國要求西班牙在古巴停火，西班牙為避免對美作戰，在 4 月 9 日宣布休戰，並加速執行讓古巴享受有限度自治權的新方案，但美國國會隨即通過決議，宣布古巴有權獨立，要求西班牙自古巴撤軍，並授權總統以武力促使

西班牙撤兵，同時美國表明無意兼併古巴。西班牙 4 月 24 日對美宣戰，美國隨後亦於次日宣戰。戰事呈一面倒的狀態，因為西班牙海陸軍，均無長途跋涉與強大美軍作戰的準備。美國海軍將領杜威 (George Dewey) 於 1898 年 5 月 1 日率領海軍艦隊開入菲律賓馬尼拉灣，並於拂曉發動攻擊，終將西班牙停泊在馬尼拉灣的艦隊擊潰，美國海軍約有七人受傷，馬尼拉遂於 8 月被美軍占領。

西班牙在加勒比海 (Caribbean Sea) 的艦隊由海軍上將塞維拉 (Pascual Cervera) 率領，駛入古巴的聖地牙哥港 (San Diego) 躲避，為美軍偵察部隊所發現，美軍謝夫特將軍 (General William R. Shafter) 乃率領一支正規軍及志願軍〔其中包括老羅斯福及他的第一志願騎兵團「強悍騎兵」(Rough Rider)〕登陸聖地牙哥之東岸，逐漸向市區推進，以迫使塞維拉艦隊退出該港。之後，這些船隻在美軍強烈的砲火攻擊下，不是遭焚毀就是被擊沉。聖地牙哥於 7 月 17 日向謝夫特將軍投降，結束戰爭。12 月 10 日，雙方在巴黎簽訂條約，西班牙宣布放棄對古巴一切主權，將關島及波多黎各割讓予美國，並以二千萬美元的代價將菲律賓的主權轉讓給美國。

美西之戰是敵對雙方歷史的重要關鍵，西班牙由於受了決定性的挫敗，逐漸將注意力由海外殖民事業轉向國內的事務，致使文學與文化日益復興，經濟亦日漸發展。另一方面，獲勝的美國從戰爭中崛起，成為世界強國，擁有廣大的海外屬地，在國際政治上占有重要地位，並迅速地在歐洲事務上扮演決定性的角色。

美西戰爭後的 1899 年及 1900 年，美國總統麥金利 (William McKinley) 先後派出以叔爾曼 (Jacob G. Schurman) 和以塔夫托 (William Howard Taft) 為首的菲律賓委員會，並於 1901 年 7 月任命塔夫托為首任民事總督，開啟美國在菲律賓的民事統治。1916 年美國的《瓊斯法》(Jones Act) 規定了保證菲律賓能獨立，但是後來又改稱「一旦能建立穩定的政府」才承認其獨立。1933 年美國國會通過《黑爾霍斯卡廷法》(Hare-Hawes-Cutting Act)，規定菲律賓獨立的日期，卻被菲律賓立法機構拒絕；1934 年美國又提出《泰邁法》，規定成立自

治政府並在十年後獨立，於此期間，美國保留對菲律賓的國防與外交的管轄權。

1935 年 11 月 15 日自治政府成立，由菲律賓國民黨 (Nacionalista Party) 奎松 (Manuel Luis Quezón) 和奧斯梅納 (Sergio Osmeña) 擔任總統、副總統。1942 年 1 月，日軍侵占菲律賓，菲律賓政界人士組成行政委員會與日軍當局相互合作。1944 年 10 月，美軍在萊特島 (Leyte Island) 登陸，麥克阿瑟將軍恢復自治政府，奎松已逝世，由奧斯梅納出任總統，但麥克阿瑟又扶持與美軍諜報機構有聯繫的羅哈斯 (Manuel Acuña Roxas) 為參議院議長。1946 年 7 月 4 日成立菲律賓共和國 (Republic of the Philippines)，羅哈斯成為第一任總統，他接受美國的苛刻要求：⑴與美國簽訂《貝爾法》(Bell Trade Act)，建立八年的雙邊自由貿易；⑵美國獲得菲律賓軍事基地九十九年的租借權；⑶美國人和菲律賓人擁有平等的權利，以開發菲律賓的資源。然而，軍事基地協定是引起美菲關係摩擦最主要的根源。1965 年 11 月斐迪南・馬可仕 (Ferdinand E. Marcos) 當選總統，主張與美國就主要條約進行談判，並推行反共主義。1966 年將美國的軍事基地租借期縮減為二十五年。

1972 年 9 月 21 日馬可仕頒布《戒嚴法》，逮捕反對派，鎮壓共產黨，並給外國投資者特權。次年 1 月，他公布新《菲律賓憲法》，自任總統兼總理。實施戒嚴後，工人實際的收入下降，從土地改革中得益的農民為數很少。1978 年臨時國民議會的選舉出現了由前議員班尼格諾・艾奎諾 (Benigno Simeon "Ninoy" Aquino, Jr.) 所領導的反對派。

此後，艾奎諾政黨與馬可仕進行長期的競爭，1979 年又將美國軍事基地租借條件改為每五年檢討一次，並將基地管轄權交還菲律賓政府。1980 年，艾奎諾流亡美國；次年，馬可仕宣布解除戒嚴，當選下一任總統。1983 年 8 月，艾奎諾返國前遭暗殺，促使人民更加支持反對馬可仕政權的

圖 22：馬可仕

黨派❶。1987 年 2 月公民投票中，新《菲律賓憲法》獲得壓倒性的贊同批准，三個月後舉行新國民議會的選舉，艾奎諾夫人政黨獲得大勝。

第三節　第一波菲律賓移民

美西戰爭後，在菲律賓的美國殖民政府宣稱，短期內要發展國家的基礎建設與高品質生活，開路蓋橋，快速在島上運作，並推行健康計畫來消滅熱帶病。美國對菲律賓的管理，是根據美國模式為基礎，目標是建立自由與民主的政府。為達到這個目的，美國殖民政府推行政黨體系；1907 年推行立法議會，發展教會與州政府。1901 年行免費的非宗教教育制度，那是一個相當新的制度，採用英文而非葡萄牙文或西班牙文的語言來教授。美國老師被稱為「湯瑪斯提斯」(Thomasites)，是因為他們搭乘「聖・湯瑪斯」(St. Thomas) 這艘船抵達群島。藉由教授美國的歷史、介紹美國的英雄與價值，來吸引「開化的」菲律賓人民❷。美國在菲律賓的殖民對菲國的未來產生巨大的影響，例如，打開了第一波菲律賓人移民夏威夷與美國大陸之路，還有 1906 年左右因廉價勞工需求，帶出一波勞工赴美潮。

第一批移民到美國的菲律賓人，事實上，他們既非移民也非旅居者，而是在 1903～1910 年受過美國免費大學教育的菲律賓學生，然歷史卻以 "Pensionados" 一詞稱呼他們，這是錯誤的。美國殖民政府仔細挑選出 Pensionados，自菲律賓人中選出最聰明者，讓他們在美國接受免費教育。他們被暱稱為「幸運男孩」，目的在使那些接受美國價值觀的貧窮者受教後，可以成為菲律賓高知識分子的公僕。在美國的大學與學院中經過完整的學習後，Pensionados 回到家鄉如同美國殖民政府所期望般，在殖民官僚體制、農業、

---

❶ 1985 年末，馬可仕宣布於次年 2 月舉行總統大選。艾奎諾遺孀科拉蓉・艾奎諾 (Corazon Aquino) 出任反對黨各派的候選人，於馬可仕被趕下臺後獲得總統職權。艾奎諾夫人執政不久，廢除了國民議會並頒布《臨時憲法》。

❷ Manuel Buaken, *I Have Lived with the American People* (Caldwell, Idaho: Caxton Printers, 1948), 353.

商業、教育與醫學上，擁有穩固與高階的地位。至 1910 年前，美國殖民政府提供 Pensionados 財務計畫上的支持，至 1910 年後，許多其他菲律賓學生為了追求 Pensionados 所享有的工作機會，故前往美國擴展他們的視野。一些菲律賓家庭甚至抵押他們的房子，集資送孩子去美國就學，希望最後他們的投資能回本。但往往積蓄用完了，學生被迫休學去做非技術性勞工的工作，與他們想像回家鄉擔任精英職位大不相同。

依據 1882 年的《排華法》禁止華工進入夏威夷與美國，至 1943 年《排華法》才廢除，而這個限制法案同時也影響到日本勞工的移入。由於 1908 年簽訂《君子協定》限定日本人赴美人數，夏威夷的蔗園主人在亟需高效率與廉價勞工的情況，轉而注意到菲律賓勞工。儘管家鄉經濟困難，菲律賓人一開始仍猶豫離家到遙遠的土地上是否正確。經由「夏威夷甘蔗種植者協會」調度募集菲律賓人，特別是維干 (Vigar)、宿霧島 (Cebu)、南伊羅哥省 (Ilocos Sur) 等地，與菲律賓勞工簽約允許進入蔗園工作。

1906 年第一批菲律賓勞工僅十五人到達夏威夷，那時夏威夷已是美國的領土。他們在夏威夷成功的例子，在菲律賓人間口耳相傳。菲律賓人似乎得了某種夏威夷「狂熱病」，幻想在夏威夷致富後返回家鄉過舒適的生活，因而掀起第一波菲律賓移民美國的熱潮。1909 年，639 名菲律賓人以應徵農場工人的方式進入夏威夷，到 1910 年人數增加到 2,915 名。綜言之，在 1909～1934 年間，119,470 名菲律賓旅居者在夏威夷的蔗園與鳳梨園中工作。1930 年代，他們成為該地最大的外國勞工團體。

在夏威夷，菲律賓人成功的故事，相當引人注目。由於夏威夷蔗園需要大批勞工，菲律賓勞工忍受低薪且勞累的種植園工作；加上工頭與警察的虐待及剝削，對他們而言，縱使再拼命努力工作，所存下的也僅是微薄的工資。菲律賓人對於這種處境感到不滿，很快地就組織起來對抗不公平的境遇，以爭取成員的福利。菲律賓勞工領袖帕布羅·曼拉俾 (Pablo Manlapit) 於 1911 年組織了「菲律賓勞工聯盟」(Filipino Labor Union) 與 1913 年的「菲律賓失業組織」(Filipino Unemployed Association)。而這二個組織的成員在 1919 年建立「高

薪組織」(Higher Wager) 為公平的薪水與待遇奮鬥。然而在夏威夷的製糖業者拒絕接受菲律賓勞工的要求，勞工因此訴諸於暴動，來對抗製糖業者。1920年 6 月 19 日菲律賓勞工開始了持續七個月的抗議行動。接著在 1924 年 4 月，約三千一百名菲律賓勞工發動血腥攻擊，持續八個月之久，導致夏威夷半數的種植園陷入癱瘓狀態。同年 9 月帕布羅‧曼拉㫬被逮捕，菲律賓勞工在考艾島哈那佩佩 (Hanapepe) 農場組成抗議團體，十六人在衝突中被殺，其他人在警察開槍後受傷。曼拉㫬最後於 1927 年在政府監控下離開夏威夷，且允諾永遠不再回去。1932 年他又返回夏威夷，重新組織「菲律賓勞工聯盟」，結果又被拘捕且驅逐出境。最後於 1937 年，聯盟中的伙伴 Manuel Fagel 在夏威夷發動最後一次菲律賓人的攻擊事件後，反抗行動暫時告終❸。

　　1910 年只有四〇六名菲律賓人住在美國，大多數住在加州。1924 年《移民法》通過，一群非白人群體組織起來，宣稱菲律賓人是不合公民資格的外國人，不讓他們進入美國，引起如洪流般的抗爭活動。其實菲律賓人是有美國護照的美國公民而非外國人，不像其他的亞洲人，至少早期菲律賓的移民在進入美國時沒有法律限制的阻礙。1920 年，菲律賓在美國有 5,603 人，其中住在加州者約有 2,674 人；1930 年美國國內的菲律賓人口上升至 45,208 人，其中約 2/3 的人口在加州。超過一半以上的菲律賓人在 1920 年代經由夏威夷旅行或打破他們跟農場的契約，經歷長途跋涉到達加州的金山。

　　加州的菲律賓人在社會底層從事農工、家庭幫傭、餐廳與旅館打雜的工作。他們大多聚集於中部谷地 (Central Valley)，這是加州肥沃的農業區。至於在加州以外的地區，他們會在如阿拉斯加 (Alaska) 地區從事捕魚與製造魚罐頭的工作，或是在亞利桑那州、科羅拉多州、猶他州、北達可達州與蒙大拿州尋找在農場的工作。有些甚至一路冒險到紐約，尋找短期性的工作。一些菲律賓女性在第一波移民潮中來到美國，她們移民的原因包括與有穩定工作的先生或未婚夫相聚，或是展開求學、專業訓練，並尋求工作機會。

---

❸ Emory Bogardus, "American Attitudes Towards Filipinos," *Sociology and Social Research*, 14 (September 1929): 65–66.

　　菲律賓人來到美國的工作及居住狀態是值得關注的。在 1910～1930 年代的美國，菲律賓人一直尋找像在夏威夷的低薪勞動工作。在加州的菲律賓農工生活是較悲慘的，他們被稱為「矮松仔」(Pinoys，用以稱呼二戰前美國境內的菲律賓人，帶有貶抑之詞)。當時夏威夷的菲律賓農工在同一個農園中集體工作，而在加州時他們從一個農場移動到另一個農場，跟隨農作物如蘆筍、萵苣、番茄、甜瓜、葡萄、杏子、柑橘的成長季節及地區而移動。他們從事辛勞的彎腰工作，一週六天，從破曉到黃昏，有時候必須忍受超過攝氏 37.7 度的高溫。不僅如此，來自農場的灰塵混合工人的汗水，造成令人無法忍受的皮膚痛癢。臨時的居住所擁擠如雞籠；難以下嚥的食物，是管理員在工人下班後給予「矮松仔」的一點施捨。

　　此外，菲律賓人也從事卸貨、清理、宰殺、包裝魚類等工作，尤其是阿拉斯加鮭魚罐頭工廠的工人，常受到管理員殘忍的欺壓。魚罐頭工人在陰濕、黑暗、骯髒的地方工作，工人在非常惡劣的環境下，必須長期輪班，健康受到嚴重的威脅。菲律賓人在魚罐頭工廠工作時必須面對危險的環境，卻獲得比其他非亞裔更少的工資；更糟的是，罐頭工廠老闆以支付菲律賓人住宿與膳食的費用為由，苛扣薪資，使得菲律賓勞工辛苦的勞動所得最後僅是微薄的收入。1933 年數以千計的菲律賓萵苣採收工人，在加州的鹽湖城 (Salinas) 與斯托克頓市 (Stockton) 組成「菲律賓勞工聯合」(FLU)，一年後 FLU 與勞工組織「蔬菜採收者聯盟」(Vegetable Packers Association) 合併，並在加州蒙特利爾市 (Monterey County) 進行抗爭，最後因雇主燒掉他們居住營地才被迫結束抗爭❹。

　　卡勒斯・布洛桑 (Carlos Bulosan) 是一名 1930 年到美國的菲律賓移民，在《心中的美國》(*America Is in the Heart*, 1946) 一書中，陳述 1930 年代令人難捱的阿拉斯加魚罐頭工廠中危險的工作環境❺：

---

❹　H. Brett Melendy, *Asians in America: Filipinos, Koreans, and East Indians*, 78–79.

❺　Carlos Bulosan, *America Is in the Heart* (Seattle, Wash.: University of Washington Press, 1946), 78.

　　我在一個「鹼水沖洗」(wash lye) 的部門工作，事實上我用沖淡的鹼液在輸送帶上清洗被砍掉魚頭後的魚。一天下午一個在我前面部門的切割工人在光線不良的情形下被切割工具削去他的右手臂，發生得太突然，以致他來不及哭出來。我看到他的手臂掉落在許多魚頭的水中。

　　卡勒斯・布洛桑以事實編寫成自傳小說，且最早發起要將菲律賓人早期的經歷列入美國編年史中，後來布洛桑被視為是在美國為菲律賓人發聲的代言人。布洛桑在 1913 年出生於菲律賓呂宋島 (Pangasinan) 的濱拉諾娜鎮 (Binalonan)，在美國的殖民主義下成長。「美國企業家致力追求經濟上的利益，在該地區的周圍購置大房子。而美國觀光客渴望拍攝菲律賓人的照片，那些他們認為未開化的原始人。」❻這就是白人眼中的濱拉諾娜鎮和菲律賓人。1930 年代布洛桑帶著期望到西雅圖，但那時正逢大蕭條時期，他的希望很快就破滅，隨之而來的是經濟拮据，於是他到阿拉斯加的魚罐頭工廠作雇約勞工。作了一季罐頭工人後，他得到低額工資，成了從華盛頓到南加州農場的移民工人，採收水果與蔬菜。此時期，布洛桑經歷第一波白人對菲律賓人的種族偏見與族群暴力。有些事是他完全無法預料的，而他的美國夢很快成了惡夢。如前所述，在《心中的美國》一書寫道❼：

　　　　我後來瞭解到，加州的菲律賓人在許多方面等同是罪犯一樣。我瞭解到公共街道對我的族人並非自由的：巡警開著車警告地盯著我們，準備隨時阻攔我們，當我們看著白人女性，我們總是被懷疑，或許這種偏狹是因為我們生於菲律賓群島，加入美國後，成為社會骯髒的一部

---

❻　Melendy, *Asians in America: Filipinos, Koreans, and East Indians*, 81; Pilipino Oral History Project, *Voices: A Filipino American Oral History* (Stockton, Calif., Filipino Oral History Project, Inc., 1984), 61, 66.

❼　Bulosan, *America Is in the Heart*, 101–102.

分，致使菲律賓人被每個美國人怨恨且鄙視。

布洛桑的作品反映出他想要從真實殘酷的美國生活中逃避。雖然他僅受三年的正式教育，且他初到美國時幾乎不會說英文，布洛桑仍是第一位用英文寫作的菲律賓作家。除了《心中的美國》之外，1942 年布洛桑寫了《對我父親嘲笑的人》(*The Laughter of My Father*) 短篇故事集與《眼淚與奉獻》(*The Cry and the Dedication*, 1995；這本小說於作者過世後才出版)。儘管有剝削、種族偏見與非人道經歷，布洛桑有時仍會回到他那烏托邦式觀點，將美國視為應許之地。比如在《心中的美國》結尾時他寫道：「一些事情在成功與失敗中消失，一些事情也在我與這廣大土地上奮鬥時形成……。」❽

布洛桑致力於改善菲裔在美國無法享有公民權利的困境，但他從未獲得美國公民權。布洛桑於 1956 年過世於西雅圖，1984 年西雅圖的亞裔社群募捐了一筆經費，將布洛桑原本的中等基碑替換成黑色花崗岩的基碑，以茲紀念。

第四節　二戰前菲裔美國人的處境

自美西戰爭後，菲律賓成為美國屬地，菲律賓人遂開始在家鄉進行宣傳西方文化與教授英語，使菲律賓人在踏入「新世界」之前就對美國的文化及語言有了一些瞭解。理論上，菲律賓人是美國公民而非外國人，不用受到種族歧視的法律限制。然而，實際並不然，他們只有部分人擁有合法的公民身分，其他多數人無法享有公民的權利，例如無法享有投票權或土地所有權。更者，菲律賓人的美國公民身分，並未讓他們免於制度下的種族迫害。19 世紀末至 20 世紀中葉，當在美國的亞洲人遭受白種人排斥的時候，菲律賓人也在受排斥的行列中。美國白人對菲律賓人有著一種憎惡感，認定菲律賓人野蠻、暴力、不講道德且愚昧無知，是所有亞裔中最低等的族群，因此他們常遭到特別殘忍的對待。直到 1946 年，餐廳、理髮店、商店與電影院仍用「狗

---

❽　Bulosan, *America Is in the Heart*, 122–125.

或菲律賓人不准進入」(No Dogs or Filipinos Allowed) 的標語拒絕提供服務。

在美國經濟恐慌的 1929～1939 年間，加州的菲律賓勞工必須忍受一連串暴力攻擊。1930 年 1 月，加州發生了一個持續四天的暴力事件，白人民眾毆打四十六名菲律賓人，並在沃森維爾市 (Watsonville) 殺死一個名叫佛米・泰伯拉 (Fermin Tobera) 的菲律賓人，有六名白人被控告施以暴力攻擊，但最後卻僅被判緩刑或監禁數日了事。隨之而來的亞洲移民對菲律賓人也不友善，其他亞洲人看待菲律賓人亦有偏見，認為他們不文明又污穢，而且習慣怪異，特別是他們吃野菜，愛好抽煙與鬥雞 (sabong) 比賽（在獎金的誘惑下，雞隻被迫打架至死，而旁觀者也不停互毆），讓人無法忍受。因此，美國亞裔相信，所有的菲律賓人與大環境不能相融合，需予以公開排擠。這種刻板印象大大阻礙了菲律賓人在美國的發展。

第一波的菲律賓移民大都是單身男性，在缺乏菲律賓女性的情況下，許多菲律賓人得在美國尋找伴侶。菲律賓男性對白種女性的興趣，讓美國人感到震驚，他們極力抗爭要將菲律賓人趕出美國。任憑美國人嚴厲的譴責，菲律賓男人仍持續爭取與白人女性交往的機會。尤其在 1920～1930 年代，「舞廳」是年輕白人女性與男性跳舞交際的地方，也是菲律賓人最喜歡去尋找愛情的地點。但菲律賓男性在與白人女性交往結婚後，夫妻得忍受社會的鄙視、閒言閒語及殘忍的批評，往往帶給婚姻沉重的負擔。

這種族群間的通婚，也遭受法律的限制。剛開始菲律賓男性可以與白種女性結婚。《反異族通婚法》成立後，禁止了白種女性與非洲人、黑白混血兒或蒙古利亞種血統之間的婚姻。既然菲律賓人擁有馬來人的血統，他們理應不受法規的限制。然而種族主義如日中天，一些州的立法機關很快地修正他們的法令，禁止白種人與馬來種族通婚。1933 年，因加州法院的「羅爾丹訴洛杉磯郡」(Roldan v. Los Angeles County) 控訴案，致使馬來人如同黑人、黑白混血與蒙古利亞人般，被禁止與白人結婚。1936 年內華達州、奧勒岡州與華盛頓州通過禁止白人與菲律賓人通婚的法案，因此這四州的菲律賓人若想與白人女性結婚，必須輾轉到未禁止異族婚姻的州。即使有了結婚證明，這些夫

妻日後也得面對法律上的限制，比如，暫停白人女性的美國公民權，這對她們而言是另一種社會譴責及懲罰的方式。一直到 1948 年當加州最高法院在「培雷斯訴夏普案」(Perez v. Sharp) 中裁定，《反異族通婚法》違反個人的公民權，菲律賓人終於被允許與其所選擇的白人對象結婚，而不用再面對法律的阻擾。由於與白種女人結婚有著許多困難，然法律並沒有禁止菲律賓人與墨西哥人之間通婚，因此菲律賓男性開始與墨西哥女性交往結婚，而這也和菲律賓與墨西哥同為被西班牙殖民，且都使用西班牙語有關，使得兩族交往較為容易❾。

美國針對菲律賓人的排外主義曾進行強烈的排斥行動。從一開始菲律賓移民到美國，如同美國公民般，在法律上享有豁免權，免於像其他族群（如中國、日本與其他蒙古利亞種）的移民受到法律限制。然而，這並未阻止美國人想盡辦法去阻擾菲律賓人移入。其中一個提案是他們建議給予菲律賓獨立，如此一來，他們的公民便處於一個獨立的國家，美國也可以阻擋這個「不受歡迎的移民」移入境內。這個提案稱作《泰邁法案》，是參議員米拉德‧泰丁斯 (Millard Tydings) 藉以極力阻止菲律賓人進入美國，他聲稱「排除日本人與中國人而准許菲律賓人進入美國，是絕對不合邏輯的移民政策。」《泰邁法案》於 1943 年 3 月 24 日立法通過。

排外主義的美國人除了想要排除菲律賓移民外，更意圖驅逐已經在美國的菲律賓人。美國國會為回應這種激烈的要求，提出另一個反菲律賓人的法案，即 1935 年《菲律賓遣返法》(Filipino Repatriation Act)，該法准許給予想回自己家鄉的菲律賓移民相當名額，將其遣返回菲律賓。大多數的菲律賓人拒絕這個建議，因為相較於菲律賓的經濟惡劣狀況，菲律賓人寧可容忍美國的種族排斥。最後，1935 年《菲律賓遣返法》僅使 2,190 名菲律賓人回菲律賓群島。

大蕭條時代是美國人民極其艱困的時代。1930～1933 年美國失業人口由四百萬暴增為一千四百萬，薪資由每小時 0.35 美元快速滑落至每小時 0.15

❾　Buaken, *I Have Lived with the American People*, 147.

美元。美國人對於菲律賓人與其他移民團體想要尋求低階工作的傾向感到害怕，並認為白人自己也受到不公平的工作競爭及威脅。在此時期，美國民眾氣憤地堅持自己的觀點，並將不滿轉向對菲律賓人工作場所的攻擊。事態越演越烈，失業的菲律賓人幾乎沒有辦法受到任何的社會救助。在 1937 年大蕭條中期，美國國會通過《緊急救濟金法》(Emergency Relief Appropriation Act)，優先救濟美國公民，然後才救濟在美國有合法公民權的外國人。菲律賓人在此時已是不合法的外國公民，所以他們的社會救助也被終止。沒有獲得救助又一貧如洗，許多菲律賓人在沒有選擇下只好返回母國菲律賓❿。

雖然菲律賓人最早被美國分類為合法的僑民，但在 1946 年以前，菲律賓人並沒有資格成為美國公民。1925 年美國法律擴張公民權的歸化範圍，包括白人和黑人移民。其中，法律允許菲律賓人若在美軍服役滿三年榮退者（縱使菲律賓人在軍中只能擔任低階的雜工職務），仍可申請歸化為美國公民。這些菲律賓人退伍士兵在申請歸化過程中，只要手上握有歸化申請文件，即可免除被羞辱的對待。然而，事與願違，菲律賓人縱使申請成為美國公民，仍受盡歧視及困擾。

在二次大戰開始時，美國的菲律賓人因 1934 年的《泰邁法案》由美國公民的身分變成法律上的外國人，被禁止參與美國軍隊或是在後勤產業中工作。然而於 1941 年 12 月 8 日，日本入侵菲律賓，國防部長亨利·史汀生 (Henry Stimson) 打開菲律賓人進入美軍服役的大門，大致上如同對日裔美國人一樣，他們組成一個獨立的軍團。1942 年 4 月 1 日，第一個全部由菲律賓人組成的自願役步兵營開始執行任務。同年 7 月，兵營編組成第一個菲律賓人軍團，幾個星期後，富蘭克林·羅斯福總統宣布一個行政命令，讓菲律賓人可以在美國政府機構與後勤產業中工作。此時，夏威夷後勤工業極需勞動力，菲律賓人積極投入農場工作。1943 年 2 月 20 日，第一菲律賓步兵營 (The First Filipino Infantry Battalion) 的一千名菲律賓人，在加州馬利斯威爾 (Marysville) 附近

---

❿ Stuart C. Miller, *Benevolent Assimilation: The American Conquest of the Philippines, 1899–1903* (New Haven and London: Yale University Press, 1982), 24.

Beale 營區的一個典禮儀式上，被批准獲得美國公民權。1942 年 10 月第二菲律賓步兵營 (The Second Filipino Infantry Battalion) 組織完成，加入美國作戰行列。

　　二戰期間，在海軍方面，菲律賓人未能像陸軍般展現他們的勇氣。一戰時，菲律賓人只能擔任雜工；二戰時，海軍禁止菲律賓人執行任何任務，並將他們分派到甲板下的廚房工作。二戰初始，小羅斯福總統發布行政命令，動員菲律賓人加入美軍，以增強軍力，並承諾給予這些菲律賓人退撫津貼。當時大約有十四萬二千名菲律賓人是以美國人身分聽從小羅斯福的徵召，置於麥克阿瑟軍隊的麾下。菲律賓人與美國士兵並肩作戰，在菲律賓的巴丹半島 (Bataan) 與科雷希多島 (Corregidor) 戰役中，以小戰役牽制日本人的武力計畫，抵抗武裝的日本兵。而他們為了保護美國與菲律賓的國旗，千人死傷。1946 年戰爭勝利後，美國國會通過《取消法》(Rescission Act)，戲劇性的縮減菲律賓退伍老兵的津貼，其他美國指揮下的盟國軍隊，則不受此法影響。將近半個世紀過去，菲律賓退伍軍人仍未得到美國政府任何承認，對於他們在二次大戰期間所做的貢獻也未表肯定。1990 年，美國國會准許這些退伍老兵成為美國公民，移民至美國，但約二萬六千名菲律賓退伍軍人是肢體殘疾者，他們沒有受到平等的醫療與退伍津貼的福利。直到 2009 年，國會通過修正案，給予現存菲律賓榮民補助。

　　二戰期間，美國人因菲律賓人在戰爭中有著極珍貴的貢獻，而欲給予菲律賓島人與在美國的菲律賓人社會溫暖。然而卻由於日本的侵略與占領菲律賓群島，一直延遲到 1945 年 9 月 3 日，美國國會才通過《菲律賓移民與公民法》(Filipino Immigration and Naturalization Act)，擴展了在 1943 年之前進入美國的菲律賓移民權利。將近一萬名菲律賓人獲准成為美國公民。

　　二次大戰後，菲律賓移民開始增加，這是因為菲律賓女性與她們的孩子設法迴避 1934 年《泰邁法案》對移民配額限制的強硬規定，並利用 1945 年《戰時新娘法》，准許亞洲女性與美國二戰中的士兵結婚的規定，進入美國。由於大量的菲律賓戰時新娘湧入，使戰後在美國的菲律賓人，男女比例懸殊的現象獲得改善。根據美國人口統計局的資料顯示，1960 年 176,310 名在美

國的菲律賓人中，37.1% 是女性。這些菲律賓女性受雇於白人主流社會，並將她們的風俗習慣帶入美國社會與新組成的家庭中，把知識傳承給在美國的孩子，同時對自己的社群給予支持，為菲律賓移民融入美國社會，做出相當大的貢獻。

第五節　第二波菲律賓移民

　　1965 年美國修改《移民法》，接受專業技術人才的移民及難民的政治庇護，因此打開了第二波菲律賓移民美國的浪潮，並持續至今。一開始大量的菲律賓人為了和家人相聚，並設法逃離馬可仕貪腐騷亂的政體❶而移民。第二波菲律賓移民很快地使菲律賓人成為在美國的最大外國群體之一。根據 1970 年統計，有 343,060 名菲律賓人在美國，約為 1960 年的兩倍。而到 1980 年，計有 774,652 人，是 1970 年的兩倍以上。其後，1980 年代晚期，菲律賓的政權轉移到科拉蓉・艾奎諾的手中。如前所述，她是菲律賓著名的政治家班尼格諾・艾奎諾 (Benigno S. Aquino, Jr.) 的遺孀，在 1986 年 2 月 25 日擔任菲律賓總統。儘管科拉蓉・艾奎諾在家鄉與外界受到歡迎，但在重振國家萎縮的經濟、消除外債並對付共產黨與穆斯林的叛亂上，她卻窮於應付。而這也成為第二波菲律賓人移民到美國的推力。1992 年菲爾德・羅慕斯 (Fidel Ramos) 出任總理，拉莫斯是艾奎諾政權時期的軍事參謀長及國策顧問，在 1992 年的選舉中以 24% 的支持勝出，承接了一個貧困且被壓迫的國家。此時超過一半以上的菲律賓人非常貧困，時局羸弱不彰，基礎腐壞、大量外債加上共產黨與穆斯林暴動等問題，拉莫斯政權成功的在抑止暴動達到些許效果，但卻無法改善國家的貧困。最後，拉莫斯將政權讓給了約瑟夫・埃傑西多・埃斯特拉達 (Joseph Ejercito Estrada)，他承諾要幫助貧困者就業，在 1998 年 5 月的總統大選中得到壓倒性的支持。諷刺的是，在幫助窮人的承諾上，埃斯特拉達自己竟貪污八千萬美元。因身陷貪腐污名，他在 2001 年 2 月的改革中被罷免。副總統葛洛麗雅・馬卡帕加爾・阿羅約 (Gloria Macapagal Arroyo)

❶　馬可仕自 1965 年擔任菲律賓總統，到 1986 年被平民軍隊罷黜。

接任埃斯特拉達的職位。在她任內，改善菲律賓長久以來的貧困問題。

第二波菲律賓移民與第一波移民有顯著的不同。第一波菲律賓移民主要是無技術的工人，他們接受低薪低賤的工作，在美國東岸與夏威夷從事繁重的體力勞動工作。第二波菲律賓移民是「腦流失」（brain drain，亦即人才外流）的一群，他們是技術工人、智慧聰穎且受過高等專業教育，包括醫生、護士、會計師與老師等。他們定居在美國東岸，特別是在紐約與新澤西。如同第一波在西岸的移民般，為了取得更多領域的美國證書，這些專業者會想要接受更先進的職業訓練，然卻被美國主流社會所排斥，因此這些專業者只得尋找比他們能力來得低的工作。第一波菲律賓人大多數是單身，第二波菲律賓人通常帶著他們的配偶與小孩，使得 1980 年女性占菲律賓社群的 51.7%。

今日有四分之三的菲裔美國人是在 1980 年代移入美國的，不像早期的菲裔移民，新一代的菲裔多來自城市，而且一開始就打定主意要在美國定居。在 1969～1978 年間，60% 的菲裔在來美十五～十八年後才取得這個國家的居留權。相較於早期清一色的男性移民，第二代菲裔移民多是女性，在 1966～1971 年間，女性數目（66,517 人）遠超過男性（47,599 人）。在 1966～1970 年間，只有 10% 的移入人口是勞工，有高達 65% 以上是高知識分子。

促使這些中產階級想離開自己國家的主因，是馬可仕在菲律賓的獨裁政權，對人權的壓迫和暴行，使得多數高知識分子終日生活在恐懼之中，許多知識分子在 1970 年代被逮捕下獄。例如，一位在美國的菲律賓證券經紀商說，政治因素是他決定帶全家人來美國的最重要原因。除此之外，另外一個原因就是經濟，1972 年 Jack Foisie 在《洛杉磯時報》(*Los Angeles Times*) 上發表文章：「菲律賓有為數不少的高知識分子，但令人訝異的是，他們大部分在畢業後都找不到工作。據菲律賓政府的估計，每年只有 60% 的大學畢業生可以找到工作。」菲律賓每年畢業的大學生人數在世界各地僅次於美國，但是根據菲律賓的盧塞納城 (Lucena City) 的市長所言：「這個城市每年會畢業至少二百個電機學士，但是我要去哪裡找那麼多工作給他們做，所以最基本的問題就是，我們有太多大學生了。」❷菲律賓的大學生不僅要面對高失業率，同時也

要面對低工資問題，其中一個移民說：「我在馬尼拉賺的錢只夠負擔我們全家的基本生計，所以我一定要到外面看看有沒有更好的機會。」另一個護士說：「我在美國一天賺的錢，比我在馬尼拉工作一個月還要多，更別說如果我加班工作了。」另一個菲裔則說：「在菲律賓，高知識分子有兩到三個工作是很正常的事，因為工作收入少，必須身兼數職。在美國，辛苦工作一定會有獎賞；但在菲律賓，辛苦工作只是一種生存的手段。」大部分的移民都認為，在美國，只要肯努力工作，就一定會有飯吃，美國對他們來說，就是「天堂」，來到美國，除了有較好的生活水平及工作機會外，更重要的是，會有較好的社福制度和教育制度❸。

事實上，許多菲裔移民都是醫護人員，他們大多服務於美國的醫療機構。1974 年，美國有超過一萬名菲裔護士，1970 年代，每年在菲律賓畢業的護士有二千名，20% 來到美國，並有 40% 的菲律賓執業醫生選擇在美國開業。1974 年的紐約地區，總計菲裔人口是四萬五千名，其中醫生就有七千名，紐約和新澤西任何一家醫院，都可看到菲裔醫生。

1970 年，移入美國的外來人口中，菲裔占 24%，遠多於加拿大的 8% 和英國的 6%，其他亞裔人數也遠低於此，印度有 8%，韓國有 7%。據估計，1972 年移入美國的菲律賓人中，75% 是赤貧的，23% 是中產階級，另外還有 1.5% 的鉅富。1968 年，菲裔平均收入是 180 美元，全美則是 3,980 美元❹。

對菲裔醫護人員來說，來到美國未必能找到工作，他們必須先通過測驗再授予文憑，才有機會在醫院實習。為求通過測驗，醫生們得先找到一份兼差工作，比如去餐館打工、洗盤子，他們甚至不敢告訴同事，他們是醫生❺。

非美國訓練出來的藥劑師，比醫生更難在這個國家發揮所長。美國很多州甚至不讓他們有測驗的機會，例如加州，排斥非加州學院體制訓練出來的

❷　《洛杉磯時報》，1972 年 6 月 22 日。

❸　Buaken, *I Have Lived with the American People*, 68–69.

❹　根據 The Immigration and Naturalization Service，1980 年提供的數據。

❺　Filipino Oral History Project, *Voices: A Filipino American Oral History*, 38, 40.

外國藥劑師。加州藥劑師協會成員認為,已經有太多菲裔的藥劑師了,因此需求量小。據統計,於 1973 年,僅僅在洛杉磯和聖地牙哥二地,就有三百五十～四百名藥劑師。菲籍的獸醫師,在美國也遭到不少阻礙。一名在 1973 年來到美國的女獸醫說,當她抵達時,希望能在一個農場實習,但她馬上就明白自己得先通過英文程度測驗,然後才有機會進行為期一年無薪的實習課程,最後才能取得加州發給她的獸醫執照。為了養家,也為了負擔自己的學費,她白天必須在其他地方工作。七年後,她終於取得獸醫執照,她說:「我在母國受的訓練不會比這裡差,不過他們一開始就對我們產生偏見,這麼多的刁難只為了不讓我們妨礙到美國境內的獸醫業。」⑯因為這些限制,許多菲裔來到美國後還是失業。1970 年代,超過半數以上的菲裔高知識分子,最終只能從事售貨員等工作。人類學家 Edwin Almirol 說:「當這些『前』高知識分子聚在一起時,他們還是會叫彼此從前的稱呼,如醫生、律師等」,《紐約時報》也注意到這個現象:「菲裔律師在這裡是檔案員;工程師則只能當黑手。」⑰有的時候,受過高等教育的菲律賓人會發現,他們在美國只能從事手工業,只因他們是菲律賓人,一個菲裔的大學畢業生去面試時,老闆只會問他是不是菲裔,有些甚至還沒看他的檔案就拒絕他了。

事實上,不論是新一代還是舊一代的菲律賓移民,他們都發現自己在這個國家的就業市場處於弱勢,在全美平均的收入是白人平均收入的一半,基本工資也只有白人的三分之二;而對第二代菲裔移民來說,失業和歧視問題毫無改善。根據 1980 年的統計,15～17% 的菲裔從事自營業,比率僅次於韓裔⑱。

根據 2000 年美國人口調查局統計,2,364,815 人具有菲律賓血緣,較 1990 年代的 1,406,770 人成長許多。此數據中有高達 1,850,314 人自稱自己是

---

⑯　Buaken, *I Have Lived with the American People*, 75–77.

⑰　*New York Times*, April 2, 1975.

⑱　U.S. Census Bureau, *U.S. Census of 1980* (Washington, D.C.: U.S. Dept. of Commerce, 1982).

單純的血統，有 456,690 人將自己歸類在菲律賓與至少一個族裔的混血，而有 57,811 人則將自己歸類是菲律賓與至少一種亞裔的混血⓳。菲裔美國人社群領袖表示，若是將非法進入美國的菲律賓人一併算入，那 2000 年時菲律賓人在美國確切的數字大約在三百萬人。

今日，菲裔美國人與菲律賓民族在美國成了第二大的亞美團體，占亞裔美國人的 18.1%。菲律賓移民大多居住在東西兩岸及夏威夷地區。根據 2000 年的官方資料，加州（981,678 人）、紐約州（816,618 人）、伊利諾州（86,298 人）、新澤西州（85,245 人）與夏威夷（70,635 人）是五個最多菲律賓人選擇居住的州，這些資料僅計算那些自稱為菲律賓人的移民。據實際統計，有 918,678 人以加州、洛杉磯與舊金山為家，並在那裡定居⓴。此外，2000 年統計的菲律賓人，大多數是從 1980 年開始移民進入美國，這些移民陸續成為美國公民。根據美國移民與歸化局顯示，這批菲律賓人中，65.4% 在 1982 年進入美國，並在 1997 年成為美國公民，讓菲律賓人成為擁有公民權比例第二高的移民團體。1990 年以後移入美國的菲律賓人，大多受過專業教育訓練，其中有些人精通英語。當在美國遇到核發執照的相關難題時，他們大多持堅定立場，並在專業技術上發揮專長，積極融入美國社會。不過，在美國出生的菲裔美國人，被稱為 "Fil-Ams"，他們不像在國外出生的菲律賓人般受過良好的教育，也無法在勞動市場中享有相同的工作機會。

自從美國小布希政府認為菲律賓的伊斯蘭分離組織阿布・賽亞福 (Abu Sayyaf) 與蓋達組織 (Al Qaeda) 有所關聯後，在菲律賓發起了反恐戰爭的第二線⓫。自此菲裔民族必須澄清在族裔中藏有恐怖分子的錯誤印象，因為他們有時會無理由的受到暴力壓迫與種族偏見，甚至被拘捕。事實上，菲裔大體

⓳　U.S. Census Bureau, *U.S. Census of 2000* (Washington, D.C.: U.S. Dept. of Commerce, 2002).

⓴　U.S. Census Bureau, *U.S. Census of 2000*.

⓫　蓋達組織於 2001 年 9 月 11 日攻擊美國世貿中心 (World Trade Center) 與五角大廈 (Pentagon)。

上是愛國、工作勤奮的美國人，他們為美國做出了相當的貢獻。

　　在美國，華人的聚集地有「華埠」、日本人有「日本埠」，但是菲律賓人卻沒有「小馬尼拉」，這對菲律賓社群有些許影響。菲律賓受西班牙殖民統治將近一個世紀，接著受美國殖民控制將近半個世紀，造成菲律賓文化整合降低。自二戰結束後，在美國的第二代菲律賓移民社群展現出對美國文化較強烈的認同，相對的，對於移民社群接觸的概念，則較其他亞洲新移民為弱。當華人、日本人、韓國人、越南人與其他亞洲團體，在美國尋求保護與緊密結合同族社群的同時，唐人街、小東京、韓國街、小西貢紛紛被建立起來。而儘管菲律賓人與其他亞裔次團體一樣曾建立社群關係，形成短暫的「小馬尼拉」，這並非意味著菲裔美國人從未穩固的結合在一起，他們只是沒有像其他的亞洲團體一樣長時期的緊密結合罷了！

　　和第二代華人移民相比，菲裔顯得更加勢單力薄，他們沒有自己的社群組織，就連在大城市裡也看不到「馬尼拉城」。但新一代菲裔移民的人數卻比華裔還多，1965～1984 年間，共有 664,938 名菲裔進入美國，比華裔多出二十萬名；1990 年時，菲裔是美國移民人數最多的亞裔族群。菲裔也因為缺乏文化的結合，導致在美國出生的菲裔美國人大多只會說一些菲律賓話或方言。在美國社會中看不到菲裔美國人培養學習有關菲律賓母國的文化遺產。例如，在美國公民教育、影片與出版品中，比較了菲裔美國人與中國、日本、韓國、越南移民，無形中使菲律賓族群產生共同危機意識，造成大部分的菲裔美國人傾向自我貶低❷。

　　自 1990 年代以來，菲裔美國人陸續建立許多組織，為菲裔社群發聲，並爭取福利。其中一個是「菲裔美國人國家歷史協會」(Filipino American National Historical Society)，其設立於 1982 年，透過鑑定、收集、維護並傳播菲裔美國人的歷史與文化，以期瞭解、教育、欣賞並使菲律賓族群文化更豐富。另一個是在 1997 年成立於華府的「菲裔美國人全國聯合組織」(National Federation

---

❷　由於菲裔美國人傾向自我貶低，以至於年輕的菲裔美國人在 1980 年代以 "FLIP" 自稱，意為「可笑的小島人」(fillpin little island people)。

of Filipino American Associations)，積極推動菲裔美國人參與公共事務，藉由對政府各層級鼓吹立法及政治上的主動參與，讓菲裔美國人取得社會正義、公平機會與平等對待，為菲律賓文化遺產建立基金會募款，並根除一般對菲裔美國人無知的偏見與刻板印象。

第六節　菲裔美國人社會

　　菲律賓人將母國的慶祝節日帶到美國，尤其是復活節前一週、復活節與聖誕節這三個節日，為菲裔美國人最重要的慶典，因為他們大多是天主教徒，這些宗教性節日顯得格外具有意義。每年 12 月中開始聖誕慶典，菲裔美國人形式上從 12 月 16 日到 24 日每日早晨會望彌撒，而整個禮拜的高潮是平安夜的彌撒與聖誕大餐。在彌撒之前有一個傳統的遊行隊伍，演出耶穌降生的故事；遊行穿過大街，直達教會前結束。耶穌同時也是該月宗教節慶的重點，彌撒持續十天，頌讚並榮耀上帝，象徵最寶貴的慈愛與體諒。這個節日在聖嬰宴中結束，以紀念耶穌來到教會。

　　為了保留傳統文化，許多在美國的菲律賓社群，也慶祝菲律賓的國家傳統節慶。6 月 12 日是菲律賓獨立紀念日，菲裔美國人盛大慶祝。12 月 30 日為「黎剎日」，是為了紀念菲律賓的英雄黎剎 (José Rizal)。黎剎為菲律賓脫離西班牙統治，爭取和平獨立而努力，以致讓他在 1896 年 12 月 30 日被判定謀反罪而處以槍決。在重要的節日裡，樂隊演奏傳統音樂，並以傳統舞蹈慶祝，例如 fandango saw ila 是菲律賓的傳統舞蹈，需要相當的技巧，舞者平衡感要很好，並在他們的頭與手上擺上油燈。另外，代表菲律賓國家的舞蹈——竹竿舞 (Tinikling)，舞者要在二支竹竿之間，跳著複雜的舞步。穿著華麗盛裝遊行，也是菲裔

圖 23：竹竿舞（出處：Shutterstock）

美國人宗教節日的特色。

此外，菲裔美國人有其特殊的食物。菲裔美國人為「美式」與「菲式」混式烹飪而著迷。在菲律賓人的廚房中，可見東西食材文化相遇，如馬來西亞、中國、日本、西班牙的烹飪用具，備置齊全。一般的煮食方式以醃漬與煎炒為主，菜色如雞肉燉飯、燉豬肉、牛肉或雞肉的油酥餃與蛋塔，皆是受到西班牙統治的影響。亞洲的影響則表現在一些菜餚上，如中式炒麵、包了許多豬肉與蔬菜在內的蛋捲、或由許多食材蒸煮出的米飯，以上這些美食都出現在菲律賓人的餐桌上。至於烹調特色上，在歐美食材的影響下，菲人多使用溫和的調味料，如以大蒜、棕櫚醋、酸豆、椰奶與微量的酸橙汁作調味。菲律賓人也用原居地的調味汁，像是用魚與鹽醃漬、發酵過後的魚醬❷等；此外，他們也特別喜歡烤肉或烤魚。通常煎醃漬豬肉餡餅、煎滷牛肉薄片或煎滷豬肉薄片搭配烤飯，是菲律賓特色的美味早餐。熱薑茶 (Salabat) 是受大多數菲裔美國人歡迎的飲料，用新鮮的薑與紅糖調製的熱茶，為補充精力時的首選熱飲。而其他受歡迎的飲料有菲律賓冰甜點 (halo-halo)❷，用約十種配方調製的奶昔，有波蘿蜜、紅豆、椰子汁、卡士達醬、紅色吉利丁與牛奶，有時還會加一匙冰淇淋。這些傳統的飲食及料理，在菲裔美國人社群中常可見到，為美國多元文化增色不少。

第七節　今日的菲裔美國人

菲裔美國人雖然長期受到美國社會的排擠，但隨著移民後代教育程度的提升，菲裔開始爭取公民權，O. J. Santa Maria 即是其中一名。在 2003 年美伊戰爭中，Maria 冒著生命危險出生入死，因傷送醫後，在小布希總統面前

---

❷ 又稱 patis 及 bagoong。patis 即「魚露」，在菲律賓食品上是作為烹飪原料或調味品之用。bagoong 即「蝦醬」或「鯷魚醬」，是菲律賓的一種調味品，製成的過程是使用發酵的魚或蝦和著鹽，發酵後的蝦醬或鯷魚醬是菲律賓人的特殊食物。

❷ 菲律賓甜點，是一種將混合的刨冰、淡奶、各種豆子和蜜水果等盛入一個高大的玻璃或碗內的冰品。

宣誓成為美國公民。

政壇方面——夏威夷

　　早期菲律賓移民對政治的參與和擔任政治要職並不熱衷。夏威夷是菲律賓人最早投入美國政治舞臺之地，他們在夏威夷參與公職的競選，第一位候選人是彼得·阿杜亞 (Peter Aduja)，出生於菲律賓的南伊羅戈 (Ilocos Sur)，八歲移民夏威夷。1955 年阿杜亞參與夏威夷議會的選舉，但連續二次參選失敗後，他被夏威夷州長撒母爾·金恩 (Samuel B. King) 任命為副首席檢察官。1966 年阿杜亞再次競選，並連任二屆。另一位菲裔美國人伯納爾多·拜柯易 (Bernaldo D. Bicoy) 在 1958 年角逐夏威夷眾議院議員選舉失敗；1968 年選民推舉他繼續參選，終於如願當選。佩德羅·克魯斯 (Pedro de la Cruz) 於 1958 年移民夏威夷，加入拜柯易參選夏威夷眾議員的工作。他一直輔助拜柯易，直到 1974 年拜柯易落選為止。

　　其他重要的菲律賓人參與夏威夷公職競選的，包括阿爾佛雷·拉瑞塔 (Alfred Lareta)，1962 年他成為美國第一位菲裔內閣官員。夏威夷州長約翰·柏恩斯 (John A. Burns) 任命他為該州的勞資關係部長。艾德華·馬拉彼 (Eduardo E. Malapit) 於 1975 年參與考艾島 (Kauai) 的選舉，成為第一位菲裔市長。1994 年班傑明·卡異塔諾 (Benjamin Cayetano) 由於之前在夏威夷州立法機關與副州長的經歷，參與夏威夷州州長選舉，讓他成為至今美國歷史上唯一的菲裔州長。

政壇方面——美國本土

　　在美國本土，菲裔美國人希爾瑪 (Thelma Garcia Buchholdt) 於 1974～1983 年間從政，她參加以白人勢力為主的阿拉斯加州眾議院選舉，取得重要的職位。1991 年珍納 (Gene Canque Liddell) 成為華盛頓州拉西市 (Lacey City) 的市長，是第一位都會區的菲裔首長。眾議員羅伯特·柯爾提斯·史考特 (Robert Cortez Scott) 是唯一參與美國國會選舉的菲裔。他代表維吉尼亞州 (Virginia) 第三國會選區，菲裔美國人在該處有其重要的歷史淵源。史考特的外曾祖父有菲律賓血統，而他本身也有非洲血緣。史考特在 1978～1983 年任職於維吉尼亞州的議會，於 1983～1993 年擔任維吉尼亞州眾議員，並於 1993 年進入國

會。史考特議員持續在立法機關支持國家健康醫療、教育、就業、經濟發展與社會救濟。

小說、新聞界方面

菲裔美國人作家賽西・伯萊那德 (Cecilia Manguerra Brainard)，出生於菲律賓宿霧島的宿霧市 (Cebu City)，1969 年於洛杉磯的加州大學就讀電影製作，之後移民美國，以逃避馬可仕的獨裁政治。伯萊那德是小說《彩虹女神的哭泣》(*When the Rainbow Goddess Wept*, 1994) 的作者，描述日本人占領時期，菲律賓人逃亡的故事。其中彙集了幾個小故事，包括〈女人和號角與其他的故事〉("Woman with Horns and Other Stories", 1988)，〈日落時分的阿卡波可和其他的小故事〉("Acapulco at Sunset and Other Stories", 1995)。此外，伯萊那德還著有一些小文集，其中與 Edmundo F. Litton 合編的《百年之旅：菲律賓獨立 100 週年紀念回顧》(*Journey of 100 Years: Reflections on the Centennial of Philippine Independence*, 1999) 最為有名。

著名的作家潔西卡 (Jessica Tarahata Hagedorn) 1949 年出生於菲律賓，並在十四歲時全家移民到美國。她於 1990 年出版首本小說《食狗者》(*Dogeaters*, 1990) 引起讀者與評論家的注意。書中她描寫到「給我母國的一封情書：現實虛幻承受著狂怒、羞恥與驕傲⋯⋯」**㉕**。1990 年《食狗者》這本書被提名國家書卷獎，贏得哥倫布基金會的美國書本獎。1993 年她出版《危險與美麗》(*Danger and Beauty*)，是詩、散文、文化評論與劇本的文集。另一本由她所編，同樣知名的文集是《陳查理之死：當代亞洲美國人小說選集》(*Charlie Chan Is Dead: An Anthology of Contemporary Asian American Fiction*)。1996 年潔西卡發表她第二部小說《愛的匪徒》(*The Gangster of Love*)，講述 1965 年後期一個新保守主義菲裔美國女性在菲律賓成長的小說，深受讀者歡迎。

1970 年代，身兼新聞記者、小說家與政治積極分子的蘿斯卡 (Ninotchka Rosca)，因反對馬可仕總統宣布《戰爭法》而遭監禁，經釋放後離開菲律賓。來到美國後，蘿斯卡出版五本著作，包括受到書評稱讚的小說《戰爭之國》

㉕ Filipino Oral History Project, *Voices: A Filipino American Oral History*, 56–59.

(*State of War*, 1988)。1993 年出版《兩次的祝福》(*Twice Blessed: A Novel*)，讓她獲得美國優秀文學獎。1989 年蘿斯卡與人共同創立嘉比里拉網絡 (GABRIELA Network)，這是專為菲裔美國女性設立的組織，針對菲律賓女性與兒童的困境提出呼求，特別關注於菲律賓的郵購新娘業 (mail-order bride industry)、強迫勞動移民與娼妓等議題。

菲裔美國人拜倫‧阿可奇多 (Byron Acohido) 同時具有韓國人血統，與艾利克斯‧迪森 (Alex Tizon) 是《西雅圖日報》的記者。1997 年因他們的優秀報導，獲得新聞業界最高榮譽的「普立茲新聞獎」殊榮。

藝術方面

畫家優拉里歐 (Eulalio Bueno Silva) 於 1941 年出生在菲律賓的碧瑤市 (Baguio City)。1980 年代，優拉里歐以其畫像、風景畫、靜物畫與抽象畫等創作，獲得國際的肯定與讚賞。他的作品被世界各公私立美術館收藏展示，最著名的作品是教宗保祿六世 (Pope Paul VI) 與若望保祿二世 (Pope John Paul II) 的肖像畫，這些畫像被收藏在梵諦岡博物館 (Vatican Museums)。其他尚有羅納德‧雷根總統與加州州長狄尼‧費斯汀 (Dianne Feinstein) 的畫像，令人印象深刻。

插畫家喬斯‧艾斯皮瑞塔‧奧勒岡 (José Espiritu Aruego) 於 1932 年出生在馬尼拉，1950 年代到美國，就讀於紐約市的帕森設計學校 (Parsons School of Design)。奧勒岡的插畫作品曾被刊登在 *Saturday Evening Post*、*Look* 與《紐約客》等雜誌上。1969 年他轉而創作兒童書的插畫，該年《國王與他的朋友》 (*The King and His Friends*) 是他首先發表的作品。《你是誰家的老鼠?》(*Whose Mouse Are You?*, 1970) 這本書被美國圖書協會所收藏，而他的《喬安與奧蘇安斯》(*Juan and the Asuangs*, 1970) 獲得《紐約時報》年度最佳繪本獎。

在芭蕾舞界則以瑪妮雅‧芭瑞多 (Maniya Barredo) 的優異表現尤其受到世人注目。芭瑞多生長於菲律賓，十八歲時到紐約市，進入傑佛瑞芭蕾舞學校 (Joffrey Ballet School) 夏季研習班就讀，並在美國定居，但她仍保留菲律賓公民身分。之後被芭蕾舞女演員兼舞步設計者艾利西雅‧阿蘿頌 (Alicia Alonso) 看

中，並加以訓練，於 1976 年代表加拿大在國際芭蕾舞蹈節上演出。接下來一年，芭瑞多開始大展異彩❷❻。在她環球巡迴公演《天鵝湖》(Swan Lake) 與《吉賽兒》(Giselle) 時，瑪歌‧芳婷爵士 (Dame Margot Fonteyn) 贈與她「菲律賓第一女舞蹈家」(Prima Ballerina of the Philippines) 之美譽。1977～1997 年間，她與美國的亞特蘭大芭蕾舞公司 (Atlanta Ballet) 合作，受到極大的肯定。在她退休之後，芭瑞多成為芭蕾舞蹈團亞特蘭大首席，以及菲律賓人文化專員與亞特蘭大芭蕾舞蹈表演團學院的院長。如今，她是大都會芭蕾劇院的院長兼總裁❷❼。

在流行界方面，喬西‧克魯斯‧娜多麗 (Josie Cruz Natori) 於 1947 年出生在馬尼拉，1964 年到紐約念書，1977 年創立納托里時裝公司 (Natori Company) 這個奢華女性品牌。她的產品以樣式大膽、色調鮮麗、刺繡、小裝飾來表現其特色，以亞洲與美國藝術美學聞名，並在高級百貨店內販售。

演藝事業方面

夏威夷出生的女演員兼模特兒蒂雅‧卡瑞拉 (Tia Carrere)，1967 年出生於檀香山，有著菲律賓、西班牙與中國血統。她的第一個角色是在 ABC 日間劇「中央醫院」(General Hospital) 中扮演嘉蒂‧頌 (Jade Soong)。1988 年開始演電影，包括 1992 年的喜劇片《反斗智多星》(Wayne's World)，讓她很快在好萊塢竄起。其他演出包括《反斗智多星 2》(Wayne's World 2, 1993)，動作片《真實謊言》(True Lies, 2002) 與迪士尼公司的歡樂片《星際寶貝》(Lilo & Stitch, 2002) 等片。

被譽為「自由派皇后」(Queen of Freestyle) 的歌

圖 24: 蒂雅‧卡瑞拉 (出處: © Glenn Francis, www. PacificPro Digital.com)

---

❷❻　芭瑞多曾與米凱爾‧巴瑞什尼可夫 (Mikhail Baryshnikov)、馬雅‧普利什提卡雅 (Maya Plisetskaya) 及波頓‧泰洛 (Burton Taylor) 一起合作過，表現突出。

❷❼　「大都會芭蕾劇院」於 1998 年成立於喬治亞拉茲威市 (Roswell, Georgia)，是一所著名的舞蹈學校。

手喬瑟琳‧恩瑞克茲 (Jocelyn Enriquez)，1974 年出生於舊金山的菲律賓移民家庭，並接受舊金山女子合唱團與舊金山劇團的正規訓練，是第一位在美國主流音樂界受到重視的菲裔美國人。1997 年發表第二張專輯《喬瑟琳》(*Jocelyn*)，其中的熱門單曲「你想念我嗎?」(Do You Miss me?) 與「一點銷魂」(A Little Bit of Ecstasy)，讓她聲名大噪。她也與 Amber、Ultra Nate 為動作片《54 激情夜》(*Studio 54*, 1998) 製作一首歌曲「如果你能讀我的心」(If You Could Read My Mind)，並替迪士尼電影《102 真狗》(*102 Dalmatians*, 2000) 作片頭曲。

　　螢光幕前表現亮眼的演員有盧迪阿莫德‧菲利浦 (Lou Diamond Phillips)。1962 年出生於菲律賓的 Upchurch，後來在德州的佛洛爾布拉弗鎮 (Flour Bluff) 長大，他曾自述自己有部分菲律賓、夏威夷、切羅基人與蘇愛人 (Scots-Irish) 血緣。1996 年在舞臺劇《國王與我》(*The King and I*) 中飾演「國王」的角色，該劇獲得九項東尼獎 (Tony Award) 的提名，包括最佳演員提名。菲利浦在 1996 年《火線勇氣》(*Courage Under Fire*) 一片中回到螢光幕前，並在十五部影片中演出❷⑧。

　　演員兼劇作家勞勃‧許奈德 (Rob Schneider) 1963 年出生於舊金山，母親是菲律賓人，父親是猶太人。他擔任了 1990 到 1994 年《週六夜生活》(*Saturday Night Live*) 的編劇兼演員。離開劇場投向大銀幕的工作後，得到電視影集與電影的角色，主要是以喜劇片為主❷⑨。

圖 25: 勞勃‧許奈德（出處: s_bukley/ Shutterstock）

---

❷⑧　著名的影片包括在嘲諷劇《新聞整理》(*Picking Up the Pieces*, 2000) 裡扮演伍迪艾倫 (Woody Allen) 與在《好萊塢殺人》(*Hollywood Homicide*, 2003) 中飾演哈里遜‧福特 (Harrison Ford) 的角色。

❷⑨　曾演出受歡迎的喜劇片《呆呆向前衝》(*The Waterboy*, 1998)、《哈拉猛男秀》(*Deuce Bigalow: Male Gigolo*, 1999)。

體壇方面

在體壇上,菲裔美國人有傑出的世界級運動員,包括拳擊手潘丘‧維拉 (Pancho Villa),被公認是最偉大的亞裔拳擊手。維拉十八歲出道,大膽不留情的拳擊作風令人注目。由於受到經紀人法蘭克‧邱吉爾 (Frank Churchill) 的注意,邀請維拉於 1922 年時赴美國打拳。1922 年 9 月 14 日,維拉到美國後的三個月,擊敗前輕量級冠軍約翰‧李斯基 (John Lesky),在十一個回合後奪取美國蠅量級冠軍。他在一○五場比賽與二十二場職業晉級賽中取得七十三場的勝利。潘丘‧維拉在 1961 年被《擂臺》(Ring) 雜誌列入拳擊名人堂,且在 1994 年列入世界拳擊名人堂。另一個在拳擊場上表現優異者是薩爾法多「牆裙」馬利諾 (Salvador "Dado" Marino)。他出生於毛伊島的歐洛瓦魯 (Olowalu, Maui),於 1941 年成為職業運動員。1950 年 8 月 1 日,馬利諾在檀香山體育場打敗英國的蠅量級冠軍,贏得蠅量級世界冠軍。然而在 1952 年的東京賽中,他輸給日本的白井義男 (Yoshio Shirai),馬利諾退休前的戰績是五十七勝、十四敗、三和局。之後他搬到加州,1989 年於加拿大過世。2003 年 si.com 〔由 CNN 與《運動評論》(Sports Illustrated) 合作的網頁〕將馬利諾列入前五十名最偉大的運動員。

全國橄欖球聯盟選手羅曼‧加比爾 (Roman Gabriel) 是少數踢職業足球的菲裔美國人,他在北卡羅萊納大學足球校隊 (NC State Wolfpack football) 以一個十足美式的四分之一回傳,大放異彩。他在 1962 年美國職業橄欖球聯盟的選拔中,被洛杉磯公羊隊 (Los Angeles Rams) 選中。他在公羊隊打了十年的球,其中最精采的部分是他二十四次達陣得分與僅七次被攔截,被提名為 NFL 的 MVP 與 1969 年的 NFL 球員。1973 年他與費城老鷹隊 (Philadelphia Eagles) 簽約,在長期的舊傷煎熬下,他於 1977 年退出球壇。在他十六個職業球季中共累積了二○一次達陣與 29,444 碼的成績。

維多利亞‧瑪娜諾‧達維斯 (Victoria Manalo Draves) 是第一位菲裔美國田徑選手,她在 1948 年第十四屆倫敦奧林匹克中創下第一位女子跳板跳水雙項金牌的歷史紀錄。由於有著菲律賓與英國的血統,她曾經為避免因菲律賓

人的身分無法進入加州的游泳隊受訓，一度使用她母親婚前的姓氏 Draves。在 1948 年獲得奧運金牌後，她自游泳界退休，1969 年列入全國游泳名人堂中。

在棒球場上，1925 年出生於加州山皮多市 (San Pedro) 的鮑比·巴爾西納 (Bobby Balcena)，是第一位登上大聯盟的菲裔美國外野手。他在小聯盟中與太平洋海岸聯盟的西雅圖水手隊 (Seattle Mariners) 進行了幾季精采的比賽後，於 1956 年的賽季中，被辛辛納提紅人 (Cincinnati Reds) 網羅，進行了三十七場比賽，主打二場，受到重視。另一位是外野手班尼·阿格巴亞尼 (Benny Agbayani)，1998 年在紐約大都會 (New York Mets) 中的二百七十六次打擊中擊出十四支全壘打。2000 年阿格巴亞尼在國家聯盟分區賽 (Natinal League Division Series) 對舊金山巨人隊 (Los Angeles Giants) 的比賽中，擊出戲劇性的全壘打，為他的隊伍取得勝利。這名強打者在 2002 年前半季，成為科羅拉多巨石隊 (Colorado Rockies) 交換選手。他在 2003 年成為波士頓紅襪隊 (Boston Red Sox) 的儲備外野手。

在溜冰比賽上，菲裔美國人泰·芭比隆妮雅 (Tai Babylonia) 與她的搭檔藍迪·嘉德尼爾 (Randy Gardner) 在 1976～1980 年間連續五次贏得全國溜冰競賽。芭比隆妮雅與藍迪同時也參加世界錦標賽，想要贏取 1980 年普萊西德湖 (Lake Placid) 的冬季奧運雙人溜冰的競賽，但因藍迪受傷而無法獲勝。1992 年他們的佳績被列入科羅拉多科泉市 (Springs) 的美國花式溜冰名人紀念館，直到 1996 年結束溜冰生涯。

菲律賓，一個由七千多個小島組成的國家，自古擁有多元的族群和文化。菲律賓自 16 世紀受西班牙統治，在高壓的殖民政策下，反抗西班牙的勢力始終不絕；19 世紀末的美西戰爭，西班牙將菲律賓割讓給美國；二戰期間又被日本占領，最終在日本投降後，於 1946 年獨立。這段堪稱菲律賓的殖民史，彷彿在菲律賓人身上披著一層紗；對於在美國的菲律賓人而言，更是亟欲尋找族群認同的原因。菲裔美國人從早期的沉默、順從，逐漸轉成挺起胸膛為自己和後代爭取權利，這段奮鬥史不應被埋沒。身為今日第三大的美國亞裔族群，菲裔美國人已然找到屬於自己的一片天空。

第七章

越南族群

越南在 19 世紀是法國的殖民地，二戰後胡志明崛起，領導人民向法國爭取獨立，在 1954 年的奠邊府之役後，法國政府宣布放棄越南，兩國最後簽訂協議，決定在 1956 年舉行全越選舉。但是這一年後，吳廷琰在美國的支持下，先行成立南越政府，以和共產思想的北越胡志明政府進行對抗。越南被分割為二，選舉從未舉行，而國土卻分割為南北越。1960 年代初期，美國在甘迺迪政府和詹森政府的領導下，於 1964 年開始在越南河內 (Hanoi) 作戰，十一年後的 1975 年，傷痕累累的南越政府和美國決定結束戰爭，在美國移民接納法下，大批難民進入美國，成為美國多元族群下的一支亞裔族群。

第一節　越南的歷史

　　早在二萬五千～五萬年前，矮黑人 (Negrito)❶曾在中南半島地區居住，接著又有澳大利亞種 (Australia) 和美拉尼西亞種 (Melanesia) 的矮黑人前來，迄今，他們是越南最早的居民。後來他們又被奧斯特羅尼西亞人 (Austronesians)，即印度尼西亞人 (Indonesians) 所同化，並與印度尼西亞人通婚。越南民族在西元前 200 年至西元 200 年的四個世紀中形成。

　　西元前 111～西元 939 年，越南在中國長期統治下吸收大量漢文化。中國人期許紅河三角洲的居民漢化，但並不是很成功。至此之後，出現過四個大王朝❷，但在 1460～1802 年間，國家長期深陷於擴張、分裂與再統一的狀態中。先是越南大舉向南面進軍，1471 年征服占婆 (Campadesa) 的大部分，自峴港 (Da Nang) 擴張至芽莊 (Nha Trang)。此後越南經過兩次分裂❸，1772 年西山的阮氏三兄弟起義，於 1777、1788 年先後推翻南方的阮氏和北方的鄭氏，越南暫時統一。1788 年，中國出兵干涉，卻被擊敗。但阮氏家族的成員阮福映依靠法國的軍事援助，占領西貢 (Sai Kung) 及湄公河三角洲，鏖戰十四年終於擊敗西山兄弟，控制全越南。阮福映於 1802 年建立阮朝，名嘉隆王。阮朝的政府體制可能比東南亞其他國家進步，但經濟卻陷於停滯，政府反對革新。

---

❶　即尼格利陀人。

❷　一是李朝 (1009～1225)，建都於東京（今河內），雖在政治、經濟、文化等方面取得長足的進步，但常遭受來自北面的中國（宋朝）以及來自南方的占婆和柬埔寨的威脅。二是陳朝 (1225～1400)。陳朝由於與占婆多次戰爭大傷元氣而衰微。三是胡朝，1400 年權臣胡季犛取而代之。1401～1407 年由其子胡漢蒼繼位，入侵南方占城，侵犯明朝國土。1407 年，中國明朝軍隊侵入，將越南置於其統治之下。1418 年黎利起義，激戰十年，明朝撤兵。四是後黎朝 (1428～1787)，黎利創建。他進行若干改革，越南在法律、藝術、文學、教育、農業等方面都取得進步。

❸　第一次是莫登庸於 1527 年在河內自立為王，黎朝廢王與忠於王室的將領於 1545 年重新控制南方各地，內戰近五十年，終於克服河內及北方。第二次分裂是掌握北方的鄭氏和掌握南方的阮氏之間的內戰 (1627～1673)。

早在 1516 年葡萄牙探險家就來到越南，這是西方接觸越南的開始。接著西班牙、義大利、荷蘭、英、法等國的傳教士和商人紛至沓來。1664 年，法國東印度公司 (French East India Company) 和「外方傳教會」創立，於 1778 年後，法國大主教百多祿 (Pigneau de Béhaine) 幫助阮福映鎮壓西山兄弟，給予法國人可乘之機。拿破崙三世 (Napoleon III) 於 1857 年 7 月決定入侵越南，1858 年 9 月法國海軍攻陷峴港。此後，在軍事外交的雙管齊下，終於迫使阮朝退讓，並於 1883 年控制越南全境，1893 年建立印度支那聯邦❹。杜梅 (Paul Doumer) 總督於 1897 年到任後，摧毀了舊越南的國家機構，建立法國的直接統治。不管越南經濟在 1900 年以後發展如何，在殖民地的制度下，受益者僅僅是法國人及越南的少數上層階級，而廣大民眾的權益則受到損害。越南人民的反抗殖民地運動，可說從法國統治時期就已開始。

阮愛國（1943 年改名胡志明）於 1925 年創建越南青年革命同盟；1930 年將一些共產主義組織合併為越南共產黨，並於 1941 年在中國南部創建越南獨立同盟會，之後簡稱「越盟」。1940 年日軍侵入中南半島，1945 年 3 月法軍解除武裝，越南皇帝保大 (阮福映) 宣布獨立，但實權仍掌握在日本占領軍手中。1945 年 8 月日本投降，共產黨領導「越盟」舉行總起義。同年的 9 月 2 日，胡志明宣布越南獨立。經戰爭期間的《波茨坦協定》(Potsdam Agreement) 規定，由英軍解除越南南方的日軍武裝，中國解除北方的日軍武裝。9 月 12 日英軍抵達南方後，支持法軍捲土重來，於是爆發了長達八年 (1946～1954) 的第一次越南戰爭。雖然中間經過數度外交折衝和軍事較量，戰爭終於在 1954 年 5 月 7 日以法軍在奠邊府 (Dien Bien Phu) 的崩潰而告終，並於同年 7 月 21 日，在日內瓦會議達成停火協議，以北緯 17 度為這個國家南北雙方臨時分界線，從此，南北越分治。

第二節　越南戰爭

如前所述，越南在二戰前是法國的殖民地，二戰中則被日本占領。1945

---

❹　包括越南、東埔寨、寮國。

年二戰結束前後，胡志明領導的越盟，在越南北方的河內建立「越南民主共和國」，即「北越」。法國則挾持保大皇帝在南方的西貢立國。1954 年，北越在中華人民共和國的軍援下戰勝法國，法國因而撤離越南南部。至此以後，南北越以北緯 17 度線為界，形成分裂局勢。

南北越逐漸步入戰爭的事態，在 1960 年以前，美國即已給予西貢政權軍事裝備和經濟援助，但都不能阻止北越共軍的入侵。1961 年美國總統約翰·甘迺迪 (John Fitzgerald Kennedy) 和蘇聯領袖赫魯雪夫 (Khrushchev) 會面，南北越的對立局勢逐漸升高，而美國此刻介入越戰的情況也越來越明顯。1961 年，美國為了與蘇聯對抗，進一步幫助吳廷琰 (Ngo Dinh Diem) 政府派遣一支五千人的特種部隊進駐越南，這是美國介入越戰的開始❺。1963 年以後，美國詹森總統時期更直接參與越戰，並與北越共軍形成對立的緊張局勢。

1965 年 2 月 7 日夜，越共攻擊美國在波來古 (Pleiku) 的基地，殺死八名士兵，殺傷士兵超過一百二十六名；詹森遂下令對北越再次進行報復性轟炸。三天後，越共襲擊美國在歸仁 (Quy Nhon) 的另一處軍事據點，詹森下令空襲河內和民族解放陣線控制的地區。3 月，美國兩營海軍陸戰隊在峴港附近的灘頭登陸，企圖解救此一圍城。到了 6 月，已經有五萬名美軍抵達南越，和越南共和國軍隊一起作戰。北越軍隊的小分遣隊則經束埔寨邊界西方的胡志明小道 (Ho Chi Minh Trail) 到達南越，開始和南越的越共並肩作戰。此時西貢政府由空軍副元帥阮高祺領導，但他無法遏阻迅速惡化的軍事局勢。民族解放陣線控制更多鄉村地區，共黨的勝利似乎近在眼前。詹森總統的回應是保證美國會保衛南越，並增派軍隊援助。到了 1965 年底，南越由威斯特摩蘭 (William C. Westmoreland) 將軍指揮，服役的美軍共達十八萬人。

第三節　春節攻勢與結束越戰

1966 年中期以後，美國和越南共和國軍隊在加強反共行動中，發起一系

---

❺ Lesleyanne Hawthorne, *Refugee: The Vietnamese Experience* (Melbourne: Oxford University Press, 1982), 214, 237.

列新戰術，他們把越共逐出鄉村地區，使其與市區支持者隔離，然此努力卻只獲得部分成效。美軍仰賴優勢火力和直升機迅速部署兵力到目標鄉村區，越共則以秘密行動、藏匿、奇襲和埋伏作為憑藉。1967年美國投入在南越的軍人增加到三十八萬九千名，美軍的武器和裝備雖然精良，卻無法消滅嫻熟而堅毅的敵軍。更多的北越軍前來支援南越的民族解放陣線。9月，南越舉行總統大選，凡是贊成和民族解放陣線談判的候選人都禁止參選，結果阮文紹將軍當選總統，阮高祺為副總統。1968年1月30日，北越和越共在越南農曆新年發動超過五十五萬名以上的兵力，大規模的突擊南越三十六個省會和五個大城市。在春節攻勢中，南北越雙方傷亡慘重。由於春節攻勢的慘烈，引起美國境內的關注，透過媒體的報導及宣傳，掀起美國國內反越戰的聲浪。此刻，美國詹森總統為了徵召更多的軍力，於是向外宣稱越戰即將結束，以安撫民心。春節攻勢表現出了美國介入越戰的決心，及北越巨大的軍事力量。

　　在越南本土上，西貢市和順化市的戰況尤為猛烈，民族解放陣線占有該處達數週之久，最後，民族解放陣線在春節攻勢中傷亡慘重（死三萬三千人），越共軍隊於戰鬥中也被摧毀了大半軍力。雖然民族解放陣線所希望的全面攻擊並未具體實現，但這次攻勢卻具有重要的戰略效果，因為它使許多美國人相信北越的敵軍無法壓服，而戰爭會再延續多年，此與美國政府的聲言相左❻。

　　在空戰部分，詹森總統批准「滾雷行動」(Operation Rolling Thunder)，對北越進行大規模轟炸。然而這個政策卻因戰略上受制於美國國防部及華盛頓的監控，無法達到預期的效果，同時也害怕與中國或蘇聯派駐當地的顧問發生正面衝突，導致在越南空戰中自綁手腳，使精良的武器無法在戰場上發揮效果。北越軍隊因不斷有蘇聯及中國船隻或運輸部隊的軍援，而順利的武裝軍隊，進行消耗戰略，與南越對戰。南越因為軍隊及平民傷亡慘重，逐漸造成平民對美國的不信任。再加上美國國內媒體報導美軍傷亡的數據、美國政府虛假報導越戰的實際情況，以及南越阮文紹政權的腐敗，引起國內大規模反越

---

❻　Hawthorne, *Refugee: The Vietnamese Experience*, 287–290.

戰的行動。數個月內，美國各大學學生示威者與員警發生流血衝突。

　　1967 年起，美國國內反戰的情緒高漲，人民以和平遊行、示威運動和溫和抵抗的方式表現出來。1970 年 5 月，俄亥俄州的肯特大學 (Kent State University) 因抗爭的學生領導人與勸離的警察發生衝突，員警開槍殺死四名反戰學生後，爆發美國首次全國性罷課抗爭的學生運動。越來越多的從政者和公民，開始質疑美國的行動能否成功，甚至質疑美國參戰是否正當。春節攻勢後，威斯特摩蘭將軍要求增兵擴大戰爭，但美國輿論此時卻轉而贊成「逐步縮減」戰爭。

　　1968 年 3 月 31 日，詹森總統在電視演說中宣布停止轟炸 20 度線以北地區，他亦不再競選連任。河內對減少轟炸的反應是逐步縮減軍事行動，10 月詹森下令全面停炸。在此期間，美國和河內同意在巴黎開始作初步的和平談判，艾布蘭 (Creighton Abrams) 將軍成為美軍駐南越的新指揮官。1969 年中，南越境內尚有零星的戰鬥，北越的滲透行動也大幅減少。6 月間，美國總統尼克森 (Richard Milhous Nixon) 和阮文紹總統宣布，首批二萬五千名美軍由南越撤走。當時在越南的美國軍事人員超過五十四萬人。

　　美國制定了一項「越南化」(Vietnamization) 計畫，讓南越人逐步承擔自我防禦的軍事責任，美國則供應其武器、裝備、空中支援和經濟援助。美國戰地指揮官奉命將死傷人數維持在「絕對最低限度」。在巴黎，和談雖然延宕不決，但南越最後還是同意與民族解放陣線及北越直接磋商。1970 年春，美國和越南共和國軍隊侵犯柬埔寨邊界戰區，以摧毀北越庇護所與集結地區，東南亞的戰事逐步擴大。美國飛機轟炸寮國北部，因為該處有相當數量的北越軍與親共的巴特寮 (Pathet Lao)❼，胡志明小道成為美國 B-52 轟炸機經常攻擊的目標。戰爭後來擴展到柬埔寨，使美國爆出反戰示威和抗議新浪潮的火花。到了 1970 年末期，在南越的美國軍事人數降至三十三萬五千名。美軍依照宣

---

❼　巴特寮前身為老撾愛國戰線領導的「寮國戰鬥部隊」（即「巴特寮」，英文為 Pathet Lao），始建於 1949 年 1 月 20 日。1965 年 10 月改名為老撾人民解放軍，1982 年 7 月改稱現名。

布，繼續自越南逐步撤走，但和平談判卻仍陷僵局。到 1971 年底，南越承擔了所有地面作戰的責任，惟仍仰賴美國的空中支援。此時美國在南越的軍事人數已降至十六萬名左右。

1972 年 3 月，北越進犯非軍事區，並攻占廣治省。美國總統尼克森遂下令在海防和其他北越港口布雷，並且大舉轟炸北越。從 7 月恢復和談至 12 月中旬的談判破裂，雙方互責對方無訂約誠意。河內和其他北越城市隨後遭受美國十一天的密集轟炸。談判再度在巴黎召開，1973 年 1 月 27 日南越共軍、北越、南越和美國之間達成協議。次日早晨整個南越與北越實施停火，所有美軍撤走、基地拆除，戰俘獲得全面釋放。南越人有權決定自己的前途，北越軍可留在南越但不得增加。在國家以和平方式重獲統一前，北緯 17 度線仍為分界線。1973 年底，留在南越的美國軍事人員所剩不多。儘管有停火協定，戰鬥仍繼續不斷，北越與南越互相指責對方多次違背停戰協議，軍民死傷人數仍如過去一樣多。

1974 年南越開始放棄前哨的防衛，越共則攻克數省的省會。1975 年 1 月，共黨開始展開新的攻勢。北越軍攻占了福隆省，越南共和國軍隊撤退。越南共和國軍隊的意外放棄該省，使北越軍相信全面進攻南越仍是可行的。於是，北越開始在中部高原發動大規模的攻勢，3 月越南共和國軍隊放棄該處。當阮文紹總統決定撤離廣治和順化時，南越軍械開始撤走，恐慌隨之而起。沿海城市一個接一個失守，到了 4 月初，越南共和國軍隊已將北半部江山棄予北越軍，其軍隊亦開始潰散，殘存的美國人與越南人搭乘飛機和海輪逃命。4 月 21 日，阮文紹總統辭職，逃往臺灣。4 月 30 日，南越政府留下來的人員無條件投降，北越坦克縱隊占據西貢，不戰而克。接著成立軍事政府，1976 年 7 月 2 日，全國正式統一為越南社會主義共和國，建都河內。西貢改名為胡志明市。

越南在這場戰爭中付出了相當大的代價。到 1975 年越戰結束時，戰爭留給南越一片滿目瘡痍的土地和八十八萬名孤兒、一百萬名寡婦、二十萬名殘疾人、二十萬名妓女及無數的地雷區。此後，越南又先後與柬埔寨和中國陷

入戰爭之中。長期的戰爭以及與西方世界的隔絕，南越經濟崩潰、通貨膨脹，以致到 1970 年代後期，已有超過一百五十萬名越南難民逃離越南。「越戰」是美國歷史上持續時間最長的戰爭，總計十年八個月又二十三天，美國耗費了至少二千五百億美元。儘管軍事上美國並未失敗，但它表明美國冷戰策略上的重大失誤。「越戰」使美國由冷戰中的強勢變為弱勢，「越戰」加劇了美國國內的種族問題、民權問題，使國家處於極度的分裂狀態，給美國人民造成巨大的精神創傷。

柬埔寨戰前的西哈努克 (Norodom Sihanouk) 政府一直在各方面努力維持自己脆弱的獨立地位。朗諾 (Lon Nol) 的政變和美軍的入侵，把柬埔寨徹底的捲入了戰爭。波爾布特 (Pol Pot) 領導的柬埔寨共產黨「紅色高棉」，即「赤柬」，趁機獲得了政權❽。在波爾布特推行極左統治下，柬埔寨發生了巨大的政治和經濟危機，數百萬名的平民死於該時期，其中包括越南僑民。由於波爾布特政權的人口滅絕政策，不僅造成了地區的動盪，而且也嚴重威脅越南政府的國內安全，最後越南出兵將波爾布特逐出城市，並著手扶植韓桑林 (Heng Samrin) 政權，紅色高棉則繼續在農村對新政府發動游擊戰爭。

據統計，在這漫長的戰爭中，約有四萬七千名美國人死亡，另有三十萬五千人在戰爭中負傷；越南共和國軍隊戰死約二十五萬名，受傷近六十萬名；北越軍和越共約死九十萬名，傷二百萬名；此外，還有數十萬南北越平民喪生，其中許多人葬身在美國的轟炸行動中。炸彈使鄉村地區滿目瘡痍，城市嚴重受損，農工商業陷入停頓狀態。在美國，詹森總統所提出的「大社會」(Great Society) 經濟計畫，亦遭越戰之累而停擺。估計戰爭總共耗費二千億美元。新的越南則仗著共黨在南越獲勝，趁機占領鄰國柬埔寨與寮國，擴張勢力範圍。

---

❽　張冬梅，〈柬埔寨前紅色高棉領導人被控戰爭罪受審〉，《國際在線》，2009 年 2 月 18 日。

第四節　越南移民潮

第一波移民

越戰結束後，越南人民掀起四波難民潮移往美國。1975 年 4 月至 12 月，第一波越南難民到美國接受安置。越南人擔心因他們的宗教信仰、社會階級或是曾在南越政府與軍隊中工作的身分，讓他們成為共產政權下的攻擊目標，因此決定離開越南。即使移往美國的理由相當不足，但他們仍試著證明自己與美國政府或南越政府有特殊的關係。如此一來，便可以順利列入美國撤離的計畫中。美國政府最初只計畫撤出一萬七千六百名在越南的美國人，但是後來瞭解到許多南越人的生命陷於危機，美國政府遂擴充撤離人數，範圍涵蓋了越南前軍政官員及越南孤兒等，總計約有八萬六千名越南人在 1975 年 4 月底離開越南。不像其他已經在美國的亞裔族群，越裔來到美國不是他們自願的。事實上，他們根本就無從選擇，而是被時勢所逼，大部分都是南越軍人和他們的家屬，在美國棄守南越前夕，被美軍緊急撤退至美國。南越前總理阮高祺回憶起逃難的日子❾：

> 4 月 29 日的那個早上，我發現我自己一個人站在空無一物的政府機構中。中午過後，美軍所有的直升機都在進行最後的撤退行動，廣場上有成千上萬名越南人在倉皇的逃跑，他們或往左跑或往右跑，都是在找避難的方法。我的保鑣在這時對我說：「將軍……是該走的時候了。」

一名難民 Thai Dang 事後回憶說，整個 4 月首都都是槍砲聲和爆炸聲，所有人都在街上混亂的跑來跑去，人們都相當害怕。後來人們走往一棟大樓，那裡有很多美軍和越南人，人們都搶著上直升機，後來還在街上看到被丟棄的槍和軍人制服，當然還有很多屍體❿。整個城市都被空襲，到處都是失火

❾　Frank Viviano, "Strangers in the Promised Land," *San Francisco Examiner*, August 31, 1986.

❿　Jeffrey Kaye, "Yearning to Breathe Free," *New West*, April 7, 1980.

的房子和大樓，倉皇的人們從西貢撤出，難民爭先恐後的推擠要上直升機，許多直升機甚至在門邊還擠滿人時就起飛了。不能上飛機的就想辦法搭船，短短二個星期就有五～六萬名難民登上美國國土，其他的人在美國協助下轉往菲律賓和關島。因為害怕越共接收南越後會被殺害，大部分的難民都是在毫無預警的情況倉促逃難，有些人甚至不知道自己要去哪裡、為什麼離家和會被帶到何處，很多人以為他們只會離家一、二個月就會回來；還有些人是因為看到大家都往碼頭跑，也跟著去，就這樣茫茫然來到美國。不管離開家園的原因為何，這些越南難民都一致認為：「這根本不是我計畫的旅程」❶。

　　結束漂流後，有些人輾轉到澳洲、加拿大或法國，不過多數還是到美國。據統計，1964 年時僅有六〇三名越南人在美國。1975 年的 4 月 29 日開始收容越南難民，第一波的越南難民順利的搭乘美軍軍機到南加州彭德爾頓營區 (Camp Pendleton) 的收容中心，之後在阿肯色州的查菲堡 (Fort Chaffee)、佛羅里達的埃格林空軍基地 (Eglin Air Force Base) 與賓夕法尼亞的印第安塘峽堡基地 (Fort Indiantown Gap)，這些收容中心是在美軍以及一個特別工作部門的指導之下組成的，該機構與美國政府簽訂合同。難民經過面談與心理測驗、接受身分證號碼，並於國家志工機構登記，以利重新安置。收容中心供應他們所有的基本需求，他們也接受美國文化與語言的相關課程。一旦難民獲得身分後，大多數會離開收容中心。

　　1975 年，十三萬名越南難民進入美國。這些第一波難民大部分都受過教育，37% 念過高中，16% 有大學文憑，三分之二的人有流利的英文說寫能力，他們多來自大城市，尤其是西貢，比一般越南民眾更西化，他們先後和法國人、美國

圖 26：查菲堡的越南難民營

❶　Viviano, "Strangers in the Promised Land," August 31.

人共事過，超過一半以上是基督徒，且有一半是女性。這些 1975 年來到美國
的難民離開收容中心後，多住在阿肯色州或加州，所以這些地方很快出現越
南社群。

第二波移民

北越正式接收南越後，越南如同進入了一個「沉默的世界」，一切公有、
國有化，政府的計畫是將越南改造為「新經濟特區」，成千上萬的越南人，尤
其是住在大城市的高知識分子，都被迫到鄉下進行勞改，少則一個月，多達
二、三個月，知識分子看不到未來，於是很多人想逃離越共政權。1977 年以
後，許多越南的知識分子開始逃亡，1977 年有二萬一千名，到了 1979 年已
經有十五萬名，出現第二波越南難民潮。這波移民由於缺乏管道離開越南，
也沒有錢購買機票，因此他們選擇最危險的方式－搭船－逃到美國。

一名年僅十三歲的難民回憶當時的逃難過程，提到由於全家人必須偷偷
的走，所以她無法和她最好的朋友說再見，也無法和家人搭同一艘船，她在
黑夜中上船，並懷疑自己真的能夠平安到達美國嗎？他們擠在狹小且不堅固
的船上，有時還碰到泰國海盜劫掠❷。另一名難民也說了類似的故事，她和
她先生與其他二、三十人搭船逃難，途中不幸碰到泰國海盜，海盜為了搶她
先生手上的戒指，把她先生的手剁了下來並殺害。她哭著回憶說，她聽得到
她先生的慘叫聲，但因為艙門都被海盜封起來，所以她也束手無策❸。很多
從越南逃難來美國的人，縱使事隔多年，晚上還是會被惡夢驚醒，驚醒他們
的不是在越南的生活，而是碰到海盜的遭遇，或是在海上漂流的那幾個月的
日子。

在共產黨占有西貢的前幾個星期，約有四～六萬名難民搭上船離開越南。
這些難民船被美國海軍軍艦營救，並被送到關島與菲律賓，在那裡等候重新
安置。其他越南人決定留在他們的家鄉越南。

---

❷ Hawthorne, *Refugee: The Vietnamese Experience*, 214, 237.

❸ Hawthorne, *Refugee: The Vietnamese Experience*, 271.

第三波移民

從 1979 年底至 1980 年，出現第三波的越南難民潮。第三波的越南難民是由越南漁夫、農民及他們的家人組成，約有 40% 是「越南中國人」，他們的祖先是中國人，也是越南社會主義共和國迫害的對象，尤其在 1979 年越南與中國在國界爭執上交惡時，在南越許多中國的企業被充為國有。第三波越南難民通常會花幾個月的時間準備逃離，並備足食物、水與汽油。一旦他們離開國土，他們得面對艱苦的海上航行，與無所不在的泰國海盜鬥智，飽嘗飢餓。他們必須找到另一個給予庇護的國家，幾乎有一半難民死於海上航程中。存活者在泰國或其他願意收留的國家登岸後，被安置在既擁擠又骯髒的難民營好幾年，直到他們被安置到美國或其他國家。1980 年代中期隨著越南人逃離越共的人數逐漸減少，安置的問題也逐漸減少。

第四波移民

第四波移民美國者是「美亞混血兒」，意指在越戰期間由越南女性與駐守在東南亞的美國士兵所生的孩子。當他們的父親離開越南戰場，許多美亞混血兒同母親留下來。這些人常被越南人歧視，因為他們是美軍留下的鮮明標誌，被烙上「生命塵埃」(bui doi) 的印記。針對美亞混血兒的困境，美國國會通過 1987 年的《美亞混血兒返國法》，促使在 1962 年 1 月到 1977 年 1 月間出生的美亞混血兒，能以移民而非難民身分遷入美國。1987 年至 1993 年間，超過七萬五千名美亞混血兒隨著家人離開越南到美國，開始新生活。這一波也包含政治犯，是當時西貢陷入共產黨勢力後，那些被送往教育營的越南軍人與政府官員。美國政府以超過十年以上時間，對河內政府施壓，釋放這些戰犯，並允許他們移居國外。及至 1988 年時河內政府回覆美國國務院，允許十萬名政治犯離開越南。

第五節　在美國的越南人

第一波到第四波到達美國的越南人，在各領域努力求發展，以適應新生活。第一波越南難民的成員是專業人員、技術員與受過教育的中產階級，相

較之後的幾波難民，更易同化於美國生活。第一波難民長期受到西方的文化與價值影響，且在他們進入美國前已學會一些英語。儘管他們有專業技術與受過教育，第一波難民在到達美國後，仍歷經工作上的限制。例如，根據1978 年的研究顯示，在美國的越南難民，有 15% 的人在母國是企業經營者，縱使他們擁有專業能力，到了美國卻僅有 2% 找到與他們相稱的職位。第二波及第三波難民因缺乏教育及技能的訓練，大部分沒有英文能力，是屬於在美國不易成功的一群。這二波的難民一直在接受社會救濟，且面臨高比例的失業。儘管他們遇到很多阻礙，第二波及第三波難民仍有許多經營小本生意，最後獲得成功的例子。不過大多數因為語言與文化的障礙，處於低薪階級，與主流社會脫離。

1990 年代的第四波移民，有相當大比例進入美國海濱城市，據統計，1990 年越南人從四萬一千人成長至七萬八千人。這段時間也有大量的越南人被允許進入美國：1981～2002 年有 328,502 人，2000 年有 1,223,736 人（其中1,122,528 人是越南人，僅 47,144 人是越南人與至少另一種亞裔的混血，54,064 人是越南人與至少一個以上的民族混血）。根據 2000 年統計顯示，加州（447,032 人）、德州（134,961 人）、華盛頓州（46,149 人）、維吉尼亞州（37,309 人）與麻州（33,962人）等五州，是越南人數占最多的五個州。至 2005 年，越裔美國人人口已經超過一百五十萬❶。許多越南人離開加州歐申賽德市 (Oceanside) 的潘德頓營區，定居在加州橘郡的西敏寺市 (Westminster) 和園林市 (Garden Grove) 周圍❺。

西敏寺市和園林市是越南族群最大的聚集區，約有二十萬人以上。隨著人口的增加，居住範圍擴及鄰近地區，如史丹頓 (Stanton)、安納海姆 (Anaheim) 等地。由於這些移民大多是為了逃避越共統治，因此對越共抱著反對立場。1978 年起，越南人開始在西敏寺市 Bolsa 大街經營藥店、雜貨店、

---

❶ U.S. Census Bureau, 2010, 2012.

❺ Christian Collet, *The Determinants of Vietnamese American Political Participation: Findings from the January 2000 Orange County Register Poll.* 2000 Annual Meeting of the Association of Asian American (Arizona: Scottsdale), May 26, 2000.

保險公司和飯館。同年在鄰近的聖塔安娜 (Santa Ana) 出版了《越南文日報》 *(Nguoi Viet Daily News)*，是第一份以越南文出刊的報紙，讓身處異鄉的遊子能閱讀到母國文字，聊以慰藉。由於越南移民大多聚集而居，因而在西敏寺市 Bolsa 大街形成「小西貢」❻，為加州最大的越裔聚集區。在這裡已有上千家的越南餐館、小吃店及雜貨店，而越南話是唯一的溝通語言。越南人在這裡可以自在的以家鄉話聊天，努力經營越南式特色飲食料理，例如越式河粉、越南米粉、越式肉麵包及生春捲等餐廳；在社群中，相互照應。

越裔美國人林東尼 (Tony Lâm) 居住在西敏寺市的「小西貢」，由於他受到該市人民的支持而當選議員，成為美國第一位越裔民選官員。自此之後，「小西貢」成為各種選舉候選人造勢熱絡的地方。今日「小西貢」與周圍地區，已是三十五萬名越南人的家。加州越裔第二大的分布區是在聖荷西 (San Jose)，於矽谷中心地帶（位於該州的北部地區），約有一百萬名以內的越南人定居該處。

自 1970 年代以來，隨著越南人的人數逐年增長，美國的越南社區出現幫派為亂。美國的第一代越南幫派成員是單身赴美，對英語及美國文化幾乎不認識，是為人所知的「失落的一代」(beaten generation)。儘管時間流逝，越南幫派仍堅定且持續在全國各越南社群鬧事，造成惶恐。究其原因，部分是因為越南幫派成員中的「生命塵埃」用搶劫方式傷及無辜。因為大多數的越南移民傾向將錢存放在家中，而不願把錢存在銀行裡，致使他們特別容易被幫派分子搶劫。一些幫派分子四處找尋受害者，藉由使用電話簿對「阮姓」(Nguyen) 下手行搶的手法最為普遍❼。

在種族氛圍及族群生活的差異下，讓越裔美國人得不到平等的地位。一個在越南打過仗的美國老兵說：「我們是該給那些越南人一個家。」但越南人常常覺得很不受歡迎，和其他亞裔移民一樣，也覺得受到種族歧視，常會有

---

❻ 除了加州「小西貢」外，德州休士頓的小西貢是第二大的越南裔族群聚居區。

❼ Tricia Knoll, "Becoming Americans: Asian Sojourners, Immigrants and Refugees Press on with Vietnam War," *New York Times*, August 3, 1987.

人叫他們滾回自己的國家，或是滾回中國⓲。就讀於柏克萊大學的越裔美國
人 Chuong Hoang Chung 談到美國人對越裔的歧視問題時，他說：「對美國人
來說，我們好像會威脅到他們最下層勞工的工作機會，所以連黑人都會歧視
我們。」越裔漁工也常和白人漁工發生衝突，白人漁工常抱怨：「他們人實在
是太多了，根本就沒那麼多房間給他們睡，而且他們也不懂我們的法律和在
這裡做事的規矩。」但越南人有不同的看法：「要美國人瞭解我們真的很難，
我們並不奢望如此，只希望他們能給我們基本的尊重，或至少不要對我們存
有偏見。」⓳

　　許多越南人特別是那些曾入伍者，都因為越戰而極度痛恨共產主義。一
些愛國主義者更是拒絕承認戰爭已經結束。越戰結束後的十年慶祝活動上，
還有一些越南人手舉標語，大聲呼口號：「我們該回去了。」1983 年，定居在
加州做生意的前南越副總統阮高祺，就大聲疾呼：「現在給我一把槍，我馬上
就可以把共產黨趕出去。」前南越上校 Pham Van Lieu 也預言：「再五年，我
們一定可以趕走共產黨，結束越南戰爭。」⓴

　　許多越南人認為自己只是移居到美國，他們希望有回去越南的一天。
1977 年的一項調查顯示，41% 的越南人有回去的準備，今天有這樣想法的人
變少了，但他們對家鄉仍有很深的依戀，不過也有些人不期望回越南，並開
始把美國當自己家。

　　但是在美國，有些越南文化仍較難完全展現。一位難民回憶道：「在越
南，妻子是附屬於丈夫之下的。但在美國，女人可以有自己的工作，這讓人
很沒有安全感。」不過，還是有人克服這問題了，他繼續說㉑：

⓲　Alan Hope, "Language, Culture are Biggest Hurdles for Vietnamese," *Gainesville Times*,
　　March 31, 1985.

⓳　Michael McCabe & L. A. Chung, "Facing the Hopes and Fears of Assimilation," *San
　　Francisco Chronicle*, July 25, 1988.

⓴　Knoll, "Becoming Americans," *New York Times*, August 3, 1987.

㉑　Michael McCabe & L. A. Chung, "Facing the Hopes and Fears of Assimilation," *San

我太太在越南時沒有工作，可是來這裡後她開始工作，我也開始幫她準備晚餐，整理家裡。有時候我放假，但她還是得上班，於是我就要研究食譜，好讓她回家時已經有晚餐了。她從未要求我幫忙，但我想，她和我都在工作，我實在應該幫她一下。

有些越南女子來到美國後，找到另一種生活方式，例如，1981 年一名越裔服務生說：「我的第一份工作讓我感到很快樂，在這裡竟然會有人要雇用我！」1983 年她在華盛頓州開了一家自己的餐廳：「如果在越南，我永遠只會做家庭主婦的工作：打掃房子、煮飯等；但在這裡，只要我肯努力工作，我可以成為任何我想成為的人。」不過伴隨著這些自我意識成長而來的，是許多的家庭革命，尤其是那些受過高等教育，且有專業技能的越南女子。

由於接觸到完全不一樣的文化，越南人發現他們的家庭價值觀受到挑戰了。一名難民回憶說❷：

在越南時，家中每一個成員都是很重要的：不論是爸爸、媽媽或是小孩。但在這裡，家庭是很疏離的，父親在一個地方工作，母親在另一個地方工作，彼此間完全見不到面。有時父親的工作時間是早上；母親卻是下午；而小孩則待在學校，當他們回家時，很難同時看到父母親。

有時，父母也會對小孩的行為感到失望。六十一歲獨自住在加州奧克蘭市華埠的 Pham Hai，因為英文能力不好又上了年紀，她一直處於失業狀態。她說：「當我還在越南時，我會期望我的小孩以後照顧我；但當我到這時，我的

Francisco Chronicle, July 25, 1988.

❷ Kenneth Skinner, "Vietnamese in America: Diversity in Adaptation," *California Sociologist*, 32 (Summer 1980): 105.

孩子很快地就把我逐出去了，我真的不懂！這種事不會在越南發生，這讓我常常有自殺的念頭。」此外，很多越南裔家長感慨的說，孩子已經漸漸失去母語能力了。不過年輕一代有不同的看法，越裔美國人 Mai Khanh Tran 抱怨說：「我最恨別人叫我說越南話，也許這就是為什麼我不在美國人面前和越南人說話的原因。當我剛來這裡時，我常說越南話，可是後來讓人覺得不是很舒服，在越南，我們說越南話是因為大家都這麼說，不過在這裡，我可以感覺我漸漸遺忘這個語言了。」

　　數以千計的越南年輕人得以接受大學教育，取得高成就，但還是有人只能在街頭討生活。他們大部分都是自己一個人被父母送來美國，父母都希望他們能在這裡接受更好的教育，進而取得美國公民權，然後再把父母接來美國。但是，因為沒有父母的照顧，年輕人在這裡生活很不容易，他們多住在旅社，只能隨便吃，很多人因此加入幫派，在街上販毒或賣槍以求溫飽，也常在街上搶劫。1978 年，Chihn 和姊姊及其他三百五十位難民共同搭船來到美國，Chihn 在阿拉巴馬州的一所高中念書，他那時還沒準備好在美國受教育，整整在高中當了六年的文盲，他姊姊說：「他第一年真的很努力，不過他常常在放學回家後告訴我，功課有多難，而且他需要幫忙，但是沒有人能幫他。」Chihn 念到十一級時便輟學去做清洗公車的工作，後來他在越南青年的幫派中嶄露頭角，許多和他一樣的年輕人，都被人稱做「失落的一代」❷❸。

　　大部分的越南難民來到美國後，都知道他們需面對無止境的偏見和歧視❷❹；可是許多越南人也希望，美國人能接受他們的那一天快點到來。對越

❷❸　Barry N. Stein, "Occupational Adjustment of Refugees: The Vietnamese in the United States," *International Migration Review*, 13. 1 (Spring 1979): 40.

❷❹　據一名難民 Chuong Hoang Chung 的觀察：「在他們的內心深處，他們是想回去的，不過他們的青春都耗在這了，而且他們也心知肚明他們會永遠留在這，頂多只能寫信回家說在這裡的日子有多難過，有些人甚至在這裡有了小孩。許多越南人都希望能夠成為美國的一部分，我想最重要的就是趕快促進整個社會的融合。」其中一位越南年輕人說：「舉例來說，我們一直被視為外國人。可是如果我們能夠變成他們的朋友，讓他們知道我們人有多好，那我想，反越人的態度就會改善。事實上，如果不

裔來說，其實更重要的是經濟問題，許多難民來到美國後甚至賺得比在越南時少，地位也不如從前。根據 1978 年的一項研究顯示，30% 的難民在越南是大學教授，15% 曾任管理階級，但在來美國二十七個月後，分別只有 7% 和 2% 的人得以做一樣的工作，其餘多只能轉做藍領階級的工作。同樣的研究，1983 年進入美國的越裔有 19% 的人是專業人士，但在美國只有 6～9% 的人可以重操原來的工作❷。

　　越裔在美國職場上仍受到種族歧視。一名在美國銀行工作數年的越裔難民說，她相信白人在這裡爬得比她快，而且賺錢比她多，她說：「我雖然是美國公民，但我的外貌還是沒變，我還是黃種人。」另一位越裔說：「我是很有耐性的人，如果要我重新開始，我相信我還是會成功。」大部分的越裔只有一個希望，「能有份工作並可以繳稅」❷。但事實上，許多越南人早已超越這一點，在加州，40% 的越裔有自己的家，並建立了自己的社群；1988 年，橘郡和洛杉磯都有大量的越南人，他們是醫生、牙醫等各種專業人士，越裔美國人還是當地有名的廚師或是自營商，他們之中很多在越南都是中上階級，帶著畢生積蓄來到美國開業，有些還有連鎖超市，而且客戶不只是越南人，有些店家掛上西班牙文的招牌招徠異族群客人。

　　在加州北部，越南人也越來越多，尤其是在聖荷西。1988 年的 *San Jose Mercury News* 裡，越裔美國人 T. T. Nhu 曾說：「越裔現在占這個城市人口的 10%，全城 40% 的零售商是越裔。因為他們生活在這裡，所以他們想成為這裡的一分子。」聖荷西下城已成為最多新越裔登岸的地方。從 1979 年起，美國開始給予越南二萬名移民配額，越裔開始以「移民」的身分來到美國❷。

　　同的人之間能更瞭解彼此，那我們之間就不會有種族衝突的問題。」

❷　一名難民說：「在越南，我是社會科老師，而在這裡，我做各式各樣工作：端咖啡、開卡車。我常會覺得很失落且很沮喪，因為我在越南原是有身分地位的人，可是在這裡，我什麼都不是。」Skinner, "Vietnamese in America: Diversity in Adaptation," *California Sociologist*, 112.

❷　Hawthorne, *Refugee: The Vietnamese Experience*, 290.

第六節　越裔美國人社會

　　越南是一個宗教信仰虔誠的國家。由中國與印度引介而來的佛教在越南是最占優勢的宗教，並對越南文化起了很大的影響。從中國傳入的佛教為大乘佛教，稱之為「北宗」；從泰國和柬埔寨傳入者為小乘佛教，稱之為「南宗」，。其中又以信仰大乘佛教者居多，各地建有不少寺廟。佛教徒忌殺生，講因果報應。重大節日、個人生日都要到佛寺拜佛、獻禮、聽和尚誦經。此外，許多越裔同時接受一個或甚至更多的宗教。越裔適於調和宗教信仰，使衝突較少發生，也因此較不會產生道德上的困擾。如此一來，一名在西貢或小西貢的佛教徒，同時也可以是個道教徒與天主教徒。這並非不尋常，對一位越南家庭成員而言，可以受洗、週日去教會，稍後去佛教寺廟參拜。

　　「曹岱」(Cao Dai) 是為人所熟知的越南宗教，其本身混合了宗教與世俗的信念。曹岱由修行者 Ngo Van Chieu 所創，他宣稱與「曹岱」之靈相通。曹岱教擁有不到一百年的歷史，但它本身的領域是非常廣泛的，將其在越南盛行的東西方各種宗教，包括佛教、天主教、基督教、道教、儒教等揉和在一起。釋迦牟尼、老子、孔子、觀世音、耶穌，甚至李白、關公、姜太公、牛頓等東西方聖賢，皆為供奉對象。越南到處可見 Cao Dai Holy See Temple，每天有四次誦經，其中以中午十二時舉行的最為隆重。此外，還有每個月為期十天的素食。信奉曹岱教的寺廟分布得遠且廣，很容易就可以辨認❷⓼。

圖 27：曹岱教供奉的神祇（出處：Thomas Schoch/ Wikipedia）

---

❷⓻　T. T. Nhu, "Old Feuds Still Disrupt Peace among Vietnamese," *San Jose Mercury News*, March 2, 1988.

❷⓼　Hope, "Language, Culture are Biggest Hurdles for Vietnamese," *Gainesville Times*, March 31, 1985.

　　越裔美國人仍重視母國的傳統文化，尤其對於春節（越南人稱春節為 Tet）的傳統習俗，儀式及意義深深烙印在心中。對各地的越南人而言，春節是慶祝正月新年，慶祝活動長達一、二個星期（在 1 月 19 日至 2 月 20 日之間）。在越南節日中，新年是最重要的節日，許多家庭節省一整年的積蓄，在春節期間大肆的慶祝。春節需要幾個月的時間來準備，這段時間，居家房子需要徹底的打掃乾淨，有時甚至重新油漆粉刷，以迎接一個嶄新且充滿希望的幸運年。越南與中國的新年有許多共同點：他們都是根據十二年一輪的動物生肖來慶祝。龍在東方代表吉祥，因此 2000 年的龍年在越南春節有盛大的慶祝活動。民間以舞龍舞獅和放鞭炮來驅走邪靈；越南人也有給小孩子壓歲錢的習俗。

　　此外，越南餐點是越南裔保存的傳統特色，小西貢的越南餐廳特別受到歡迎。越南菜是外國食材與美國當地食材混合與變化而成，隨地區而有所改變，因此被稱為「亞洲的新式烹飪」。在北部，快炒與黑胡椒粉調理食物的方式，深受中國菜的影響；而在南部，印度菜的影響很明顯呈現在咖哩烹調、可哥粉與酸豆的使用。馬鈴薯、蘆筍、法國麵包、牛角麵包等，跨越國界出現在越南餐桌上。美國越南餐館出現了新鮮香草，包括薄荷、芫荽與蘿勒，此外薑、檸檬草、紅胡椒與大蒜增加了越南菜式的特有風味。與其他亞洲民族不同，越南人食物中有許多生的或微燙過的蔬菜，而許多菜中佐以大量的新鮮香料、萵苣、胡蘿蔔、黃瓜與豆芽等。最有名的越南菜是「包」(wraps)，將烤肉、生菜、新鮮香料與蔬菜包在軟糯米紙中。魚露 (Nuoc Mam) 是多用途的佐料❷❾，由發酵的魚汁、紅胡椒、大蒜、糖與萊姆汁調成，通常作為「包」的沾醬。越南式的春捲 (Cha gio)，不用油炸，與中式的相較，較為清爽，是另一道受歡迎的菜餚。越南式春捲用米紙包米粉、胡蘿蔔絲、豬肉及洋蔥於內，沾魚露醬食用。

　　受越裔美國人歡迎的道地傳統菜餚是湯粉 (Pho)，或稱河粉，是越南料理

---

❷❾　Nuoc Mam 選用由越南空運到港的新鮮魚露，並非一般餐廳所用的泰國魚露。選用最上乘的 40 度魚露，味道特別濃郁。

的一道必備菜，而有著非官方的國際性越南菜之稱，越南人喜愛以河粉當早餐食用。河粉有許多樣式，而牛肉河粉是較高級的。每碗熱騰騰的河粉加入了各種植物裝飾，並用檸檬萊姆、紅椒大蒜醬與魚露和糖作調味，再加入佐料與醬汁。一些越裔想念家鄉味而開了越式河粉店的例子相當多，並且如同麥當勞一樣受歡迎。

　　除了宗教、傳統節日及食物外，為了互通有無，在越裔聚集的地區，也有專屬的電視臺及報紙。「KXLA 44.4 電視臺」亦稱「小西貢電視臺」(Little Saigon TV) 是越裔最常收看的電視臺。聖塔安娜的小西貢電臺 (Little Saigon Radio)"KVNR AM 1480" 是用越南語廣播的電臺，也受到他們的歡迎。

第七節　今日的越裔美國人

　　隨著越裔美國人對美國文化的認同加深後，他們逐漸在各領域中有突出的表現，並受到肯定。

政壇、體壇方面

　　政壇上，在小西貢的林東尼於 1992 年當選西敏寺市的市議員，是第一位民選的越裔。另一位小西貢的參政人士陳泰文在 2000 年當選園林市的市議員，2004 年當選加州州議會眾議員，代表橘郡第六十八選區。他們的成就說明美國族裔社會對政治的態度由冷漠轉為積極。

　　在體壇上，阮勇晉 (Dat Nguyen)，一名越南難民之子，是第一位打入國家橄欖球聯盟（National Football League，簡稱 NFL）的越裔美國人。雖然個子矮小❸，但他在德州 A&M 大學擔任前鋒，表現優秀。1998 年立下五十一場連續開球、五百一十七次職業級的擒抱與平均每場 10.7 次擒抱的紀錄。那一個賽季他獲獎無數，被列為該年十二大防守球員，並贏得瓦爾特盃 (Walter Camp)、倫巴底獎盃 (Lombardi Trophy)、查克貝登納瑞克獎 (Chuck Bednarik Award) 與其他榮耀。達拉斯牛仔隊 (Dallas Cowboys) 挑選 1999 年國家橄欖球聯盟第三季後備球員，他是第八十五人。阮勇晉在新手球季中便獲得最佳搶球

---

❸　1999 年時他高 177.5 公分，100.2 公斤。

員的成績，於 2000 年牛仔隊派他擔任中場的後衛，後因受傷留在板凳上，但他在該季仍有亮麗的表現❸。2001 年他共有十六次下場紀錄、九十一次搶球紀錄；2002 年他下場八次，四十四次截球。這些紀錄，使阮勇晉獲得球迷的讚賞與肯定。

電影事業方面

　　越裔美國作家兼人道主義者黎里・海斯利普 (Le Ly Hayslip)，在影劇方面的表現相當突出。海斯利普 1949 年生於越南歸仁村，年輕時曾遭受越南軍人的施暴。她與母親逃到西貢，在一個富裕的人家裡幫傭。得到自由後到了峴港，在那裡的黑市以賣美國貨為生。1970 年她與美國軍人結婚來到美國，並在 1986 年踏上回越南的探親之旅。在越南所見的苦痛，刺激她於 1988 年創辦「東西交流基金會」(The East Meets West Foundation)，這是一個致力促使越南重建並保持越南與美國間和平的組織。1993 年《天與地》(*Heaven and Earth*) 引起媒體與大眾的注意，該劇是根據海斯利普的自傳式小說《當天地改變位置：一位越南女子從戰爭到和平的旅程》(*When Heaven and Earth Changed Places: A Vietnamese Woman's Journey from War to Peace*, 1989) 與《戰爭之子，和平之母》(*Child of War, Woman of Peace*, 1993) 改編而成。

　　第一部《當天地改變位置》作品由海斯利普與伍茲 (Jay Wurts) 合著，是以編年史式的作品呈現，描寫一位農村女孩捲入越南戰爭的難過經歷。以海斯利普親身遭遇的歷程寫成故事，令讀者動容。第二部《戰爭之子，和平之母》是海斯利普與丈夫合著。故事描述四個好朋友一起相約攀登雪山，途中遇到大雪，其中一名成員受傷，其餘三人為求保命，於是決定殺掉受傷的好友，以免被拖累，他們並誓死要一輩子保守這個秘密。未料被殺害者的女友對男友的死產生懷疑，一再追問，甚至為尋得答案嫁給其中一人。十五年後，三個好友因為生意上的競爭，相互明爭暗鬥，已失去過往純真的友誼，但這個殺害好友的秘密一直深藏心中不敢揭發。這兩部作品皆獲得讀者與評論家

---

❸　2000 年雖然受傷，但仍有四十二次搶球、二次中途攔截、四次防禦傳球、四次線後爭球的成績。

的肯定。

　　越裔美國女演員 Kieu Chinh 於 1993 年在華裔作家譚恩美的小說所改編的電影《喜福會》中，首次以其精湛的演技吸引美國觀眾與影評人的目光，而她的人生正像是一部被精心編寫出的電影。Kieu Chinh 1937 年生於越南河內，父親曾擔任法國殖民時期的經濟部長，母親在 1942 年就過世了，但她仍享有舒適的家庭生活。1954 年的奠邊府之役後，越南分裂成北部與南部，Kieu Chinh 與父親、兄弟及其他家族成員匆忙的準備離開河內。在他們前往機場的前一天晚上，她的哥哥加入極左派學生民兵。儘管如此，Kieu Chinh 的父親仍帶著她前往機場，並花了兩天在飛機跑道旁等候飛機。當他們好不容易準備搭上貨機，Kieu Chinh 的父親卻要她自己去西貢，他決定要留在河內獨自尋找他的兒子。她勉強搭機到達西貢，自此再也沒有見過父親。在西貢，Chinh 搭上當時未成熟的越南電影工業首波成就，在亞洲各地拍電影，甚至曾參與過好萊塢的電影《在越南的約定》(*A Yank in Vietnam*, 1964) 以及《作戰行動》(*Operation C.I.A.*, 1965)。

　　1960 年代末，Kieu Chinh 已是東南亞家喻戶曉的人物。後來因為北越於 1975 年奪取西貢，她在大銀幕前的工作頓時結束，迫使她第二次逃難。當西貢淪陷，她搭上飛機飛向自由，身上僅有毫無價值的越南貨幣二萬元與一本通訊錄。Chinh 到達多倫多 (Toronto)，那裡的難民機構幫她找到時薪二美元打掃雞籠的工作。在絕望中，她想辦法與在好萊塢的朋友連絡，終於聯絡上於希區考克 (Alfred Hitchcock) 的電影《鳥》(*The Birds*) 飾演女主角的提比‧海德琳 (Tippi Hedren)。海德琳承諾幫忙，Chinh 透過管道來到南加州，並渴望從事表演。1989 年《歡迎回家》(*Welcome Home*) 中的角色帶來重大的進展。她持續在《越南德克薩斯》(*Vietnam, Texas*, 1990)、《喜福會》、《暴亂》(*Riot*, 1997)、《醬油裡的鯰魚》(*Catfish in Black Bean Sauce*, 1999)、《綠龍》(*Green Dragon*, 2001) 與《面子》(*Face*, 2002) 中演出。Chinh 也擔任美國與越南交流的代言人，例如對首次到達美國的難民提供諮詢等。1993 年 Chinh 與傑出的越戰老兵路易士‧波爾 (Lewis Burwell Puller, Jr.)❸❷及傑出的新聞記者泰瑞‧安德森 (Terry Anderson)❸❸，共

同成立「越南兒童基金會」(Vietnam Children's Fund)，其目標是希望建立一個全越南小學的網路系統，以造福學童。

綜觀其上，1950 年代冷戰時期開始，至 1975 年越戰結束，美國接納大批的越南難民。這些越南難民聚集在城市生活，並將其母國文化根植於美國。從「小西貢」的越南社群，到今日在美國各領域的表現，越裔在美國多元文化中逐漸綻放光彩，注入另一支東方色彩。

㉜ 他在越戰時失去雙手雙腳。

㉝ 他是一名傑出的新聞記者，曾以美聯社 (Associated Press) 記者身分在黎巴嫩內戰 (Lebanese Civil War) 中，被好戰分子挾持長達六年。

第八章

印度族群

1946 年美國國會通過《盧斯塞勒法》(Luce-Celler Act)，
授予印度人入籍美國的權利後，印度人才大批移民美國。
居住在美國的印度人大多信仰印度教 (Hinduism)、錫克
教 (Sikhism)、耆那教 (Jain)、佛教 (Buddhism)、基督教、
伊斯蘭教和祆教 (Zoroastrianism)，是美國族群中受高等教
育人數較多的族群。

根據美國人口普查局資料顯示，印度裔在美國的人口從 1990 年代的 352,278 人、2000 年的 1,679,000 人，至 2007 年的 2,570,000 人，增長率為 53%，是所有亞裔社群人數增加最快最多的族群。至今，印裔美國人是美國第三大亞裔族群，僅次於華裔美國人和菲裔美國人。印裔美國人大部分聚集在加州、紐約、新澤西、德克薩斯和伊利諾等五州。此外，在佛羅里達、喬治亞、密西根、賓夕法尼亞、俄亥俄和維吉尼亞等州也有聚集一部分的印度社群。以印度人口聚集的紐約大都會地區為例，至少出現十七處「小印度」，六十多萬的印裔美國人口居住在美國大都市。同時，印裔美國人在美國醫療業、資訊科技業和建造業等行業發揮顯著的作用，他們平均教育水平不斷的提高，收入已超過全美平均水平。

第一節　首批到達美國的印度移民

南亞裔美國人源自於印度、巴基斯坦、孟加拉、斯里蘭卡、尼泊爾與不丹。根據歷史記載，自 1790 年一名旅遊者馬德拉斯 (Madras) 參觀美國開始，僅有少數南亞人於 20 世紀時抵達美國。1975 年之後，在美國的南亞裔才迅速成長。印裔美國人顯然是美國南亞裔中最大的一支族群，而他們也是美國僅次於華裔與菲裔的第三大亞裔族群。巴基斯坦人居印裔之後，是美國第二大的南亞裔族群。在人數上，印裔人數遠遠超過巴基斯坦裔。

1757 年，英國在孟加拉 (Bengal) 對抗蒙兀兒帝國 (Mughal Empire) 與法國力量，漸次控制該地區。1858 年英國政府想直接控制英國東印度公司在印度的控制權，進而控有印度半島。1947 年英國欲控制整個印度地區，包含的國家不僅是今日的印度，也包含大部分信仰伊斯蘭教的巴基斯坦❶。在 1947 年移民至美國的亞印移民，是指英國統治下的印度，其範圍包含巴基斯坦與不丹。

1820 年首批來到美國的印度移民，是受英國殖民統治下的印度商人。據統計 1820～1830 年間僅九個人赴美，他們被稱為「東印度人」(East Indians)。美國人保留「印度人」(Hindus) 一詞給自己本地的美國人。後來他們將

---

❶　在 1971 年分裂成巴基斯坦與孟加拉。

"Hindus" 一詞與「印度斯坦」(Hindustan) 一詞連接，作為次大陸的另一個名詞。而當「印度」一詞也泛稱「印度主義」(Hinduism) 的支持者時，產生相當程度的困擾。現今採用「亞洲印度人」(Asian Indian) 一詞，是比較恰當的用法。

19 世紀，一些亞洲印度人主要以進出口商、礦工與宗教領導人的身分來到美國。1820～1900 年間，只有六百九十六名亞洲印度人以移民身分進入美國。1901 年開始，來自英屬印度地區的少數亞印年輕學生，在大學得到優待的機會進入美國，求取工程學、醫學、農學、製造方面的學位，從哈佛大學 (Harvard University) 到哥倫比亞大學 (Columbia University) 都有。而大部分在西岸入學的學生，尤其是加州柏克萊大學 (University of California, Berkeley)，學費與生活開銷較容易估計，因此學生可藉由學校介紹的工作打工，例如一些亞印學生在夏天從事農業或銷售印度商品，以賺取生活費❷。

進入 20 世紀的 1900～1907 年間，亞印工人大部分來自印度的旁遮普省 (Punjab)，與亞印學生同時期在美國東西兩岸停留，至 1907～1910 年開始有大量移民。據統計，有超過三千八百名亞印人在此時到達美國；1912～1962 年間，由於美國法規對亞印人區別對待，因此僅五百人入美❸。在早年大部分的亞印人是旅居者，停留在美國賺取足夠的錢，再返回故鄉購買一小塊地或是還清借款。這些早期移民大約有 85% 的人是錫克教徒，10% 是穆斯林，而僅少數是印度教徒。他們大多從加爾各答 (Calcutta) 搭汽船到香港，再從香港到美國西岸。行程約需一個月，他們大部分是向親屬借錢或抵押土地以支付航行的費用。

通常一名初到美國的旁遮普人，若是個有技術的農夫，可以在加州農場、或是在奧勒岡的舊家具工廠、或在西太平洋鐵路公司工作。1910 年代，在勞

---

❷ U.S. Immigration Commission, *Japanese and Other Immigrant Races in the Pacific Coast and Rocky Mountain States*, 1, Japanese and East Indians (Washington, 1911), 348.

❸ Gary Hess, "The Asian Indian Immigrants in the United States: The Early Phase, 1900–65," *Population Review*, 25 (1982): 32.

工的開路者中，亞印勞工發現自己被雇主嚴重剝削。例如，加州的水果種植業者承諾以具競爭力的報償，吸引亞印勞工到他們農場工作。結果水果種植業者付給亞印勞工的薪資明顯少於日裔，以安撫日裔勞工的要求。過了一段時間，一些旁遮普人只好自己提供共同租地或購買農地來耕作，以避免被剝削與陷入生活貧困的窘境。在 1920 年亞印人擁有約 2,100 英畝土地與 86,340 英畝的租用地，耕作的作物如稻米、棉花，或是杏仁、葡萄、桃、梨、杏、馬鈴薯、豆子、豌豆、玉米、芹菜、蘆筍與萵苣等作物以自救❹。

　　其實白人勞工的待遇也和亞印人相類似。白人勞工對亞印人在工作職場上與他們競爭感到憤怒，且在工資所得上，因亞印人積極的工作表現，使白人勞工工資變得微薄。這些不滿於 1979 年 9 月 4 日晚上演變成為暴力衝突，約有四百～五百名白人工人受到洛杉磯「亞洲種族排除聯盟」的慫恿，進入位於華盛頓州西北部貝靈漢區 (Bellingham) 亞印人的地區，痛打當地居民並將他們驅離城鎮，最後演變成反亞印的暴動❺。

　　經過反亞印暴動後，「亞洲種族排除聯盟」的成員列舉對亞印不合意之處，說他們不愛乾淨、不理會衛生法條、不時偷竊，尤其是懦弱、對女性無禮等舉動。然而，他們並非唯一對亞印人輕視的排外主義者。1908 年「美國工人聯盟」的領袖，表達一般美國人對亞印人與其他亞洲人的種族看法。當時「美國工人聯盟」的領袖宣稱，「六年的時間我們接觸中國人、二十五年對日本人的經驗與二、三年對亞印人的瞭解，足夠說服任何一個聰明人，他們（指亞印人）沒有好品質，該由白人審判他們」❻。

　　美國國會於 1917 年通過《移民法》，對反亞排外主義者的訴求做出回應，即限制從亞洲地區前來的移民。此法案適用於亞印族群，並對移民採用讀寫能力測驗，如此只有會讀能寫的人才被允許入美。此後，赴美的亞印移

---

❹　*Sutter County Farmer*, May 29, 1929.

❺　Iris Brown Buaken, "My Brave New World," *Asia*, May 1943, 269.

❻　Buaken, *I Have Lived with the American People*, 321–323; Bulosan, *America Is in the Heart: A Personal History*, 315–316, 324.

民逐漸減少。然而一些移民仍在《移民法》限制邊緣中遊走，先去墨西哥再藉由走私業者協助，通過美墨邊境入美。若是他們願意刮去鬍鬚、拿掉頭巾，走私業者願意收取比較低廉的費用。也有一些亞印人加入了美國左派，來對抗美國的敵視。在 1911～1930 年，大約有四千五百名亞印人滯留美國。

在 20 世紀初，亞印人被分類為白人，因他們同屬阿利安人 (Aryan)。理論上，外國出生的亞印人在美國應該被賦予自然權利，而依據 1790 年的《自然權利法》，這個待遇僅給白人。對於實現亞印人能適用白人權利的爭論（且可以成為美國公民），美國首席檢察官 Charles J. Bonaparte 於 1907 年宣稱，「在沒有建立法條之下，英屬印度人可視為白人」❼，但他的話並未使亞印人取得公民權。1920 年一個旁遮普移民申請加州柏克萊大學，並短期間加入美國陸軍，為了美國的公民權服從了美國的法律（美國於 1973 年起統一實行募兵制）。美國地方法庭贊成他的申請，但是移民局提出上訴，這案子上訴至美國最高法院，1923 年法院法官一致同意，決定不讓這名旁遮普移民獲得公民權，肇因於「高加索人」(Caucasian) 與「白人」同義，而亞印人不是白人。在回覆這名旁遮普移民的決議中，州政府裁決，先前地方法院核准亞印人享有公民權利的申請無效。

因旁遮普移民的決議案，《外籍人士土地法》在美國確立。由於該法禁止非美國公民擁有不動產，這個法案當然就適用於亞印人，因此一些人失去他們的不動產。先前亞印人藉著《外籍人士土地法》向美國人購買土地，而當 1933 年受到法院的挑戰時，便轉向購買或租借自他們在美國出生的小孩（他們擁有美國公民權）名下的土地。這種方式同樣使用在日裔美國人身上。此外，因最高法院對旁遮普移民案的決議，《反異族通婚法》也適用於亞印人，並且因為亞印人不符合美國公民身分，亞印人無法在大蕭條時期受到聯邦政府的各種補助。自此之後的二十三年間，紛紛出現由亞印人成立的團體組織，努力爭取他們的自然權利❽。

---

❼　Buaken, *I Have Lived with the American People*, 339.

❽　亞印組織如「印度福利聯盟」，是在 1938 年由農夫 Mubarak Ali Khan 發起。

　　1910 年代，在美國的亞印人數量已相當可觀，尤其是學生與知識分子，對於印度的政治狀況感到憤怒及擔心。英國統治下的印度人民處境，如同他們在美國的法律地位一般不平等。1912 年一個在史丹佛大學教授印度語的亞印人哈爾達亞爾 (Har Dayal)，將其他太平洋沿岸印度斯坦工人協會 (Hindustani Workers of the Pacific Coast)，組織成一個名為 Ghadar Party 的政黨。這個組織印製發行文章，內容是有關爭取印度獨立奮鬥的訊息，這份刊物被命名為「印度斯坦」(*The Ghadar*)，並於 1913 年 11 月 1 日被列為首要議題發表。柏克萊大學的亞印學生 Kartar Singh Sarabha 發行印刷報刊，並積極籌措資金，該區亞印農夫於聚會時也積極募款。英國很快掌握哈爾達亞爾的煽動反叛行為，並於 1914 年將他逮捕。哈爾達亞爾在被保釋後流亡至瑞士。取而代之的是由 Ram Chandra 領導，鼓吹太平洋沿岸的亞印人回印度參與勞工革命。然而 1915 年 2 月發生一場迅雷不及掩耳的意外，幾個黨成員在哈爾達亞爾的幫助下，安排運送武器回印度，而背後有德國政府給予財務的幫助，以武裝反叛對抗英國。然而革命失敗，事後許多亞印人，大多數是 Ghadar Party 的成員遭到逮捕。在 1917 年接受審訊後，十五名亞印人被判有罪並監禁。Ghadar Party 追求印度的國家主權，與其他團體產生隔閡，包括成立於 1910 年的「家規聯盟」(Home Rule League)。直到 1947 年 8 月，英屬印度被分割成兩個邦，一個是較大的印度教國與一個伊斯蘭教國，成為獨立的印度與巴基斯坦。

　　1915 年，太平洋沿岸 Khalsa Diwa Society 的任務，是保護並推動亞印移民的福利，其在加州斯托克頓市的格蘭特街建築錫克教謁師所 (Gurdwara) 事件中，扮演有力的角色。這座謁師所是第一座建於市中心供美國亞印人膜拜的地方，兼具宗教與現世的機能。在 1917 年 Ghadar Party 的成員被審判後，這個謁師所變成一處主辦各種政治活動的政黨總部，包括籌辦薩羅吉尼·奈杜 (Sarojini Naidu) 的演講，她是印度獨立運動最傑出的領導者之一。她於 1929 年旅行美國時，動員國外移民，支持印度從英國統治中解放出來。

　　1910～1920 年代，由於團體與計畫均無法改變亞印人在美國的情況，很少亞印女性勞工與學生前往美國，在美國的亞印人大多過著單身漢的生活。

亞印勞工試著住在工棚或是租賃的住宅中，他們習慣了美式的生活，一些人決定留在美國生根。1946 年以前，亞印移民受到最嚴厲的法規限制，僅少數能帶他們的家人到美國。在許多州規定《反異族通婚法》施行後，亞印男性不易與白人女性結婚，因此他們多與膚色相似的墨西哥裔女性結婚，以避免與美國社會當局起衝突。然而，亞印與墨西哥兩支族群雖然膚色相近，但是文化卻有著極大的差異，因此婚姻最終亦告失敗。例如，墨裔女性不習慣為她們丈夫的單身朋友煮飯與洗衣❾。至 1946 年《盧斯塞勒法》通過以後，更多亞印男性能組成亞印家庭；法案擴大亞印的自然權利，且提供每年一百名的少量配額給亞印移民。這個法案使亞印移民在有限資格下帶他們的妻子、小孩及其他親屬到美國。而當加州於 1948 年廢除《反異族通婚法》後，亞印男性與其他白種女性的通婚比例漸增。

第二節　二戰後移民政策對印裔的影響

美國加入二戰前夕，亞印美國人正為自己的公民權奮鬥，而這場「捍衛民主」的戰爭，讓他們得以爭取更多平等。自 1923 年最高法院因應經濟大恐慌，制定 Thind Decision，取消亞印美國人的公民權後，他們一直無法得到公平的對待。在領導人穆巴拉克‧阿里‧汗 (Mubarak Ali Khan) 的帶領之下，「印度福利聯盟」(India Welfare League) 要求美國國會正視這個問題。1939 年，國會提出一項法案，希望能規定自 1924 年移民到美國的亞印人享有居住權，「美國勞工聯邦」(America Federation of Labor) 的保羅‧沙林柏格 (Paul Scharrenburg) 首先發難，他向國會指出：「現在是印度人，不久後華人、日本人等也會開始有所要求，希望成為公民。然後他們就會開始鑽法律漏洞，到處破壞移民法規。」訊息一出，不待國會有所行動，Khairata Ram Samras 決定

---

❾ V. V. Raman, "The Pioneer Woman: Making a Home in What Was a Social Wilderness," *India Abroad*, July 4, 1986, iv; George Simmel, "Der Fremde" or "The Stranger," in Simmel, *On Individuality and Social Forms*, edited by Donald N. Levine (Chicago, Ill.:University of chicago Press, 1971), 143.

自己向法院尋求補救辦法。1940 年，他向舊金山地方法院提出申請訴訟表示：「Thind Decision 是無理且沒必要的，它殘暴的剝奪亞印美國人的權利。」一年後，即 1941 年 8 月，美國總統小羅斯福和英國首相邱吉爾 (Winston Churchill) 會談《大西洋憲章》(Atlantic Charter)，會中商討人權問題，主張人民有權選擇自己的政府，亞印美國人明白，這是他們向美國政府爭取平等機會的大好時機，阿里·汗和亞印美國人協會 (Indian League of America) 領導人 Sirdar Jagjit Singh，共同要求美國政府給予亞印應有的平等和機會。

　　在二次大戰期間，美國人不得不承認，他們需要亞印幫他們打日本人。美國深深感受到，日本希望拉印度入軸心國，以成為他們在東亞的基地，如此一來可以打亂英軍在亞洲的防線。這些軍事上的謀略，讓美國國會重新考慮亞印一直以來的要求。終於在 1944 年 3 月，立法會議送交給予所有在美亞印人平等公民權的法案，提出這項法案的領導人是紐約參議員伊曼紐爾·塞勒 (Emanuel Celler)，他認為美國此舉可以破壞日本的野心和計畫。幾個月後，在《東亞觀察》(*Far Eastern Survey*) 上，賓州大學的錢德拉塞卡 (S. Chandrasekhar) 也強調這項法案的通過，可以凝聚對抗法西斯的意識型態❿：

> 無可否認的，美國從未像今天這樣關心國內的亞裔人士。希特勒納粹政權對歐洲其他民族壓迫的理由，應是基於虛構的優越日耳曼民族，有權將其文明強加在所謂的歐洲次等民族之上。如果美國能成功打擊這種危險觀念，就能阻擋種族歧視對美國和亞洲國家關係的負面影響。如今美國的移民法排除近四分之一的種族，美國不可能一邊要求印度人與自己站在同一陣線，一邊卻不支持國內的印度移民。

　　很明顯地，美國不可能雙贏，他們不可能一邊大喊「打倒納粹」，一邊卻行種族歧視政策，美國必須將其所謂的「平等」訴諸法律條文，錢德拉塞卡認為，能不能凝聚數以千計的印裔，就看美國所提的「平等」保證能不能實現

❿　Brett Melendy, *Asians in America: Filipinos, Koreans, and East Indians*, 51.

了。

二年後，國會給予亞印一定的配額，並允許已在美國的亞印公民權。在接下來的十八年中，計有一萬二千名亞印人進入美國，據歷史學家 Gary Hass 所言❶：

> 許多老一輩的印裔都將妻小從印度接出來。若非有 1946 年《移民法》和《公民法》的改變，在美的東印度族裔遲早會滅絕。

自 1946 年《盧斯塞勒法》通過，擴大了亞印人的自然權利，每年並提供一百名的少量移民額度。再者，1952 年《麥卡倫華爾特法》大大影響戰後時期的亞印人，該法排除所有亞洲人在種族與民族自然權利的限制，首次同意亞洲移民成為有自然權利的美國公民。放寬移民與自然權利的限制，小幅激勵了亞印移民：1945～1965 年間，6,907 名亞印人進入美國，使 1950 年時只有 1,500 名亞印人移居亞印社區的情形獲得復甦。此後，美國的大門因 1965 年的《移民法》對亞洲移民轉為開放。但亞印移民到美國，其人口數自 1966～1970 年一直維持在平均每年五千名以內的程度。此後於 1970 年代卻急遽上升，美國人口統計局統計，1980 年有 361,531 名亞印人居住於美國，1990 年則有 815,447 名亞印人在美國，人數超過 1980 年的兩倍。2000 年有 1,899,599 名亞印人在美國，比 1990 年增加了 106%❷。

然而並非所有亞印人都被美國 1965 年後的《移民法》所認可。一些亞印人來自英國、東非、加勒比海與加拿大，他們因英國在南亞的殖民事業由南印度流散至各地，之後透過走私進入美國。1986 年，他們是除了拉丁裔之外，用非法方式由美墨邊境進入美國的最大族群。根據美國移民局估計，1996 年有 33,000 名亞印人非法居住在美國。在這個期間，亞印人最喜歡居住在加州；2000 年有 314,819 名亞印人視加州為他們的家。他們也分散至全國

---

❶　Buaken, *I Have Lived with the American People*, 369.

❷　U.S. Census Bureau, 1990, 1992.

各地，使他們與南亞次團體分散開來。根據 2000 年的人口資料顯示，以下四個州是亞印族群聚集最多的地區：紐約州（251,724 人）、新澤西州（169,180 人）、德州（129,365 人）與伊利諾州（124,723 人），而佛羅里達州、賓州、密西根州、馬里蘭州與維吉尼亞州，在 2000 年時有超過 48,000 名的亞印族群❸。

早期的亞印移民大多是農人或工人，然自 1965 年後進入美國的亞印移民，是已經在印度受良好教育的一群，主要在醫學、科學、高等教育與商場上有專業的技能。一些新來的印度學生，他們一進入美國，就適應並長期居留。而當印度 1965 年失業人口高增，尤其在醫學、科學、物理與理工方面，美國卻在醫學與其他領域缺少專業人才，因此造成了印度的大批專業人才移民美國❹。藉由他們的高教育水平與專業訓練，接下來的十年，亞印人在亞洲族群中，受聘於專業領域的比例最高。值得注意的是，亞印人也在美國經營小生意，主要從事旅館、汽車旅社、便利商店與加油站等行業❺。無論是學者或企業家，亞印人都擁有高於其他族群的收入水準。在美國大多數的亞印人會匯款回家幫助家庭成員，因此在印度，有親人在國外工作，是他們重要的收入來源。第二代年輕的亞印人在學校表現亦相當良好，1990 年他們是所有亞洲裔族群中，退學率最低與平均成績最高的族群。

自 1965 年《移民法》通過後，白種人對亞印人的種族歧視與仇恨逐漸下降，但並非完全消失。亞印人在 1980 年代的美國東北部度過了一個穩定的時期。1987 年 9 月，一個由黑人、白人、波多黎各人組成，自稱「嬌小男子」(dotbusters) 的團體，送了一封信給《新澤西日報》(*New Jersey Daily Newspaper*)，恐嚇威脅要亞印人搬離新澤西市。這個組織的推動並非民族主義或仇外組織，

---

❸ U.S. Census Bureau, 2000, 2002.

❹ B. N. Ghosh, "Some Economic Aspects of India's Brain Drain into the U.S.A.," *International Migration*, 17. 3–4 (1979): 281; Joan M. Jensen, *Passage from India: Asian Indian Immigrants in North America* (New Haven, Conn.: Yale University Press, 1988), 113.

❺ Melendy, *Asians in America: Filipinos, Koreans, and East Indians*, 192.

而是對亞印人的高經濟社會地位感到憤恨。三個星期後，三個白人以棒球棒為武器，攻擊一個鄰近新澤西市的亞印醫生考沙爾・夏朗 (Kaushal Sharan)。他被打得頭破血流，以至於無法記得詳情去檢舉攻擊者。在這名醫生遭到攻擊的三天後，十一個拉丁人在霍波肯市 (Hoboken) 打死了亞印人那羅斯・默地 (Navroze Mody)。這名男子走出咖啡店，只見一群人一邊喊著「印度、印度」，一邊連擊這名男子。這些攻擊者藉著搜尋電話簿中看起來像印度名字的人，並對他們進行騷擾。攻擊者大膽的攻擊鄰舍行徑，恣意破壞亞印人的財產，做出帶有偏見的行為，此類暴行是針對新澤西亞印人社群的恐怖行動❶。

亞印人持續遭受暴力集團的攻擊，因為造成一般人誤認他們是精英主義者、小集團、不誠實、自我滿足或僅是個「外國人」，或將他們與其他種族和宗教混為一談❶。在九一一事件後幾天，亞印人遭到排擠與傷害，並遭受種族主義者的批評辱罵❶。而亞印人若是不除去頭巾或是刮鬍子的話，就會遭學校或公立機構拒絕擔任職務。阿馬爾・辛格 (Amric Singh) 的例子即可說明一切：辛格是錫克教教徒，在紐約市警局擔任員警，因為宗教的關係，他拒絕除去頭巾、刮鬍子，於 2001 年遭到停職。所幸仍有許多亞印名人❶為提高亞印人的能見度努力奉獻，使美國人對於亞印人有較多的認識，而亞印人也變得較受歡迎。因此，1967 年 8 月 20 日於新澤西的普林斯頓成立了一個規模很大的國際組織，稱為「美國印度人協會」(Association of Indians in America，簡稱 AIA)。「美國印度人協會」旨在促進社會福利與亞印人進入美國主流社會，並促進其成員與其他人參與印度的進步與發展，藉由慈善機構、文化與教育活動，鼓勵亞印人參與美國人社群生活。「美國印度人協會」於全美國有分會，該組織要求 1980 年美國將亞印人與亞洲美國人分開統計，使其有較完善的積極措施方案。此外，印度教、錫克教與穆斯林各有其組織，他們的任務

---

❶　Melendy, *Asians in America: Filipinos, Koreans, and East Indians*, 212.

❶　因為亞印人的深膚色，被誤認為是黑人或拉丁人。

❶　自 2001 年後在美國的亞印人常被稱做是垃圾桶。

❶　例如 Deepak Chopra、Zubin Mehta、Ismail Merchant，為提高亞印人的能見度而努力。

是在其社群中保護公民與人權，提倡社會正義。

第三節　印裔美國人社會

18 世紀早期只有少數印度教徒移民至美國，至 1956 年印度教徒則占所有印度移民中的多數。今天在美國的印度教徒，或在家中的小神龕作禮拜，或去印度教神廟作假日的團體禮拜。北美最老的一座印度教神廟是紐約法拉盛 (Flushing) 的俄尼沙廟 (Ganesha Temple)。這座神廟原建於印度南方的安德拉邦省 (Andhra Pradesh)，1976 年自印度運送至美國，二十噸重的花崗岩建築體由二十五名工匠小心的重新建築起來。此外還有由印度萬神廟運來了女神雕像、俄尼沙象頭神 (Ganesha)、濕婆神 (Shiva)、富饒女神拉克西米 (Lakshmi) 等。如今由麻州到加州，有十二座印度教神廟散布於美國，但與在印度的印度教神廟有著不同的本質。在印度每座廟僅奉獻給印度的一個神，而其他的神在中心聖地圍繞，以榮耀待立。然在美國則是印度的眾神共用一個神廟❷。

自 1915 年第一座錫克教謁師所在加州斯托克頓市蓋好後，錫克教徒又在幾個州建立謁師所：德州北部、拉斯維加斯巴巴深辛格 (Baba Deep Singh) 和紐約羅賈斯特，最多數量的謁師所集中在加州。

在美國，穆斯林的清真寺如同多民族的聚集地，包括有亞印穆斯林與其他南亞穆斯林（主要是巴基斯坦人與孟加拉人）、阿拉伯人、非洲人、東南亞人、土耳其人與非裔美國穆斯林，在美國共興建有 1,209 間清真寺。

亞印美國人在每年 8 月時，以短曲迎接印度獨立紀念日。紐約三州地區的「印度組織聯盟」(Federation of Indian Association) 贊助全美亞印人在各地區舉辦遊行與慶典活動，比如遊行的舞蹈隊伍、花車上的亞印美國小姐活動。在印度獨立紀念慶典的花車上，總會描繪著印度自英國獨立的圖樣。亞印美國人也慶祝 1 月 26 日的共和日（紀念 1950 年行憲）以及 10 月 2 日國父甘地 (Mahatma Gandhi, 1869～1948) 的誕辰。

美國印度教徒與錫克教徒遵行萬燈節（10 月 26 日）傳統，在這一天，亞

---

❷　Buaken, *I Have Lived with the American People*, 311.

印家庭都會點亮傳統的油燈，象徵以光明驅趕黑暗，以善良戰勝邪惡。在紐約市與其他地方，萬燈節時會有大神龕與許多印度式裝飾的花車隊伍。另一個印度節日是荷麗節 (Holi)，也稱作色彩狂歡節，印度教徒相互投擲紅、橙、綠、藍、紫色粉末，或用有顏色的水潑濕彼此，以慶祝春天的到來。印度教徒最重要的一個節日是濕婆神 (Maha Shivaratri) 的誕辰，大約在 2～3 月時盛大慶祝，以榮耀濕婆神。印度教徒篤信濕婆神，於晚上參拜進貢濕婆神。在 3、4 月中，印度教徒慶祝拉瑪 (Rama Navami) 的生日，拉瑪是毗濕奴 (Vishnu) 的十種化身之一。在拉瑪誕辰日，印度教徒會去神廟奉上金錢、食物及衣服給婆羅門教的僧侶與貧者。他們也唱歌讚美拉瑪，吟誦拉瑪的故事或者看有關拉瑪的電影。

對一個錫克教徒來說，百撒基日 (Baisakhi Day，或稱 Vaisakhi) 是最神聖的日子。錫克教徒於謁師所慶祝百撒基日，信徒一起讀錫克教聖典，也幫忙內務工作。印度教徒也慶祝這一節日，一方面紀念祖先，一方面也表示新的一年到來。其他重要的節日是大師阿爾揚殉難日 (Guru Arjan Dev Ji，5 月或 6 月)，大師巴哈杜爾殉難日 (Guru Tegh Bahadur，11 月或 12 月)，大師哥賓德辛格誕辰 (Guru Gobind Singh，12 月或 1 月) 與古魯那瓦克誕辰 (Guru Nanak Dev Ji，4 月)。2002 年新澤西州教育委員會 (New Jersey State Board of Education) 將這些特殊的節日，如百撒基日標明在學校的行事曆上，讓美國的節日更多元化。

在傳統習俗方面，印度傳統醫學的主要組成部分是《阿育吠陀》(Ayurveda)，即所謂的「生命科學」，亦稱為印度草醫學。梵文中的 "Ayu" 是「生命」之意，而 "Veda" 是「知識」或「科學」之意，原理乃利用人體五個基本要素（即天、空氣、火、水、土）的綜合體相互協調運作，創造出身體的健康功能。根據《阿育吠陀》，人們可透過每日嚴格的生活與瑜伽運動，達成各種自然境界與身體、靈魂與情感的平衡。《阿育吠陀》的健康觀念，重視個體的獨特而需要不同的養生法。當生理機能失衡，《阿育吠陀》的實踐者相信可藉由結合瑜伽、生活方式、規律飲食、藥草、色彩療法、個人特殊的裝備、代謝與和緩的冥想來恢復健康。以服用藥丸的方式快速達到治療目的，是《阿

育吠陀》以外的技術。在此療法中，喬布拉 (Deepak Chopra) 醫生的表現最為出色，2008 年被《時代》選入「國內前一百名偶像與英雄」，並稱譽他是「替代醫藥的詩人先知」。1980 年代，喬布拉受內分泌專家的訓練，創立他特有的替代醫療法，尤其是治療身心技法，依據《阿育吠陀》的全面醫療術，與當前西方的科學成果與成就相配合來醫治病人。喬布拉寫了相當多激發精神方面的書，包括《不老的身體，永恆的心靈：天賦能量的更改成長》(*Ageless Body, Timeless Mind: The*

圖 28: 喬布拉（出處: s_bukley/ Shutterstock）

Quantum Alternative to Growing Old, 1998)、《如何認識神：靈魂神秘旅途的奧秘》(*How to Know God: The Soul's Journey into the Mystery of Mysteries*, 2001)，另外《更深的傷痕：掩蓋靈魂的恐懼與哀傷》(*The Deeper Wound: Recovering the Soul from Fear and Suffering*, 2001)，是對九一一悲劇的精神回應；《每日不朽：精神轉化的簡易課程》(*Everyday Immortality: A Concise Course in Spiritual Transformation*, 2003)，提供了一系列對深思的探索。其中《如何認識神：靈魂神秘旅途的奧秘》更成為《紐約時報》的暢銷書。此外，他寫了一些小說及許多詩篇的彙集，名為《愛的靈魂：狂喜與歡樂的經典韻文》(*The Soul in Love: Classic Poems of Ecstasy and Exaltation*, 2001)。他也擔任加州拉荷亞市 (La Jolla)「喬布拉福祉中心」(The Chopra Center for Well Being) 的開創者與總裁㉑。

　　除了醫藥成就外，印度食物受到美國當地人的青睞與喜愛。印裔帶來了特殊口味的印度菜，已在美國成為一道受歡迎的菜餚，全美國擁有數百家印度餐館和飲食店，還有許多印度市場和商店。一些最大的印度市場是在矽谷、芝加哥，紐約市、費城大都會區及新澤西州的愛迪生 (Edison) 等地區。

　　依據錫克教和印度教的規定，教徒須堅持嚴守日常生活吃素的風俗，而穆斯林則不吃豬肉。就地區的差異而言，在印度北部小麥產地，印度人民比

㉑　Buaken, *I Have Lived with the American People*, 289.

較喜歡小麥麵包，諸如印度抓餅 (paratha)，搭配上用陶製泥爐燒烤的印度烤雞 (tandoori chicken)。在印度南部比較傾向吃素，一般食用米飯、三角豆（小扁豆）、蔬菜，或食用香料混合作成的湯咖哩、油炸餅與酥脆餅。他們也偏愛素食烹飪，蔬菜咖哩、蔬菜油煎餅與印度酸辣醬炸米塊、灑上芥末子與胡荽葉的鷹嘴豆粉糕，更是印度人所喜愛的美食❷。

在文化娛樂方面，在亞印人口較集中的地區設有印度語電臺，例如，紐約三州地區的紅細胞電臺，新澤西州、康乃迪克州和紐約州地區的收音機 Humsafar，北德州電臺、達拉斯薩拉姆合十電臺，休士頓的 FunAsia 廣播電臺和 Sangeet 電臺等。在這些社區內也有廣播電臺廣播塔米爾語和泰盧固語 (Telugu)，以及幾個有線電視❷和衛星電視提供商提供印度頻道供亞印族群觀賞。大城市地區的亞印社群現在也有專門放映印度寶萊塢 (Bollywood) 的電影院。

第四節　印裔美國人的成就

物理方面

在各行各業中，印裔美國人有其卓越的成就表現，受到美國人相當程度的肯定。錢德拉塞卡生於 1910 年，在 1937 年移民美國，1953 年成為美國公民。錢德拉塞卡是 20 世紀最有名的亞印天體物理學家，他因發現星球進化的原理而成名。在 1930 年代早期，他提出並非所有行星最後都會成為白矮星的理論。雖然起初該理論受到懷疑，但是後來漸漸成為「黑洞學說」的理論依據，並於 1983 年得到諾貝爾物理學獎。根據他的理論，行星的構造與進化在物理學上有其相當的重要性。錢德拉塞卡在穩定宇宙質量上也作出重要的定理，揭露萬有引力、旋轉、磁性的物理學，推斷出銀河全面的螺旋構造。美國國家航空暨太空總署 (National Aeronautics and Space Administration，簡稱 NASA)

---

❷ Saint Nihal Singh, "The Picturesque Immigrant from India's Coral Strand," *Out West*, 30 (1909): 44–45.

❷ 例如 Sony TV、Zee TV、Star Plus、Colors 等有線電視臺。

以他名字命名首座 X 光天文臺為「錢德拉 X 射線天文臺」，是相當成功的亞印美國物理學家。

醫學方面

被《紐約先驅論壇報》(New York Herald Tribune) 稱為「20 世紀最著名的醫學家」的 Yellapragada Subbarao 博士開發維生素 B（治貧血症）、抗生素（短桿菌抗生素）、治白血病、治絲蟲病等藥物，增進醫藥的進步。Subbarao 於 1895 年出生於貧窮家庭，在搬到馬德拉斯 (Madras) 之前仍默默無聞。他在總理學院 (Presidency College) 及馬德拉斯醫學院 (Madras Medical College) 獲得完整的學習環境後，因兩個兄弟得到熱帶病過世，開始在醫學中尋找研究的方向。之後，申請上哈佛大學的熱帶醫學科 (The School of Tropical Medicine at Harvard University)。因為哈佛大學並未提供獎學金給 Subbarao，所以他必須靠晚上擔任醫院守衛來支付開銷，以持續他的學習研究，並於 1982 年獲得畢業證書。Subbarao 與 Cyrus Hartwell Fiske 一起工作，開發比色法測定 (colorimetric method) 計算紅磷在人體組織與流體中的比例，如今被稱為「菲克薩布巴羅法」(Fiske and Subbarao method)。這個發明幫助 Subbarao 於 1930 年得到哈佛的博士學位。1940 年他成為紐約雷德路實驗室的合夥研究主管，在那裡開發大部分的藥品。由於美國當局對移民身分的限制，直到 1946 年《盧斯塞勒法》通過，他才享有公民身分。

高科技方面

1995～2005 年，杜克大學 (Duke University) 與加州大學柏克萊分校的一項聯合研究發現，亞印移民在美國創辦許多工程和技術公司，加州矽谷的亞印工程師占三分之一，而 7% 的矽谷高科技公司是由亞印人擔任首席執行長。在亞裔族群中，亞印人擁有高學歷比例較其他亞裔高，有 67% 的亞印人擁有學士學位或更高（相對於全美國的 28% 和亞裔美國人的 44%，高出許多），其中 40% 的亞印人在美國擁有碩士、博士或專業學位，是全國平均水準的五倍。托馬斯・弗里德曼 (Thomas Friedman) 在著作《世界是平的》(The World is Flat: A Brief History of the Twenty-first Century) 稱這種趨勢為「人才外流」，或稱為「腦流失」

(brain drain)。美國將印度最著名及最好的人才引入美國，亦讓印度移民到美國能尋求更好的機會。根據 2000 年美國人口普查，亞印美國男性全年全職最高收入是 51,094 美元，而亞印美國女性的平均收入是 35,173 美元。而亞印美國人擁有 50% 的經濟旅館、35% 的酒店，占美國總市值近四百億美元。2002 年有超過 223,000 名亞印在美國擁有企業，雇用超過六十一萬名工人，超過八百八十億美元的收入❷❹。

企業方面

　　Gobindram Jhamandas Watumull 是亞印籍的企業家、政治家兼慈善家，他在檀香山因經營零售業獲得成功。1942 年 G. J. Watumull 設立 Watumull 基金會，有組織的將利潤所得奉獻給印度母國以改善環境，並捐獻給夏威夷的教育文化機構。1944 年 Watumull 基金會成立 Watumull 獎，每三年頒發一次給具有歷史貢獻的亞印美國人。1945～1982 年，已有二十五人獲選。

　　多位亞印名人在美國是家喻戶曉的人物。美國十多家著名企業的首席執行長擁有亞印血統，例如百事公司 (PepsiCo Inc.) 女執行長英德拉‧努伊 (Indra Krishnamurthy Nooyi)。在家鄉馬德拉斯 (Madras)，她曾是女子搖滾樂隊的主吉他手；在耶魯大學讀書時，是學院板球隊的成員；公司聚會時，她是那個拿起麥克風為大家演唱的女人。1978 年，二十三歲的努伊隻身一人來到美國攻讀 MBA。為了賺取生活費，她做起了耶魯大學宿舍接待員的工作，並選擇了全夜班的工作時段，這樣可以每小時多拿 0.5 美元的工資。在決定來美國時，父母告訴她：「你瘋了，你該老老實實待在印度，然後結婚生子。」她曾經解釋說：「我一直有在美國定居的熱情和渴望。」如今，努伊和丈夫還有二個孩子一同居住在美國。在 2008 年《富比士》(Forbes) 公布的「世界百名最具權力的女性」榜單中，努伊位列第三，排在她前面的是德國總理梅克爾 (Angela Merkel) 和美國聯邦存款保險公司 (FDIC) 主席希拉‧拜爾 (Sheila C. Bair)。同年《美國新聞和世界報導》(U.S. News & World Report) 評選出全美最出色的領導

---

❷❹　Thomas Friedman, *The World is Flat: A Brief History of the Twenty-first Century* (New York, N. Y.: Farrar, Straus and Giroux, 2005), 78–82.

者，努伊成為其中一員。自從 1994 年到百事公司開始，她就以戰略家的眼光，對這家全球企業產生影響。最初，她幫助執行長們做了一些艱難的決定，1997 年在看到快餐業已接近飽和時，提議公司分割肯德基和必勝客，轉而將投資放在飲料和包裝食品上。而後分別在 1998 年和 2001 年完成了對純品康納公司 (Tropicana) 和桂格麥片公司 (Quaker) 的收購，這直接為百事的產品結構增添了桂格麥片和佳得樂 (Gatorade) 運動飲料，並加速了百事的轉型之路。這些決策無疑是具有前瞻性的，公司利潤因此猛增，而努伊個人的才幹也得以彰顯。

政壇方面

　　1956 年達利‧桑德 (Dalip Singh Saund) 是第一位獲得美國國會席次的亞印人。1899 年生於印度旁遮普，1920 年到美國加州柏克萊大學就讀，1922 年得到碩士學位，1924 年得到數學博士學位。但因為他不是白人，在帝王谷 (Imperial Valley) 只能從事農耕工作。1930～1955 年間，他成為一名化學肥料分配商。在他的自傳《來自印度的國會議員》(*Congressman from India*, 1960) 中，認為生平最大的障礙是在 1946 年之前亞印人在美國沒有公民資格。他說：「我娶的是美國女孩，是三個美國小孩的爸爸，視美國為家，所以無法接受自己不是美國公民這個事實。」㉕法律對亞印人的不公平，深深影響著桑德。他的妻子 Marian Kosa 是美國公民，在 1928 年結婚時必須放棄公民身分。後來的數十年間，桑德一直希望自己可以成為美國公民，對桑德來說，「公民權」不只是簡單的政治議題而已。然而桑德和其同胞想成為美國公民的願望卻一再落空，他利用二戰期間凝聚亞印美國人的向心力；在他的努力之下，三年後終於有機會向國會提案，桑德也終於成為美國公民。1956 年，他開始參選眾議員，並連任三次；這場戰爭真的打開了亞印美國人的民主大門。

―――――――――

㉕ 達利‧桑德在自傳中也提到，「我看見公民權的阻力緊閉拒絕我，我知道若是這些阻力移開，我會看到機會的大門向我打開。這機會是給每一個在美國生活的人」。

藝術、文學方面

在亞印美國人中，祖賓・梅塔 (Zubin Mehta) 是最偉大的管弦樂與歌劇指揮。1936 年出生於印度孟買，成長於古典音樂的環境中。他的父親梅萬・梅塔 (Mehli Mehta) 從事音樂工作，創立孟買交響樂團。1962 年祖賓・梅塔被洛杉磯愛樂交響樂團 (Los Angeles Philharmonic) 選為交響樂團的指揮，成為最年輕的指揮家；1962～1967 年間，指揮蒙特婁交響樂團 (Montreal Symphony Orchestra)，1969 年開始與以色列管弦樂團 (Israel Philharmonic Orchestra) 合作，受聘為音樂顧問，擔任指揮超過一萬六千場音樂會，並於 1981 年受邀為終身指

圖 29：祖賓・梅塔（出處：s_bukley/ Shutterstock）

揮。1978 年擔任紐約愛樂交響樂團 (New York Philharmonic) 指揮一直到 1991 年。而自 1986 年開始，梅塔也成為佛羅倫斯管弦樂團 (Maggio Musicale Fiorentino) 的指揮。1998 年 9 月，他在慕尼黑的巴伐利亞國家歌劇院 (Bavarian State Opera) 擔任音樂指揮，獲獎無數。梅塔指揮超過一千場的音樂會，並培育出天才小提琴家五嶋綠。

作家慕可吉可潔 (Bharati Mukherjee) 經常以向上流動與權力轉移、流放與遷移作為主題。她的作品《中間人與其他的故事》(*The Middleman and Other Stories*, 1988) 獲得國家評論家最佳小說獎。1940 年出生於印度加爾各答中產階級，慕可吉可潔年輕時與家人在英國住了幾年，1963 年在愛荷華大學 (Iowa University) 拿到碩士學位，1969 年拿到博士學位，1980 年移民至美國。慕可吉可潔著作等身，著名的小說有：《老虎的女兒》(*The Tiger's Daughter*, 1971)、《妻子》(*Wife*, 1975)、《茉莉》(*Jasmine*, 1989)、《世界的持有者》(*The Holder of the World*, 1993)、《留下它給我》(*Leave It to Me*, 1997)、《理想的女兒》(*Desirable Daughters*, 2002)、《樹新娘》(*The Tree Bride*, 2004)。

電影事業方面

1936 年出生於孟買的伊斯梅爾・蒙辛特 (Ismail Merchant)，是一位傑出的電影製片人。1958 年蒙辛特到紐約從事廣告業，但從未忘記他的夢想。1961 年他的短片《創造女人》(*Creation of Woman*) 不但在坎城影展放映，還入圍奧斯卡最佳實景短片獎 (Best Live Action Short Film)。他與導演詹姆斯・艾佛利 (James Ivory)、電影劇作家魯斯・哈瓦拉 (Ruth Prawer Jhabvala) 長期合作，並於 1961 年共同創辦製片公司 Merchant Ivory Productions，計畫在印度拍攝英語電影呈現給國際觀眾。蒙辛特早期致力於電影製作而知名，在他的自傳《我的印度之路：從孟買到好萊塢的電影製片之旅》(*My Passage from India: A Filmmaker's Journey from Bombay to Hollywood and Beyond*, 2002) 中說：「我當時十三歲，被一個孟買的電影明星 Nimmi 邀請，陪她去看她的第一部電影的公演。當我們開著她的綠色凱迪拉克去電影院，那臺車在印度是安靜又令人讚嘆的名車。那時一陣金盞花雨淋在我們身上，看起來是如此神奇，如同一部電影，我仍記得當時我想『若這就是電影世界，我想成為它的一部分』」。蒙辛特與艾佛利首次合作於印度微圖紀錄片《刀與長笛》(*The Sword and the Flute*, 1959)。Merchant Ivory Productions 製作的第一部電影是《家長》(*The Householder*, 1963)，也是第一部由美國公司在印度拍攝的電影。該製片公司主要以改編劇本贏得國際支持，第一部改編自文學著作的電影是《歐洲人》(*The Europeans*, 1979)。此外，電影《窗外有藍天》(*A Room with a View*, 1985) 是根據英國作家福斯特 (Edward Morgan Forster) 的小說改編，贏得觀眾與影評人的欣賞，並獲得最佳改編劇本、藝術指導與最佳服裝三項奧斯卡獎㉖。

㉖ 此外，蒙辛特和 Ivory 製作了五部作品：《傑佛遜在巴黎》(*Jefferson in Paris*, 1995)、《倖存的畢卡索》(*Surviving Picasso*, 1996)、《一個軍人的女兒從不流淚》(*A Soldier's Daughter Never Cries*, 1998)、《金碗》(*The Golden Bowl*, 2000)、《離婚》(*Le Divorce*, 2003)。蒙辛特導演作品則有《監禁》(*In Custody*, 1993)、《老闆》(*The Proprietor*, 1996)、《棉花瑪莉》(*Cotton Mary*, 1999)、《神秘按摩師》(*The Mystic Masseur*, 2002) 等。

圖 30：卡爾・潘（出處：　　圖 31：帕德瑪・拉克希米
Carla Van Wagoner/　　（出處：Helga Esteb/
Shutterstock）　　　　　Shutterstock）

　　亞印美國人法里德・扎卡里亞 (Fareed Zakaria) 是《新聞週刊》(*Newsweek*)
編輯，他和古普塔 (Sanjay Gupta) 都在美國有線電視新聞網 (CNN) 主持週末專
欄節目。另一位亞印著名演員卡爾・潘 (Kal Penn) 在影視界是個活躍人物，在
2008 年歐巴馬 (Barack Hussein Obama, Jr.) 競選總統時還加入了競選班底。亞印
模特兒帕德瑪・拉克希米 (Padma Lakshmi) 在美國頗受歡迎，為美食節目「頂
級大廚」(*Top Chef*) 主持人，曾獲 2009 年艾美獎最佳真人競技節目 (Primetime
Emmy Award for Outstanding Reality-Competition Program) 提名，更是美食暢銷書作
家和珠寶設計師。此外，電影《貧民百萬富翁》(*Slumdog Millionaire*) 席捲 2009
年八項奧斯卡獎，在全球得到熱烈迴響。

　　綜言之，自二戰後《盧斯塞勒法》給予亞印人士入籍美國，大批亞印人
赴美。他們為美國帶入不同的宗教哲學與異國料理，在醫學科技方面也是人
才輩出。今日已成為美國受高等教育較多的亞裔美國族群，亞印美國人的成
就值得喝采。

第九章

其他族群

美國的東南亞裔族群，除了前章所探討的菲裔及越裔族群外，尚有寮國及東埔寨族群。而在美國的南亞裔族群，除了印裔族群外，尚有巴基斯坦、斯里蘭卡、尼泊爾及不丹等族群。有些族裔（如不丹）雖然人數不多，移民不久，但也為美國社會注入多彩的族裔文化。

第一節　東南亞其他族群

一、寮國族群

㈠寮國歷史

　　寮國〔老撾 (Laos)〕是東南亞國家，但其知名度卻未若越南名稱那麼響亮，從 14 世紀以來就被世人稱為「大象之鄉」，或稱為「萬虎之國」。寮國位於中南半島北部的內陸，界於越南和泰國之間，北鄰中國，南接柬埔寨，東界越南，西北達緬甸，西南毗連泰國。源遠流長的湄公河 (Mekong River) 流經西部一千九百公里。寮國以佛教作為國教，人民多為虔誠的佛教徒。

　　寮國昔稱「瀾滄王國」❶，於 1353 年建立，受佛法浸潤，為寮國歷史鼎盛時期。1893 年淪為法國殖民地。1940 年 9 月被日本占領，至 1945 年 10 月 12 日才宣布獨立。1946 年西薩旺・馮 (Sisavang Vong) 統一寮國，建立寮國王國，這是首次寮國君主統治一個統一的寮國。當年法國再次入侵，直至 1954 年寮國才真正成為一個獨立的國家，但國內很快又陷入內戰，並捲入越戰戰火中，結果國家一分為二。1960 年美國在越南戰爭中，將軍隊的部署延長至寮國，寮國成立以富馬親王 (Prince Souvanna Phouma) 為首相、蘇發努馮親王 (Prince Souphanouvong) 為副首相的聯合政府。1964 年，美國支持親美勢力破壞聯合政府，進攻解放區。支持北越共產政權的寮國勢力，於 1975 年 12 月宣布廢除君主制，成立由寮國人民革命黨領導的寮國人民民主共和國，蘇發努馮任政府總理，結束了寮國歷史上六百餘年的君主專制。

　　寮國人民民主共和國是東南亞地區中僅有的兩個社會主義國家之一（另一為越南），因此寮國積極與越南聯合，雙方於 1977 年 7 月締結了一系列的軍事經濟協定。從此，寮國的政治、社會和經濟開始有了嶄新的面貌。在冷戰期間，寮國是站在蘇聯一方，仰賴蘇聯的經濟支助。寮國與西方國家的關係

---

❶　瀾滄王國，又稱南掌王國（「瀾滄」之名取自瀾滄江；另有一說，在佬語中「瀾滄」為「百萬頭虎」之意，因該地常見虎群出沒），14～18 世紀長年處於戰火及分裂之中。

並不好，一直至 21 世紀才漸改善；2004 年寮國才與美國在貿易上建立來往關係。總體而言，寮國是東南亞國家聯盟的成員，也是世界低度開發國家之一。

㈡越戰後在美國的寮國難民

　　美國為了結束越南戰爭，增加軍隊擴大戰線至寮國，於越戰結束後的 1975 年接納將近七萬名的難民潮湧入美國。從寮國來的難民說：「在這裡生活很好，沒有戰爭、沒有死亡、沒有飢餓，我們喜歡待在這裡，至少目前為止是這樣。」❷最後一句話，道出了他們對未來生活在美國的憂慮，許多寮國人覺得他們在這裡格格不入，也有些難民覺得「搬到山上去住都比在這裡生活好適應」，其他人則覺得：「我們以前就是生活在叢林，到了這裡，還是住在叢林裡，但住的是一個科技官僚叢林。」❸

　　寮國人 Kimmakone Siharath 深知以他的寮國身分到了美國，日子會很難過。他和他的家人本來住在靠近越南的一個農村裡，父親是個軍人，但在政權更替後，就被迫逃亡到泰國。1976 年，母親帶著他和他的小妹妹越過湄公河和父親團聚，並於 1979 年來到美國，他們先是定居在加州的聖荷西，之後搬到加州的阿文 (Arvin)。Siharath 認為：「Arvin 和家鄉寮國很像。我是這裡唯一的寮國人，也是學校唯一的亞裔，這裡大部分是墨西哥裔，他們都叫我 "Chino"，以為我是中國人。」他父親是當地學校的工友，母親則在工廠裡工作，Siharath 觀察說❹：

　　老一輩的人都很懷念家鄉，在那裡他們有自己的田地，他們是獨立的

---

❷　Barry Wain, *The Refused: The Agony of the Indochina Refugees* (New York, N.Y.: Simon and Schuster, 1981), 72, 73.

❸　Michael McCabe & L. A. Chung, "Facing the Hopes and Fears of Assimilation," *San Francisco Chronicle* (July 25,1998): 66–67.

❹　Frank Viviano, "Strangers in the Promised Land," *San Francisco Examiner*, August 31, 1986.

且為自己工作，他們一年花六個月時間種田，然後等待收割。他們可以去狩獵、捕魚，隨時都有豐富的食物。反而在這裡生活壓力很大，許多寮國人靠國家福利過日子，其他人則是生活在最低水平之下。

Siharath 回憶：「老一輩的人總是想著回寮國，他們很難適應這裡的生活。」Siharath 的父親總是說只要政權一更替，他就要回國，Siharath 自己也說❺：

> 我也很想要回去，不管在美國生活多久，我們永遠是亞洲人，永遠是異鄉人，絕不會是美國人，我來自寮國，雖然是小時候的事，但我想知道所有關於寮國裡屬於我的事情。

就算已經拿到美國公民權，Siharath 還是認為他永遠不會是美國人，永遠是寮國人，美國這地方雖然並不差，但他還是很懷念在寮國的日子，那是一個不管人們走到哪裡，都會有人跟你打招呼的地方❻。的確，來到美國後的日子和以前完全不同，在加州柏克萊大學念書的一個寮國學生這麼說:「我父母是因為教育因素才來這的，在這裡，我念到大學，如果我在寮國，我只會是個農夫。」❼

　　文化衝擊對來自寮國的瑤族和苗族來說特別明顯，這兩個族裔的難民多是內戰下的犧牲者，在美國中央情報局 (CIA) 的協助下來到美國。定居加州的一名難民 Houa Thao Vang 表示，自 1961 年以來為了越戰，他和 CIA 合作在寮國內部進行秘密戰爭❽。現在在加州從事畜牧業的 Dang Moua 也回憶到，與 CIA 合作對大家來說都不是個秘密❾。Touly Xiong 回憶，寮國村裡的

---

❺　Viviano, "Strangers in the Promised Land," 22.

❻　Viviano, "Strangers in the Promised Land," 17.

❼　*Los Angeles Times Magazine*, December 15, 1987, 42–48.

❽　*Los Angeles Times Magazine*, July 21, 1968, 18.

❾　Knoll, *Becoming Americans: Asian Sojourners, Immigrants, and Refugees in the Western*

每個年輕人都會被捉去當軍人，他們根本無從選擇。這場內戰嚴重打擊苗族，苗族人必須在不同的村子裡遷來遷去，因為所有村莊都被炸毀了❿。1975年，戰事結束後，情況更為艱難，新政權大肆屠殺苗族，Touly Xiong 說：「我在 1975 年 6 月 18 日離開寮國的，因為再不走就會被殺了。」⓫Touly Xiong 是自己一個人逃離寮國的。而據其他難民描述，要逃難前，村裡不分男女老幼都會聚在一起，最後討論的結論是「不是逃往泰國就是逃往美國」，但如何逃則要看各自的造化了。

　　到美國的瑤族多定居在西雅圖、聖荷西、奧克蘭或長灘 (Long Beach)；過半數的苗族則選擇定居在加州的弗雷斯諾市，或是威斯康辛州 (Wisconsin) 的歐克雷爾 (Eau Claire)。對這兩個族裔的人來說，生活在美國是很不同的體驗，他們首先要學會如何使用瓦斯爐和熱水器，有時「接電話線」和「付電話費」對他們來說就是個考驗。他們在美國失去了自我，周遭的人常以為他們是來自中國，對他們懷有敵意的人都叫他們「滾回中國去！」在學校上課的孩子也常受欺負，除非他說他會「功夫」。寮國青少年認為種族歧視是一面牆，始終攻不破⓬。

　　學英文對他們來說也是件痛苦的事，若英文學不好，他們就沒辦法找到工作。弗雷斯諾市的寮國社群理事長 Tony Vang 曾表示⓭：

　　　我第一年來美國時，英文進步得很慢。後來我決定，我要放棄寮國的
　　　一切，放棄那裡的習慣、文化和語言，放棄自己的族裔，無時無刻提

United States, 164.

❿　Viviano, "Strangers in the Promised Land," 75.

⓫　Viviano, "Strangers in the Promised Land," 87.

⓬　Knoll, Becoming Americans: Asian Sojourners, Immigrants, and Refugees in the Western United States, 113.

⓭　Phil Manzano, "Clinic Provides Help to Soothe Refugees' Scars," Portland Oregonian (November 9, 1986): 201–203.

醒自己現在是美國人，要想家只有在夢中才能想。

但 Tony Vang 是苗族中少數幾位受過教育的人，他們多來自文盲家庭，不知道文字的重要性。1953 年，苗族文字才在法國和美國的協助下創造出來，但70% 的苗族難民還是不會使用他們的文字，直到在美國威斯康辛州建立寮國社群歐克雷爾 (Eau Claire)，他們才開始學讀書寫字，也開始用 ABC 學苗族文字。

然而「偏見」是不容易消除的，在加州從事畜牧業的 Dang Moua 說：「我從沒想過自己會有離開亞洲的一天，就算要移民來美國，也應該是墨西哥人和拉美人吧！」❶❹許多寮國苗族都在明尼蘇達州或加州從事畜牧業，尤其是在超過二萬人居住的弗雷斯諾市，因為他們傳統的耕作方法在美國不適用。在寮國，他們種植玉米、稻米、罌粟等，一年二～三穫，然後再集中運到另一個城市販售。在美國，他們必須使用化學農藥，很多人不會使用因而得病；再加上不熟悉氣候的變化，他們常常辛苦一整年卻無所收穫，有些農民以為，在美國如果能種田，就表示他們和在寮國一樣是獨立的個體；但後來發現，在美國種田或許只會賠錢而已❶❺。

苗族難民也瞭解，沒有了田地，他們只能做一般雇員，但他們認為美國政府虧欠於他們，他們為 CIA 的秘密戰爭計畫奮鬥了二十年，幾乎所有苗族人都有家人因為這個計畫而送命❶❻。苗族人念念不忘 CIA 對他們許下的承諾：「你們幫我們，如果失敗了，我們會幫你們的。」於是他們來到了美國，但在這裡生活卻是這麼的困難，「美國人來我們的國家製造戰爭，害我們無家可歸，我在我的國家自給自足，從來沒有求過別人，來到美國後卻要為了食物到處求人」❶❼。

---

❶❹　Knoll, *Becoming Americans: Asian Sojourners, Immigrants, and Refugees in the Western United States*, 167.

❶❺　Chi Huynh, "Even Success Has Its Price," *Asian American Studies 126*, Spring 1987.

❶❻　Viviano, "Strangers in the Promised Land," 75.

工作對瑤族和苗族來說一直都是個大問題，他們之中很多人嘗試以手工業維生，但大部分人還是沒工作，失業率高達90%，整個族群都成為美國社福制度接濟的對象。還有許多的苗族人因不明原因，或是因為水土不服，來到美國後就猝死，他們的死因被統稱為「苗族人猝死症候群」，這些人多是男性，年紀在三十～五十歲間，都曾經在軍中待十五～二十年，來到美國後不知如何重新生活，不知道如何耕種，也不知道如何在工廠裡工作，他們患有嚴重憂鬱症，往往一個晚上對家鄉的嚴重思念，就足以讓他們喪命。此外，他們還深受「存活的罪惡感」(survivor guilt) 所苦，對家人在寮國喪命而自責不已。

在寮國山間，苗族人一直占有強勢的統治地位，可是他們來美國後的生活，卻完全不是他們所能控制的。許多苗族難民一個星期晚上有好幾次會被惡夢所驚醒，夢中共產黨總是會來索取他們的命，他們就算住在美國寮國社群的歐克雷爾也孤立無援，他們期待美國歷史能記載他們的故事，聽聽他們的心聲，美國需要知道他們對苗族人做了什麼事情。如果一個人長期處於嚴重憂鬱狀態，怎麼可能找到工作或學好英文？

在美國的瑤族人和苗族人努力保存他們的文化，年輕一輩則努力融入美國這個社會。他們學英文，但也不忘寮國傳統文化，他們視自己為寮裔美國人，希望能多多建立寮國人社群，並不會隨父母回寮國。而老一輩的人，則還在對他們那個在寮國的村莊念念不忘：「我們寮國人相信，人類是山所孕育出來的，在美國當然也有山，可是不是孕育我們的那座山。」**⓲**

在美國的寮國飲食文化和泰國很像，因為早期被法國統治過，所以也有些改良式的寮法食物。今日在美國寮國人居住的社群裡，也可看見寮國人的傳統食物及佛教的宗教儀式。

⓱　Michael McCabe & L. A. Chung, "Facing the Hopes and Fears of Assimilation," July 25, 1988.

⓲　Jeffrey Kae, "Yearning to Breathe Free," *New West*, April 7, 1980, 57.

二、柬埔寨族群

㈠柬埔寨歷史

柬埔寨 (Cambodia，舊名高棉，1979 年後改稱之)，位於東南亞中南半島南部，北鄰寮國，西北部與泰國為鄰，東部和東南部與越南接壤，西南瀕臨泰國灣。中部和南部是平原，東部、北部和西部被山地、高原環繞，大部分地區被森林覆蓋。因位於低緯度地區，屬熱帶季風氣候。洞里薩湖 (Tonle Sap Lake) 是中南半島最大的湖泊，也是世界著名的天然淡水漁區，盛產名貴魚種，更是東南亞最大的漁場，素有「魚湖」之稱。湄公河在境內流貫東部，長約五百公里，是柬埔寨最重要的河道，湖上人家的景觀是一特色。柬埔寨有一千一百多萬人口，是傳統的農業國，屬世界上最不發達國家之一，其中農村人口占 84%，城市人口占 16%，貧困人口占總人口 36%，因此乞討也是湖上人家的營生方式之一。柬埔寨語為通用語言，與英語、法語均為官方語言。佛教為柬埔寨的國教，全國 80% 以上的人信奉佛教。此外，占族多信奉伊斯蘭教，少數居民信奉天主教。

柬埔寨內戰不斷，風土民情因長期與外界隔絕，因此帶有一股神秘的吸引力，是帶有傳奇故事的國家。柬埔寨是東南亞一個古老的國家，起源於西元 1～6 世紀的扶南 (Funan) 古國。扶南之後是知名的吳哥時代，12 世紀時，吳哥王朝武功鼎盛，東征西伐，但此後國勢逐漸衰敗。1431 年泰族軍隊洗劫都城吳哥，之後吳哥城被廢棄。吳哥城是柬埔寨歷代國王強徵民工所建造，興建歷時三百餘年，建築藝術風格反映宗教，包括印度教崇奉的濕婆、毗濕奴諸神以及佛教的觀世音菩薩。15～19 世紀，柬埔寨最大和最著名的吳哥窟 (Angkor Wat) 僧眾改信小乘佛教，仍是東南亞最重要的朝聖地之一。吳哥窟古蹟建造的堤壩、湖泊及灌溉系統，顯示了古代吳哥王朝國王的財富和權勢，也反映出人民精湛的技術和藝術的才能，更象徵柬埔寨悠久的歷史和古老的文化。

吳哥做為都城的時代結束後，都城開始往南方遷移。從洛越 (Lovek) 遷至烏東 (Oudong)，最後在金邊 (Phnom Penh) 安定下來，全國皆信仰佛教。15～17

世紀柬埔寨飽受戰火蹂躪，國勢衰微。19 世紀中葉，柬埔寨深受歐洲帝國主義的壓力，1863 年成為法國的保護國，受法國統治長達九十年。至二次世界大戰後終獲獨立的柬埔寨，遭赤柬恐怖統治，至 1988 年 4 月 15 日赤柬首領波爾布特 (Pol Pot) 過世，政局才趨穩定。因長期與外界隔離，柬埔寨的風俗文化仍保存濃厚的原始古國風味。

(二)越戰後在美國的柬埔寨人

柬埔寨位於寮國南方的泰國和南越之間。1965 年後，它開始捲入越南戰爭，當時的柬埔寨支持北越，美國因而在這個國家設了許多地雷，1975 年 4 月戰事底定，曾經支持美軍和南越的柬埔寨人受到殘酷的鎮壓和屠殺。於是和寮國人一樣，數以千計的柬埔寨人受到暴力攻擊，在死亡的威脅下來到美國。定居在紐約羅徹斯特市 (Rochester) 的一名柬埔寨難民回憶：「新政府殺了所有的知識分子：醫生、律師、工程師等，所有叫得出來的知識分子都被殺害。如果他們知道我曾經是化學老師，我一定馬上被殺。」[19]有很多人因為家中有一成員是軍人，或是替美方做過事，就遭到全族滅殺的慘劇。這場大屠殺造成二～三萬的柬埔寨人喪生，大部分都是死於飢餓或疾病。

為了躲避這種恐怖的環境，數以千計的柬埔寨人在 1979 年左右逃到泰國，但泰國政府會遣返他們，於是他們寫信到美國要求援助，最後有超過一萬名以上的柬埔寨人來到了美國定居。有些人是來自大城市的高知識分子，不過大多數人還是沒受過教育，或是僅受過很少教育的農民和工人。許多女性在這場戰爭中失去她們的丈夫，只能自己帶著孩子來到美國，她們心中都懷有對那場戰爭最恐懼的記憶，不願再去回想。來到美國後，他們都得了「創傷症候群」，每晚受惡夢干擾，白天容易受到驚嚇，體重直線滑落，常常會出現要殺死倖存親人的幻想。

柬埔寨人還是希望有一天可以回去他們的家鄉，雖然他們知道這個希望十分渺茫，許多柬埔寨人認為，他們即使在法律上成為美國的一分子，但這裡的人民並不一定會接納他們，而且他們忘不了在柬埔寨發生的事情。年輕

---

[19]　Viviano, "Strangers in the Promised Land," 21.

一代的柬埔寨人開始往前看，1979 年十二歲時來美國，1988 年進入史丹佛大學就讀的 Sathaya Tor，是當時學校裡第二個柬埔寨人（第一個是學校的工友）。他有時覺得自己像是一隻青蛙，從完全不一樣的世界跳來美國，想要融入這國家，就得放棄一些固有文化傳統，放得越開，融入得就越深。大部分第二代柬埔寨人都贊同這個說法，尤其是青少女，她們知道如果還留在柬埔寨，那女生就只能待在家洗衣煮飯，但她們在結婚前普遍都想「做自己」，都想有份自己的工作，擁有自己的房子和車子，也想過獨立生活。

1975 年以前，僅有少數的柬埔寨人來到美國，之所以可以到美國來，主要是他們在母國有高收入的家庭，或有政府資助獎學金送他們出洋深造。1975 年後，在共產高棉的統治下，許多人想逃離共產黨的統治，因而有大波的柬埔寨難民到美國。

(三)在美國的柬埔寨族群

為了鼓勵柬埔寨移民迅速同化到美國文化社會中，美國政府安排十五萬名移民分散至全國各地的鄉鎮和城市中。但是，柬埔寨移民為了能夠進行交流和旅遊，他們遷移到美國境內的一些地方，這些地方的氣候和母國家鄉相似，在那裡他們有認識的親戚朋友，或是聽聞那裡有相似的工作、當地政府有更高的福利津貼。因此，柬埔寨人一傳十、十傳百地聚集在某些定點大城市居住，例如東岸的羅德島州 (Rhode Island)，麻州的林恩 (Lynn) 和洛厄爾 (Lowell)；西岸太平洋西北地區的西雅圖和波特蘭 (Portland) 等地。美國許多社區聚集了相當多數的柬埔寨美國人，例如長灘（36,233 人）、波士頓（17,301人）、西雅圖（12,391 人）、奧克蘭（10,552 人）、普羅維登斯（Providence，9,330人）、斯托克頓（9,313 人）、費城（7,790 人）、達拉斯沃思堡（Dallas-Fort Worth，5,596 人）、橘郡（4,441 人）、聖地牙哥（4,314 人）、弗雷斯諾（4,173 人）、明尼亞波利斯（Minneapolis，4,149 人）、紐約市（4,060 人）、莫德斯托（Modesto，2,959人）和芝加哥（2,764 人）等城市。

根據 2006 年與 2007 年美國社區人口普查顯示，柬埔寨美國人口有逐年增長的趨勢。依據 2006 年報導，柬埔寨美國人占前十名人數最多的州依次是

加州（86,700 人）、麻州（22,106 人）、華盛頓州（13,055 人）、德州（11,646 人）、明尼蘇達州（7,790 人）、賓州（6,787 人）、維吉尼亞州（6,153 人）、紐約州（5,720 人）、羅德島州（5,030 人）和喬治亞州（4,592 人）。總計，柬埔寨美國人有一半人口在美西加州的長灘。此外，美東麻州的洛厄爾 (Lo well) 和林恩分別占第二及第三大人口最多的城市。近年來，柬埔寨美國人在美國東北數量快速增長，麻州、賓州、新澤西州和紐約州，密西根州和伊利諾州也出現增長的現象。

在美國的東南亞移民呈現多元的面向。他們來自不同的國家、文化和階級，從高山的原始部落到大城市裡的高知識分子、富商、大學生，東南亞移民與美國分享了不同於其他亞洲移民的世界，他們對生活的要求是活下去，而不像其他亞裔是為了追求更好的日子；他們都是被迫來美國的，算不上是移民，是戰爭下無奈的選擇。來到這裡是他們認命的表示，帶著傷痛，只希望能在這塊土地上重新開始，但又害怕這塊土地上的人民會視他們為不速之客。他們和其他亞裔移民最大的不同在於，他們再也無家可歸了。

為了柬埔寨的傳統文化傳承，柬埔寨人積極在美國多元文化中保存傳統。在 2004 年有兩個博物館專門陳列美國的柬埔寨移民的故事館，一在西雅圖的「柬埔寨殺戮戰場文化博物館和紀念館」，另一在芝加哥的「美國文化博物館及柬埔寨殺戮戰場紀念館」，不僅可以從中看到柬埔寨的特殊傳統文化、禮俗，更可看到戰爭時的殺戮戰場。

㈣今日的柬埔寨美國人成就

著名的柬埔寨美國人，包括 Dith Pran、Haing S. Ngor、Loung Ung、Arn Chorn-Pond、Francois Chau、Philip Lim 和 Maddox Chivon Jolie-Pitt。在這些柬埔寨美國人中，Loung Ung 以回憶錄方式敘述她來到美國的經歷，受到讀者的重視。Dith Pran 是位攝影記者，目睹倖存的柬埔寨人最後被趕盡殺絕的過程，並且將其自身經歷寫實生動的呈現在 1984 年他所拍攝的影片《殺戮戰場》(*The Killing Fields*)，並獲得奧斯卡獎殊榮。電影中的第一男配角是 Haing S. Ngor，也贏得奧斯卡最佳男配角獎。此外，南希・史密斯赫夫納 (Nancy J.

Smith-Hefner) 致力於研究柬埔寨人在美國的人口及流動並書寫成書，名為《高棉美國：身分和道德教育的流散社區》(*Khmer American: Identity and Moral Education in a Diasporic Community*)[20]，這是一本深受肯定的書，其以人類學的角度描述柬埔寨難民的家庭生活、柬埔寨的傳統文化，並以觀察者的角度看居住在美國大城市、東部的波士頓移民家庭的經歷。另一研究者 Aihwa Ong 的著作《佛是隱藏》(*Buddha Is Hiding: Refugees, Citizenship, the New America*)，以民族學的研究角度，以敘述故事的方式，告訴柬埔寨美國人他們前輩移民的經驗，內容主要是研究柬埔寨難民在奧克蘭和舊金山灣區的生活。它描繪了大多數柬埔寨難民的經驗與美國各機構如衛生福利、法律、警察、教會及學校等的磨合關係。這本書藉由揭示族群的日記故事，通過廣泛的人種學的對話，解釋柬埔寨難民與美國文化間的差異。Sucheng Chan 的《倖存者：在美國的柬埔寨難民》(*Survivors: Cambodian Refugees in the United States*) 陳述柬埔寨人的美國經歷。本書透過訪問社區領導者、政府官員和其他社區機構的工作人員，對移民所處的社會經濟背景做探索。

第二節　南亞其他族群

南亞裔美國人來自印度、巴基斯坦、孟加拉、斯里蘭卡、尼泊爾及不丹，根據歷史紀錄資料不多，僅見一則 1790 年一名出身馬德拉斯的旅行者到美國遊玩；還有一則是在 19、20 世紀之交，一小部分的南亞人抵達美國之紀錄。南亞人赴美國的人數，寥寥可數。20 世紀中葉之後，赴美的南亞移民擴增，儼然成為美國最大的南亞次族群和第三大亞裔次族群，僅次於華裔和菲裔之後。

一、巴基斯坦族群

㈠巴基斯坦歷史

1526 年到 1761 年間，南亞地區大部分被蒙兀兒帝國所控制，包括今日

---

[20] Nancy J. Smith-Hefner, *Khmer American: Identity and Moral Education in a Diasporic Community* (Berkeley, Calif.: University of California Press, 1999).

的巴基斯坦 (Pakistan) 在內。1757 年英國東印度公司擊敗蒙兀兒帝國，之後，英國政府在 1858 年取得此區域，並很快就鞏固了對印度次大陸的統治權，但境內穆斯林與印度教徒的衝突依然嚴重。1940 年的 3 月 23 日，穆斯林聯盟通過《拉合爾決議》(Lahore Resolution，又稱《巴基斯坦決議》)，印度伊斯蘭教聯盟的領袖穆罕默德・阿里・金納 (Muhammad Ali Jinnah) 呼籲伊斯蘭教地區（即巴基斯坦）獨立。

　　1947 年 6 月英國給予兩個國家（印度與巴基斯坦）完全的統治權，巴基斯坦便是穆罕默德・金納所夢想的伊斯蘭教國家。印度次大陸的統治邦擁有選擇印度或巴基斯坦的自主權。然而，因東、西巴基斯坦內部存在諸多矛盾，雙方關係逐漸惡化，東、西巴基斯坦陷入內戰。由於印度的援助和強大的軍隊，導致東巴基斯坦贏得戰爭，1971 年獨立為孟加拉。西巴基斯坦隨後改稱巴基斯坦。

㈡在美國的巴基斯坦族群

　　在 1947 年之前，巴基斯坦仍屬於英國管轄下印度的一部分。1947 年巴基斯坦獨立，此後這兩國的歷史才分開書寫。

　　由於 1924 年《移民法》對亞裔移民多所設限，縱使 1965 年修正《移民法》，至 1970 年代巴基斯坦到美國的移民人數仍然很少，平均每年入境三千名。到了 1980 年代末和 1990 年代時，巴基斯坦移民美國者達到將近二萬名。總體而言，1971 年到 1996 年間，有超過十六萬三千名巴基斯坦移民來到美國。有相當數量的巴基斯坦人也在那幾年透過非法途徑進入美國。根據移民與歸化局估計，在 1996 年約四萬一千名抵達美國的巴基斯坦人無合法的文件；在 1970 年代至 1990 年代，來到美國的巴基斯坦人，像亞裔印度人一樣，泰半是優秀且有智慧的移民，他們都是受過專業訓練的科學家、醫師、學者及商務人士。

　　根據 2000 年人口普查資料，有 204,309 名巴基斯坦後裔定居在美國；其中 153,533 名是巴基斯坦人，39,681 名是巴基斯坦人和其他族裔混血，以及 11,095 名是巴基斯坦和其他亞洲族裔的混血。據 2000 年資料統計，美國有五

個州聚集巴基斯坦總人數最多，依序為紐約州（32,692 人）、加州（20,093 人）、德州（19,102 人）、伊利諾州（15,103 人）及新澤西州（12,112 人）。

　　在 2001 年 9 月 11 日的下午，由於蓋達恐怖組織攻擊世貿雙子星大樓及國防部五角大廈很多美國法律執行機構，使得包括移民與歸化局、聯邦調查局及紐約市警局，突擊數百處巴基斯坦裔社區。這些特務單位在突擊後數週，拘留數百名巴基斯坦人，其中多數並未參與恐怖攻擊。巴基斯坦人非常憤怒，他們儼然成為美國法律執行機構的標靶，只因他們是穆斯林，而美國其他移民群體，例如有相當人數的墨西哥非法移民就無此遭遇。在九一一攻擊後的日子裡，巴基斯坦人及其他亞裔社群裡的穆斯林，也必須忍耐美國社會對他們的仇恨。2001 年 9 月 15 日，一名巴基斯坦雜貨商 Waqar Hassan 死於德州的達拉斯，其家人確定這是一項仇恨行為。數日後，二名巴基斯坦人也成為仇恨的犧牲者，他們在紐約市布魯克林區的康尼島 (Coney Island) 上被謀殺。2001 年 10 月 23 日，一名育有五個孩子的巴基斯坦父親 Rafiq But，在新澤西州哈德森郡 (Hudson County) 監獄的小房間內心臟病發作而亡。他因為參與抗爭被視為暴民而入獄，家人表示他沒有心臟方面的病史。

　　根據《紐約時報》報導，九一一事件後，美國加強擴大對非法移民的限制。隨著對伊拉克戰爭的接近，美國國內傳言政府要加強對穆斯林和阿拉伯國家移民的監控，因此，為避免被遣送回國，大量的巴基斯坦人湧向加拿大尋求政治庇護，並在加拿大定居。但由於 2002 年加拿大的蒙特婁和多倫多地區聚集太多的巴基斯坦移民，移民人數激增，加拿大官方深感困擾，最後只好將這些移民遣回美國。美國政府面對此狀況提出新規定，要求這些男性在當年 3 月 21 日前重新登記，其他一些種族的移民也被要求重新登記，因此引起恐慌。這一政策對巴基斯坦移民的打擊最大，因為他們有很多人仍屬非法滯留。由於恐怖氣氛瀰漫，在美國的巴基斯坦移民的處境是相當困窘的。

二、孟加拉族群

(一)孟加拉歷史

孟加拉國 (Bangladesh) 是亞洲南方中央的沿海小國，南以孟加拉灣 (Bay of Bengal) 為界，東南部與緬甸 (Myanmar) 為鄰，東部、北部和西部毗連印度，擁有 98% 孟加拉人 (Bengali)，大多數為穆斯林，約占全國的 88%，最大的少數民族是吉大港 (Chittagong) 山地部落的查克瑪人 (Chakma)，信奉小乘佛教，人口約七十萬人。80% 以上的領土位於南亞次大陸東北部的恆河 (Ganga River) 和布拉馬普特拉河 (Brahmaputra River) 下游沖積而成的三角洲上，屬於肥沃平坦的沖積平原，河道縱橫密布，河運發達，河流和湖泊約占全國面積 10%，非常適合農業和漁業，然而雨季來臨時極易氾濫。

孟加拉王國在西元前 4 世紀歸入印度孔雀王朝之版圖，並接觸佛教。至 10 世紀時，孟加拉人多半仍信奉印度教。穆斯林於 10 世紀末葉開始入侵，並於 1206 年在德里建立王國，此後，雖然擺脫德里王國統治，但在 1576 年又被蒙兀兒人征服，國家命運長期被擺布，不過孟加拉在 16 世紀時，曾是次大陸上人口最稠密、經濟最發達、文化水平高的地區。18 世紀後半葉孟加拉淪為英國殖民地，成為英屬印度的一個省。1947 年英人撤走後孟加拉被分割成二塊：西孟加拉歸屬印度，東孟加拉劃歸東巴基斯坦。

因為地理上的隔絕，民族、文化和語言的巨大差異，終於使相距約二千公里的東、西巴基斯坦內部矛盾無法調和。東孟加拉此時民族主義興起，謝赫‧穆吉布‧拉赫曼 (Sheikh Mujibur Rahman) 在 1949 年組織阿瓦米聯盟 (Awami League)，為孟加拉獨立而奮鬥，拉赫曼後來被選為該聯盟的主席，領導孟加拉獨立運動，在 1966 年被逮捕。1970 年的阿瓦米聯盟贏得國會選舉的多數席次。之後，衝突越來越頻繁，以 1971 年東巴基斯坦的公民暴動最為嚴重。隨著暴動的爆發，拉赫曼又遭逮捕且該黨派被禁，大部分的黨員逃入印度，並於 1971 年 3 月建立臨時政府，東巴基斯坦宣布獨立，隨後發生大規模動亂和難民潮。印度則開始籌劃以戰爭手段支持東巴基斯坦獨立。12 月由聯合國大會出面，以壓倒性多數通過決議，要求印巴雙方停火和撤軍，最後，

東巴駐軍無條件投降。1972 年 1 月成立孟加拉人民共和國 (The People's Republic of Bangladesh)，並且釋放了以叛國罪被逮捕的阿瓦米聯盟領袖拉赫曼，其後推選他成為孟加拉國第一任總統。

1981 年政局開始出現奪權更迭的局勢。總統拉赫曼在吉大港遇刺身亡，由阿卜杜勒‧薩塔爾 (Abdul-Sattar Bayrkdar) 代理總統。隔年 3 月，陸軍參謀長海珊‧穆罕默德‧艾爾沙德 (Hussain Muhammad Ershad) 奪權，宣布實行軍管，解除薩塔爾代理總統職務，身兼軍法管制首席執行官及武裝部隊總司令二職，此後並出任總統。卡莉達‧齊亞 (Khaleda Zia) 領導孟加拉國民族主義黨 (Bangladesh Nationalist Party，簡稱 BNP)，在和艾爾沙德政府鬥爭長達八年後，於 1991 年大選中卡莉達‧齊亞獲勝出任總理。經過 1970 年代和 1980 年代的軍事政變、暗殺領導人、戰爭及社會不安，到了 1990 年終於有所改善，孟加拉擁有更多自由和公平的選舉。但連年動盪的孟加拉也成為世界上最貧窮的國家。

㈡在美國的孟加拉移民

在孟加拉國獨立之前，孟加拉移民被計入亞印人中。孟加拉人在 1970 年代和 1980 年代才逐漸出現移入美國的移民，尤其自 1975 年後才出現較多的移民。據統計，在 1985 年時，移民每年達一千名，至 1990 年代則有更顯著的增長。從 1972 年至 1996 年間，有五萬六千名孟加拉人前往美國。移入者有大量專業人才，如醫藥專業人士、科學家、教育家及商人。不過仍以從事農業工作者以及孟加拉學生赴美國大專院校追求高等教育者占多數，甚至成為一種潮流。

根據 2000 年人口普查統計，美國孟加拉族群有 57,412 名，其中孟加拉人有 41,280 名，孟加拉和至少一族混血有 10,507 名，以及孟加拉人和其他亞洲族裔的混血有 5,625 名。從 2000 年資料瞭解，孟加拉美國人大多聚集在美國的幾個大州，依序為紐約州（20,269 人）、加州（3,044 人）、德州（2,438 人）、新澤西州（2,056 人）及維吉尼亞州（1,786 人）。根據 2000 年人口普查資料，紐約有 19,148 名孟加拉人將紐約市視為是他們的家。邁入 21 世紀的今日，

紐約市儼然成為孟加拉族群人口增長最快速的地區。伴隨著 1990 年到 2000 年，孟加拉美國人擁有超過 285% 的人口增加率，人數相當可觀。

三、斯里蘭卡族群

㈠斯里蘭卡歷史

斯里蘭卡 (Sri Lanka) 位於亞洲南部，是印度半島南端印度洋中的一個島國，為印度洋東西航運中必經之地，西北與印度半島隔保克海峽 (Palk Strait) 相望。斯里蘭卡古稱「錫蘭」，錫蘭是從當地主要民族「僧伽羅」的譯音演變而來。梵文中「僧伽羅」是「獅子」的意思。

根據 2010 年的統計，斯里蘭卡全國面積 6.561 萬平方公里，人口 15,800,000 人。主要有三個民族：僧伽羅族約占 73.8%、塔米爾族占 18%、摩爾人 (Moors) 占 8.3%。屬於上座部佛教徒❷占 77%、屬於印度教徒占 15%、屬於穆斯林及基督教徒占 7.5%。

斯里蘭卡島上最初的居民可能來自亞洲南部，屬於澳大利亞土著。於西元前 5 世紀被從印度北部來的印歐人所同化，發展成僧伽羅人，建立僧伽羅王朝。「僧伽羅」意為「獅族」，當今斯里蘭卡國徽上的獅子，就與古代的僧伽羅王朝有關。後來僧伽羅人摒棄婆羅門教 (Brahmanism) 改信佛教，並於西元 311 年左右將舍利從印度傳入錫蘭。西元前 2 世紀前後，南印度的塔米爾人開始遷入。5～16 世紀時，僧伽羅王朝和塔米爾王國間戰爭不斷，至 1521 年一支葡萄牙艦隊在錫蘭登陸，葡萄牙於 1518 年獲准在此建立要塞及獲得貿易特許權，他們與當地各王國結成各種同盟，利用各王國之間的矛盾，爭奪權力。1796 年，錫蘭的統治權從荷蘭東印度公司的手中，又轉移到英國人的手中，並於 1802 年淪為英國殖民地。1880 年代錫蘭試種茶樹成功，從此茶葉成為主要的經濟作物。

進入 20 世紀初期，錫蘭的民族主義擴及宗教、社會和教育各領域。

---

❷ 上座部佛教（巴利文：theravāda，梵文：sthaviravāda）又稱作南傳佛教、巴利語佛教，與大乘佛教並列現存佛教最基本的兩大派別，流行於斯里蘭卡、緬甸、泰國、東埔寨、寮國等地。

1919 年錫蘭國民議會團結僧伽羅人和塔米爾人，致使英國於 1920 年只得通過一連串立法來滿足民族主義者的要求，並於 1948 年授予自治領地位，錫蘭正式獨立。1956 年斯里蘭卡自由黨擊敗統一國民黨後，致力於維持僧伽羅人的地位。1970 年代初期和中期，在自由黨政府進行許多經濟和社會改革下，1972 年宣布錫蘭更名為斯里蘭卡民主社會主義共和國。以僧伽羅語為官方語言，同時也使用塔米爾語和英語，首都位於斯里賈亞瓦德納普拉科特 (Sri Jayawardenapura Kotte)。

然而在 1977 年，統一國民黨又重新上臺，從根本上修改《憲法》，建立總統制的政府。在 1983 年斯里蘭卡的僧伽羅人和塔米爾解放組織 (Liberation Tigers of Tamil Eelam, 又稱塔米爾之虎) 終究再度因種族緊張爆發衝突，斯里蘭卡內戰隨之展開。最後於 2009 年 5 月，斯里蘭卡政府軍擊斃塔米爾解放組織最高領導人普拉巴卡蘭 (Velupillai Prabhakaran) 後，宣布斯里蘭卡內戰結束。

㈡在美國的斯里蘭卡族群

根據 2000 年美國移民局統計，在美國的斯里蘭卡族群有 24,587 人，斯里蘭卡族群不和其他族裔相混居住，大多聚居在加州 (5,775 人)、紐約州 (2,692 人)、馬里蘭州 (1,226 人)、德州 (1,195 人) 及新澤西州 (1,183 人) 等五個州。1948 年從英國獨立以來，錫蘭享有民主政體和穩定的政治局勢，然而因斷斷續續於 1956 年間爆發僧伽羅人與塔米爾人之暴動，以及面臨龐大的經濟困境，促使 1975 年後斯里蘭卡人赴美。

由於受到宗教的洗禮，斯里蘭卡移民在生活禮俗及平日細節上，表現出特殊的色彩，在信仰上有諸多禁忌。來到美國後，仍秉持著母國的傳統規範，例如，佛教徒有過午不食的規條，並且階級觀念分明，信徒對僧侶相當尊敬。斯里蘭卡穆斯林則禁食豬肉及使用豬隻製品，不飲酒、忌用左手傳遞東西或食物，這在美國社會顯得格外特殊。此外，斯里蘭卡的僧伽羅移民，在生活中信眾及僧侶時常聚會，並藉著聚會時間誦讀經文祈福開示。

禮節禮儀方面，在美國社會中仍可見斯里蘭卡佛教徒施合掌禮。當一方施合掌禮時，另一方也一定要還之以同樣的禮節。用雙膝、雙手和前額緊貼

於地的「五體投地禮」，是斯里蘭卡佛教徒最表敬重的禮節，一般適用於對長者或是父母。在西方文明的土地上，斯里蘭卡移民亦受美國人的影響，今日在美國的斯里蘭卡人也逐漸流行握手禮，然在寺廟及同族群聚會場所，亦可見其特殊的傳統禮儀。

斯里蘭卡移民熱誠好客，喜歡以茶招待來訪的客人，甚至以他們特別喜好的奶茶招待客人，表示對來訪的客人歡迎之意。飲用紅茶時，斯里蘭卡人一般喜歡放糖和牛奶。若遇在家中招待賓客，斯里蘭卡移民不忘其傳統食品中的大米、玉米及椰肉等食物，雖然在美國少有椰汁可調配食品，但是使用紅辣椒作為佐料，是斯里蘭卡移民最擅長的廚藝。他們有嚼醬葉的嗜好，習慣在醬葉上抹些石灰，捲在一起嚼，可以提神助消化。他們一般是用手抓食，通常用餐習慣在每人面前擺兩碗水，清水供淨手用，冷開水供飲用。注重用餐講究簡樸實惠，口味一般喜愛辛辣。從斯里蘭卡人的食譜中可以看見，他們相當喜歡咖哩雞、咖哩牛肉、乾燒鱸魚、茴香牛肉、辣雞丁、燒茄子、家常豆腐、炸番茄、子薑雞、茄子泥、扒羊肉條、番茄蛋花湯等風味菜餚。

此外，若遇有聖典、重要典禮或開張慶賀，斯里蘭卡移民仍不忘準備一盒火柴，請貴賓將一根根蠟燭點燃，象徵事業明亮繁榮，生活美滿幸福。這些特殊的傳統習俗及習慣，隨著斯里蘭卡的移民帶進了美國的多元色彩之中，也因美國的風土人情及社會，斯里蘭卡移民作了文化上的調適及融合。

四、尼泊爾及不丹族群

根據人口普查資料，2000 年有 9,399 名尼泊爾人 (Nepalese) 視美國為家。1990 年代，尼泊爾人來到美國以逃離國內的一場暴動，暴動者透過謀殺、炸彈、綁票及強奪，和警方、政治家及平民百姓衝突，至 2001 年才宣布休戰與暴動停止。超過數十年，尼泊爾人也夾在印度和中國間避難，顛沛流離。來到美國的尼泊爾人相當貧窮，據 2001 年調查顯示，尼泊爾人收入所得每人僅有二百四十美元。

人口普查資料顯示，2000 年只有二百一十二名來自不丹王國 (Kingdom of Bhutan) 的移民定居美國，人數相當少，特殊的風土民情，為美國多元文化注

入一股獨特的色彩。不丹王國是喜馬拉雅山脈心臟地帶的內陸小國，位於中國的西南邊陲、喜馬拉雅山脈東段南坡，與西藏和印度為鄰。經過千年歷史洗禮，不丹被群山峻嶺環繞，因自然環境的因素與外界斷絕，使得不丹民風相當淳樸簡單，因此傳統生活風俗得以完整的保存下來，讓世界各地的人們對這個簡單樸實的國度產生好奇。有如世外桃源美麗的不丹王國，因此被世人譽為是「最後的香格里拉」(The Last Shangrila)。

　　由於不丹移民人數不多，其文化較不為眾人注意。其實在美國仍可以看見不丹移民的生活方式及特殊服飾。長期受佛教教義薰陶的不丹族群，個性溫和，與世無爭，其無爭的思想在不丹族群隨意的個性中可以見得。偶爾看見不丹族群男性穿著寬鬆的上衣，僅用一條束帶束緊上衣，所有的東西，都可往懷中或是寬大的衣袖內塞放，甚至小孩上學的書本文具都可塞至懷中，相當特別。

　　不丹移民來到美國，為了生活上的傳統繼承，每逢過年過節，住家前面會掛上經幡，祈求平安。不丹王國在每年宗教節日時都會載歌載舞，戴上猙獰的動物面具，向天祈求降福、驅趕鬼怪，以及好收成。但在美國的不丹移民，因為人數甚少，對於母國文化的傳承，也只能透過照片瞭解特殊的不丹傳統宗教。在美國的不丹人，喜歡吃辛辣的食物，涼拌辣椒或把辣椒當調味料使用。不丹移民族群喜好吃餃子，也常包餃子作為主食。在不丹母國，女子地位高於男子，結婚時男子需入贅女方家，女子理所當然地繼承大部分財產，甚至在丈夫的同意下，妻子可同時再嫁其他男子。但是移民至美的不丹人，在兩性關係上並未實行不丹國「男卑女尊」的習俗。雖然不丹王國移民至美的人數極少，但是這支特殊的亞裔族群，其特殊獨特的生活、簡單樸實的文化，為美國的多元文化注入新的色彩。

第十章

他鄉變故鄉的反思

第一代亞裔移民居住在美國，總覺得自己是個局外人；
第二代亞裔移民又覺得自己和這個國家沒有什麼傳統上
的牽連。亞洲移民越過太平洋來到美國，始終覺得自己
來自貧窮的世界，被美國的鐵路業、農業、畜牧業和自
由開放吸引而來。

　　美國是一個接納各國移民的國家，移民懷著不同的夢想來到這個國家，他們離開家園，遠赴重洋，期待夢想早日實現。不過，亞裔人士認為，美國是由白人所建立的國家，亞裔族群永遠只能扮演外國人的角色，他們的膚色就是一種種族制服，而且只會被這個國家置於勞工階層中。亞裔人如何在美國奮鬥及其對主流社會的回應，值得我們關注及反思。

第一節　模範少數族裔的限制

　　為了區隔亞洲人，夏威夷的地主總是把不同國家的亞裔農工編制在同一小隊，他們無法用語言溝通，讓他們彼此互相監視；在美國本土，雇主的所作所為也常會挑起亞裔和其他白人族裔間的緊張氣氛。亞裔移民不希望自己的族群被套入白人設定的框架中，1920～1946 年間，許多亞裔社群成立，他們集中居住，而且總是一起參與罷工。但因為人數不多，第一代亞裔移民只有華裔和日裔得以發展出社群來，而且還是相當孤立的社群，其他亞裔的地位更形孤立。第二代的亞裔移民大多可以擁有自己的社群，但每一社群的訴求其實不完全一樣，如韓裔、華裔、越裔希望能在美國爭取較好的經濟地位；菲裔和印裔就只希望能趕快融入美國社會。為了讓美國社會接納亞裔的多樣性，他們都做出不少的努力。在經過二次大戰、亞裔勞工罷工和《平權法》通過等事件後，美國社會對不同膚色的接受度的確越來越開放，今天亞裔美國人所生活的美國，已經和第一代亞洲移民有很大的不同，他們不再受異族通婚的排斥，有代表自己的社群組織；在政治上也有發聲的機會，不論是各州的市議會，還是代表全國性的參眾議會，漸漸都有亞裔人士參與了。亞裔美國人在職場和家庭中都享有公民權的保障，和早期移民比較起來，亞裔可以更自由的表現多樣性。許多亞裔美國人的孩童都接受雙語教育和 ESL (English as Second Language) 計畫，且從柏克萊到布朗大學都可以看到亞裔學生的蹤跡。儘管如此，在很多方面，亞裔人士還是可以感受到美國社會視他們為「陌生客」或「外國人」❶。

---

❶　Karl Marx, *Capital: A Critique of Political Economy* (New York, N.Y.: Penguin Classics,

21 世紀能帶給這一代亞裔移民什麼樣的生活? 1980 年代,美國有三百五十萬名亞裔移民,到了 1990 年代,成長為七百二十七萬四千名,激增 1.8 倍,而白人同時期才成長 0.06 倍。1990 年,華裔是亞裔移民中最大支的族群,占了 23%,菲裔居第二,有 19%,緊接在後的是日裔的 12%、印裔和韓裔的 11%、越裔 8%、寮裔 2%、柬埔寨裔 2% 及泰裔和苗族的 1%。在教育程度方面,58% 的印裔有大學文憑、華裔 41%、菲裔 39%、日裔和韓裔 34%、越裔 7%、寮裔 6%、柬埔寨裔和苗族也有 5%。赤貧階級占日裔 4%、華裔 11%、越裔 24%、柬埔寨裔 42%、苗族 62%,而黑人則是 26%。1997 年時,亞裔總數已達美國總人口的 10%❷。不過,這些統計數據不能如實的表達出近百年來亞裔生活的全貌。畢竟,這些數字無法說出他們所受的歧視,他們所付出的奮鬥,以及在這個國家所失去和所得到的一切。

亞裔美人常驕傲的稱自己為少數「模範少數族裔」(Model Minority)。這幾年來,亞裔在美國取得恢弘的成功,引起許多不同立場的媒體報導,紛紛稱亞裔美國人為美國最成功的「移民社群」。除了媒體外,知名亞裔美國人的力量也已深入政治圈中,甚至引起白宮的關切,1984 年的一場公開演講中,雷根總統就特別讚揚成功的亞裔美國人,認為亞洲族裔對美國的最大貢獻,就是讓世人知道「美國夢」(American Dream) 是絕對可行的,並且特別推崇亞裔的家庭價值觀,強調這正是美國社會需要他們之處。

不過,所謂的亞裔美國人「模範少數族裔神話」(The Myth of "Model Minority"),有時常被政客和禪學家所神化了。大部分亞裔美國人居住在加州、紐約州和夏威夷,他們在那裡都是高收入群;但 1980 年時,其實只有 19% 的亞裔美國人住在這三州,雷根所說的家庭價值觀,其實是代表一戶亞裔美國人家庭,只有一個人有工作並負擔全家的生計,故整體而言,亞裔美國人的主要收入還是來自勞工階級的收入,只有極少數才是高生活水平。事實上,

1971), 143–149.

❷ Victor Turner, *Dramas, Fields, and Metaphors: Symbolic Action in Human Society* (Ithaca, N.Y.: Cornell University Press, 1974), 232, 237.

就個人收入而言，亞裔美國人的收入不及全美的總平均值。大部分日裔美國人比一般白人受較多的教育，工作時數也較長，他們賺的錢還是沒有白人多❸。韓裔和華裔更為明顯，菲裔更是只有平均的 62%❹。亞裔美國人拿的錢頂多和黑人一樣多，或甚至比黑人、拉美人都還要少。不管在自己的國家受過怎樣的教育，他們來到美國後，大多從事較低層的勞工工作。對那些亞裔美國人無法達到的管理階層職位，一般被稱為「玻璃天花板」❺，只能看卻碰不得。

1965 年以後，儘管亞洲移民數量不斷增大，素質得到提升，經濟有所改善，但主流社會對其排斥與歧視卻絲毫不減。據 1970 年調查結果顯示：曾被讚譽為「模範少數族裔」的華裔，有 25% 的大學畢業生在餐館、禮品店或食品雜貨店工作，另有許多大學畢業生找不到工作，成為典型的「不完全就業者」；在擁有大學本科學歷的男性中，個人平均年收入達到一萬美元的只有13.39%，而在同等學歷的白人男性中，個人平均年收入達到一萬美元的竟占27.7%。至於華裔女性，不完全就業是個普遍現象；即使能夠就業，大多也從事文職工作，諸如會計、收銀員、秘書、打字員、檔案管理員等。據統計，超過 40% 的華裔女秘書具有大學學歷，而大多數從事這類職業的白人女性，往往只有高中學歷。在加州，36% 的華裔女性從事文書或打字員的工作。

儘管亞裔美國人接受大學教育的比例甚高，1987 年的柏克萊大學內，亞裔美國人就占了 25%，但畢業後能從事管理階級的還是少之又少，全美在1988 年只有 8% 的亞裔美國人是能在辦公室內工作的，雖然他們是高知識分子，但通常都不是領導人或是決策者。《華爾街日報》(*Wall Street Journal*) 就觀察到，很多大公司都希望能借重亞裔美國人的高科技專業，卻從來沒想過要

---

❸ Marx, *Capital: A Critique of Political Economy*, 689.

❹ Bulosan, *America Is in the Heart: A Personal History*, 104; *Star Bulletin and Advertiser* (July 24, 1988): 22.

❺ 玻璃天花板 (glass ceiling) 是指在白領階層中，限制特定少數族群晉升到高階職位的障礙。如同玻璃天花板般，可見到更高階的職位，卻被阻隔無法突破。

幫他們加薪和升職❻。因此，亞裔美國人抱怨說，社會上普遍視他們過於順從且不積極進取。但這和他們所受的家庭教育無關，反而是白人對他們先入為主的偏見，他們不容易在一片白人的雞尾酒會上插入話題、打入關係。「語調」也常是他們在社交活動中受限的一個原因，移民一樣是有口音，亞裔的口音會讓很多人覺得他是愚笨的，可是法裔、德裔的口音就讓人覺得這個人很優雅，這是一般人所給予亞裔美國人的「刻板印象」。有些白人也認為，亞裔美國人絕對是專業的高科技人才，可是他們無法勝任管理階級，而且他們認為亞裔對管理位置也較沒興趣。這些觀念都讓亞裔人士即使在很年輕時就能在公司晉升，但晉升的位置也是被設限的。

　　至 1980 年代以後，隨著亞裔美國人在各領域的成功，讓學校老師對這個族群的關切也多了一些，總認為亞裔念好書是理所當然的，許多亞裔大學生其實比較希望念人文社會學科，但所有人都認為他們應該去念自然科技學科，他們好像反而失去了自我。一個柏克萊大學的亞裔教授說：「我們這一代都被教育成科學家。可是亞裔還是需要有自己的歷史學家和詩人啊！」❼儘管各亞裔族群都是來自不同的歷史背景，但亞裔美國人覺得他們很少被視為個體，他們的多樣性也很少被重視。政府有時還會認為亞裔美國人普遍已經「成功」了，對他們的語言教育補助和社福補助也越來越少，在大學裡念書的亞裔美國人更是常常被排除在清寒獎學金之外。亞裔美國人還會發現，因他們的成功，反而會招致其他少數族裔，甚至是白人的怨恨，為了在異國能夠表現更好，亞裔美國人比在美國其他非亞裔族裔做出更多的努力。

　　為了突破種族歧視的現狀，亞裔知道他們必須謹記過去的教訓，並且勇於打破沉默。老一輩的日裔就希望美國政府能夠補償他們在二戰期間所受的誤解和屈辱，有很多的戰時拘留者拒絕談論那段被關在集中營的日子，當年輕的一代想問他們有關那段日子的記憶，他們總覺得那是一件很丟臉的事。

---

❻　William Raspberry, "Getting Beyond Racism," *Washington Post*, November 19, 1984.

❼　Paul Kennedy, *The Rise and Fall of the Great Power* (New York, N.Y.: Vintage Books, 1987), 65.

可是現在不同了，他們想團結起來向美國政府討公道，他們發現保持沉默是
毫無用處的。1988 年 8 月，他們的聲音終於被聽見了，國會通過法案，向這
些參與二戰的第一代、第二代日裔道歉，並賠償所有從集中營生還者每人二
萬美元。當雷根總統簽署這項法案時，他也正式代表美國承認當時「犯了個
嚴重的錯誤」，且日裔對美國是絕對忠實的。雷根對日裔的道歉和認錯，也讓
某些日裔覺得，美國史上那悲慘的一章已經結束了。

除了要求補償或爭取平等人權的法案外，越來越多的亞裔人士在不同領
域上有傑出的表現，不論是在音樂及戲劇、藝術各領域，讓亞裔人士的能見
度提高❽。今日，越來越多的亞裔年輕人希望知道他們祖先經歷過的事，他
們想明白為什麼美國人總是視他們為外國人，他們也想知道美國人是用什麼
角度看他們的，更想知道他們的祖先當初來美國作苦工時，過的是怎樣的日
子。他們想知道他們的歷史，想追本溯源，想知道為什麼美國人，或是說歐
洲人總是通稱亞裔為「東方人」，想知道為什麼傳統定義的美國人就一定是白
人，他們想瞭解祖先奮鬥的過程，認為也只有藉由這個途徑才能找回自我，
在美國才有歸屬感。一旦他們傾聽這些故事，並且成為記憶中社群的一員，
他們才能夠從祖先和自己找到紮根的痕跡。

第二節　成功有罪嗎？

自 1980 年來，黑人下層階級和白人中產階級的收入皆降低，許多人依靠
美國社福制度過活，也讓更多族裔不滿亞裔美國人的成功。故亞裔美國人的
成功似乎是伴隨著新一代反亞裔的浪潮，出現衝突。在學校建築物裡，處處
可見漆著充滿種族歧視的句子，教室裡也常常聽到學生對亞裔學生喊著：「滾
回去！」對亞裔學生的攻擊更是時有所聞。1987 年八名就讀康乃迪克大學
(University of Connecticut) 的亞裔學生就學期間，一直身陷於暴力攻擊之中。不

---

❽ 　如湯婷婷和米爾頓村山 (Milton Murayama) 的小說；趙健秀和五反田寬的演出；張素
　　珍和金惠經 (Elaine Kim) 在學術上的研究；史蒂芬岡崎 (Steve Okazaki) 和王穎的電
　　影；廣島 (Hiroshima) 和弗雷德 (Fred Houn) 的音樂等。

只是他們，全美的亞裔學生都覺得，他們應該和其他所有學生一樣，享有平等且安全的受教權，很多亞裔學生的父母在自己母國拿到大學文憑，他們親眼目睹了他們的父母來到美國後，卻只能做服務生等勞力的工作，所以希望自己有更多的選擇機會。他們希望藉由受高等教育的機會，可以過更好的生活，打破種族藩籬，但白人學生總是討厭他們，白人學生的父母也認為，亞裔學生會搶走他們孩子的鋒頭。

　　1965 年《平權法案》通過後，越來越多的參議員擔心美國會被亞裔和拉美裔人士所淹沒，擔心他們會吃垮美國社會，更擔心語言和文化的多元表現會侵蝕美國固有文化，他們擔心亞裔和拉美裔最終有一天會淹沒白人文化。1988 年，美國參議院通過一項法案，限制第三世界國家的人民移民至美國的人數，明確規定必須有一定的教育程度、工作經驗和英文能力等。政策的制定也表現在文化描述上，大眾媒體開始重新定義亞裔人士，以往好萊塢劇情下的亞裔大多飾演黑道、搶匪的角色，而在 1980 年代的電影裡，如《越戰獵鹿人》(*The Deer Hunter*) 如實的說出美國人為何要去遙遠的越南作戰，和美國人在那裡作戰時所發生的事，但卻用不實的片段描寫越南人的生活，引起越裔的抗議。另一部《現代啟示錄》(*Apocalypse Now*) 也有類似的情形，電影本身雖然譴責美國參加越戰，最後卻還是認為多虧了美國的高科技武器，才能拯救越南當地人。同時，反亞裔情緒也在美國各角落紛紛上演，不論是東岸的紐約、費城；西岸的舊金山、洛杉磯，還是南方的丹佛。例如，東岸澤西市 (Jersey City) 有一萬五千名印裔居住在此，當地報紙曾刊登聲明:「不要讓我在街上看到任何印度人，只要有印度人，管他是男還是女，我一定會踹他一腳。」❾並且警告印裔，接下來還會燒他們的車，打破他們房子的窗戶。事實上，這些攻擊有些真的發生了，1987 年就有印裔在餐館用餐時，被當地青少年給活活打死的案例出現。

一、華裔「陳果仁事件」與「A. Wong」的反思

　　1982 年 6 月，底特律 (Detroit) 發生一件類似上述澤西市印裔被毆打致死

❾　*The New York Times Magazine*, April 17, 1988.

的案例。華裔陳果仁和他的兩個朋友晚上去酒吧喝酒，以慶祝他隔天即將結婚，當他走出酒吧，竟被兩名失業的白人拿球棒無故毆打，並說：「都是因為你們這些日本人，我們才會失業的。」最後陳果仁被這兩名白人打死。這兩名白人後來各被判罰 3,780 美元，而且不用在牢中待上一晚。當地華裔團體不由得忿恨的說：「罰的錢買輛二手車都不夠，卻奪走了我們一個華裔年輕人的性命。」受害者的母親也不禁問：「這是什麼法律？是什麼司法？如果今天是兩個華人殺死一個白人，他們不用說要坐牢了，說不定還要付出生命代價，這個國家真的是生病了。」❿

陳果仁的曾祖父在 19 世紀時來到美國做鐵路工人，他們已經是華裔移民第四代了，他的母親還記得 1922 年時，祖父接他們來美國後所受的種族歧視，那時她才十七歲，二戰時還曾入美軍服役過，她說，當陳果仁小時候，總是吵著要當作家，她跟他說沒有人靠那個過活；後來他又說他要當律師，因為他很愛說話，她跟他說：「兒子，你是黃皮膚，沒有人會相信你的。」最後陳果仁在大學念的是建築系，在他被殺害前，也找到一家建築公司的工作了，他母親哭著說：「我不懂事情怎麼會這樣，我們是美國人，我和我先生都幫美國打過仗，我們總是認真工作，誠實納稅……我本來是真心喜歡這個國家的，現在我真的不知道了，這個國家讓我充滿憤怒。」⓫

陳果仁之死，讓全美國的亞裔都同感憤怒，他們知道他被殺的唯一原因是他是黃種人，因為看起來就不是美國人，所以白人視他為「外國人」，亞裔認為，白人長久以來一直沒有把有色人種納入他們的教育體系中，白人視有色人種都是外國人，才會有這種事發生。一些亞裔人士也認為美國重工業要為陳果仁之死負起責任，毆打他的白人是因為失業才會出氣到他身上的，可是美國重工業的不景氣，尤其是汽車工業趕不上日本，造成高失業率，怎麼能怪亞裔？陳果仁之死是發生在 1982 年，而不是制定《排華法》的 1882 年，亞裔團體認為，儘管已經過了一百年，白人對待他們的方式還是一樣，

---

❿　*New York Times*, November 23, 1982.

⓫　*New York Times*, November 26, 1982.

只要失業率居高不下，就是亞裔的錯，白人隨時有資格趕走亞裔。

　　陳果仁的被殺，讓亞裔打破沉默決定站出來，他們知道發生在陳果仁身上的事，也很有可能會發生在他們身上，他們決定團結在一起表達抗議，沒有人因為膚色而被殺。

　　另一名華裔 A. Wong 的父親總是告訴他：「要記得你的中文名字，記得你在台山的家鄉，記得你是中國人，這樣你才是個有家的人。」或許華裔會如此強調這些，正是因為他們在美國是沒有歸屬感的，Wong 說：「不像猶太裔或義大利裔移民，華裔在美國從來就不會感覺自在，所以他們特別需要知道某處是專屬於他們的。」Wong 的父親在中國老家娶了兩個太太，1920 年時，他父親因經商來到美國，之後只帶一個太太過來。1938 年 Wong 出生在美國，從小就知道他在中國還有另一個媽媽及其他家人，他父母常提到他們，而且總是會寄錢回廣東，並且一再告訴他，有一天一定要回中國。1984 年，Wong 回到中國見到這些家人，他在老家的媽媽非常高興的抱著他說：「你和我想像中長得一模一樣。」在老家的牆壁上，他看到近百張這些年來他們寄回去的照片，有他、他姊姊、他的晚輩，甚至還有他的女兒，他忽然明白，自己真的是屬於這裡的，感覺和這裡有很緊密的聯繫，「那種感覺，就好像有人告訴你箱子裡有鑽石，可是多年來，你都不能打開。等到最後你終於有機會打開箱子了，也發現鑽石就和你想的一樣美好」❷。

二、日裔 Tomo Shijo 經歷的反思

　　七十五歲的 Tomo Shijo 從小在學校感受到其他人對她的歧視，小學時的校外教學，老師說全班都可以去，可是卻叫她一個人留在教室等他們回來。Tomo Shijo 是日裔美國人第二代，她自認是美國人，後來在父母的安排下，她嫁給了一位一世日裔丈夫，二戰開打後的某一天，她丈夫回來告訴她說，美國要求所有日本人都要搬入集中營，她還跟她丈夫說：「可是只有你是日本人啊，我是美國人。」談到在集中營的那段日子裡，她印象最深刻的就是擁擠

---

❷ Ronald Takaki, *Strangers from a Different Shore: A History of Asian Americans*, 482–483.

的環境和毫無隱私，他們必須和另一對夫妻分享所有生活空間。她現在可以
侃侃而談這段記憶了，而不會再覺得自己和其他美國人不一樣❸。

三、「洛城事件」對非裔與韓裔間衝突的反思

韓裔美國人的成功故事引來了讚賞與怨恨。1990 年代早期，在布魯克林
的弗萊特布什 (Flatbush) 與在加州的洛杉磯，非裔與韓裔移民間爆發了暴力衝
突。弗萊特布什的紛爭開始於 1990 年 1 月，一名海地裔的女顧客 Ghislaine
Felissaint 在韓裔 Bong Jae Jang 的雜貨店購物，這名海地裔的顧客聲稱 Bong
Jae Jang 羞辱且侵犯了她。店員卻有完全不同的證詞，堅稱 Felissaint 因為店
員在找錢給她時招呼其他客人而生氣，一直破口大罵一些帶有歧視韓國人的
字眼。附近的非裔發起了為期十四個月抵制 Bong Jae Jang 韓國雜貨店的活
動，並要求韓裔店家搬離該區。種族間的緊張情勢因抵制活動加溫，瀰漫在
好幾條街道間。1990 年 5 月 13 日的一場暴力事件中，三名黑人青年將三名
越南人誤認為韓國人而以球棒、酒瓶、刀子攻擊他們。抵制活動與暴力事件
受到媒體的密切關注，韓裔第一次發現全國的注意力都貫注在他們身上。

雖然韓裔 Bong Jae Jang 在刑事上被宣告無罪，他仍受苦於因抵制活動而
造成的經濟困難。在他最艱難的日子裡，他曾經在一天之中只賣出價值 0.38
美元的三顆洋蔥。Bong Jae Jang 舉證抵制活動對他造成的經濟損失，申請後
獲得了法院命令，禁止示威者接近他的店門口五十呎以內的範圍。1990 年，
在紐約大都會區有超過十萬名韓裔民眾陸陸續續聚集起來支持 Bong Jae
Jang。1990 年 9 月，一百二十名韓裔美國人聚集在 Bong Jae Jang 的店門前反
對抵制活動，並呼籲種族和平。當時的紐約市長大衛・迪金斯 (David Dikins)
也參加了集會，作為反抵制活動的象徵。

另一則是針對洛杉磯韓裔社區的暴力事件，在 1992 年 4 月 29 日爆發且
持續了三天。由於在 1991 年 3 月 3 日時，四名白人警察殘暴地毆打一名黑人
Rodney King 的影片，透過電視新聞的播放傳到全世界，而之所以後來震驚
全國，是因為此陪審團是以白人為主組成的，最後 1992 年時判決結果出爐，

---

❸　Takaki, *Strangers from a Different Shore: A History of Asian Americans*, 487.

法院竟判四名白人警察無罪，因而馬上引爆南郡靠近「小韓國」的黑人區怒火。在洛杉磯中南區❶的非裔是第一批以暴力回應無罪判決的人，但是破壞迅速遍及城市中的其他角落。當地的《新聞週報》報導：「黑人再次在街上以暴力攻擊威脅所有白人。」但這次的暴動和 1965 年的「華特暴動」(Watts Riot) 不同，這次不只限於黑人和白人，戰火也波及到韓裔美國人，許多韓裔美國人回憶起那天，都感到相當驚恐。他們描述說，在 1992 年 4 月 29 日的晚上，所有商店都被燒了。大家都不知道發生什麼事，一開始還以為事情沒有很嚴重，競相通告紛紛逃躲，但當暴動開始後，店家被破壞，食品被偷走，暴民最後竟放火燒店家。政府後來宣布洛杉磯進入緊急狀態，並派了六千名鎮暴警察入駐以維持秩序。5 月 1 日暴動結束，全洛杉磯都是縱火後的痕跡，計有五十八人死亡、二千四百人受傷及一萬二千人被捕，超過三千家商店在這次的事件中遭到攻擊，大約有三百五十間店面完全被摧毀，總損失高達八十億美元，大部分遭受攻擊的商店都是韓國人開的。

　　韓裔與非裔的敵對態勢，主要原因是韓國城正好座落在洛杉磯中南區的北部，非裔因為這些新來的韓國人買下了大部分原為非裔與拉丁裔社群居住的貧困地區，相互競爭造成嚴重的緊張情勢與成見。此外，警察與消防局對黑人洗劫且燒毀一間間韓國城商店沒有反應，部分韓裔為了自保，帶著槍走上街頭，試著保護他們的家族事業，雙方衝突更加激烈。

　　在破壞之後，一些韓國人直接投降返回韓國。但是，有上千人在 5 月 2 日聚集在一起走過韓國城焦黑的街道，公開表示他們控訴洛杉磯警察與消防局對韓國城商人的呼救聲慢半拍的反應、國民也漠不關心，同時呼籲洛杉磯內多元族群的相互和諧。在暴動期間及事後，韓裔律師與積極人士藉由以身為韓裔美國人的角度，談論這場暴力事件，以吸引全國的注意，美國也因此事件轉而注意韓裔族群。暴動過後的數個月，洛杉磯的韓裔移民開始重建韓國城，且比之前更大、更好。但是，韓國城地獄般的大火永遠不會被忘記，被當地人稱為「4/29」。

---

❶　洛杉磯中南區指佛羅倫斯大道與諾曼地大道的十字路口。

　　在來美國以前，韓國人受到既定的好萊塢印象影響，總覺得貧窮、素行不良、懶惰和愛打架是黑人的習性⑮；黑人也總是覺得韓國人的到來搶了他們的工作，他們視韓國人為「外星人」，總覺得韓國人對他們不友善⑯。這兩個種族對彼此都有很深的偏見，韓國人無法體會黑人在洛杉磯市中心所遭遇到的困境；黑人也無法理解韓國人習慣以家族式企業管理商店。

　　但就經濟方面來說，韓裔和非裔時常因貧窮而引發暴力衝突。早在 1970 年代，學者威廉・威爾遜 (William Julius Wilson) 就曾指出：「低收入的種族社群多會分布在大城市的周圍，而且大多是帶著憤怒的社群。」主張平和、為黑人爭取民權的浸信會牧師馬丁・路德・金恩 (Martin Luther King, Jr.) 博士也曾說過：「黑人的字典裡沒有『暴動』這個字。」1992 年暴動時，南郡黑人中有 30% 處於赤貧階級，比 1965 年華特暴動的 27% 還多。一個韓裔商人說：「一開始我並沒有把這事放在心上。後來我慢慢的瞭解，這些暴民都非常的窮，會有暴動發生，是因為貧富差距實在太大了。」另一個韓裔商人在檢視自己的損失時，也認為階級間的差異才是主因：「當我這樣看這件事後，我開始生白人的氣，如果政府能正視這問題，多照顧黑人一點，事情根本不會波及到我們身上。」這場暴動打亂了很多韓裔的生活，許多韓裔都難過的說，二十年來的美國夢就在這場暴動中一夕之間被奪走了，現在變得一無所有，徒留灰燼。

　　除了經濟損失外，韓裔美國人內心也承受極大的傷痛。暴動之後，韓裔美國人由於深受震撼、沮喪及受挫，甚至失去了記憶，根本不記得任何有關

---

⑮　一個韓裔雜貨商說：「我不覺得所有韓國人都歧視黑人。他們在黑人的社區中工作，卻不會說他們的語言，也不一定懂他們的文化，自然會顯得處處防備，但這不代表他們不友善。黑人總是質疑為何韓裔不尊重他們，但那些會搶韓國人商店的都是黑人青少年，叫我們怎麼尊重他們?」

⑯　一個黑人婦女說，暴動發生時，黑人找韓國人麻煩的理由顯而易見：「韓國人就是不願意給任何黑人工作機會，而且對待黑人的態度也和對他們家的狗一樣。我不准我的孫子去巷口那家韓國人的店買東西，他們說韓國人總是對他們很兇。」另一個非裔的生意人則說：「在這場暴動中，我看到憤怒的人群，也看到處處想占便宜的人們……他們傷害韓國人，他們辱罵那些韓國人，就像那些韓國人以前罵他們一樣。」

那場暴動的事，而且情況越來越糟，還有人因此輕生。此刻，他們已看不見
未來，一切都已了無希望。暴動過後的「小韓國」就像是剛歷經了一場戰爭，
處處都是廢墟，所有韓裔商人都在盡力尋找最後一點他們的遺物，或任何曾
是他們夢想的遺跡。他們不敢相信眼前所見之物，有些是在電影裡才會出現
的場景，如同身處螢光幕裡，身歷其中。而人們就坐在戲院裡觀看這一切，
但這一切並沒有好萊塢慣有的美滿結局。對自己眼前所見的一切都毫無心理
準備，只看得到曾在這付出的時間、金錢和夢想，所有曾經努力的一切都已
消逝，花了一輩子的時間所構築的夢，就這樣毀於一夕之間。看著自己的店
在面前被縱火，那種感覺真是生不如死❶。

　　1992 年的這場洛杉磯暴動，讓世人更明白了一些事，除了經濟差距外，
這個城市裡還有更嚴重的文化和種族差異。就算所有韓裔都雇用黑人當員工，
還是沒這麼多工作給黑人做。亞太美人協會中心執行長 Stewart Kwoh 就直截
了當的指出：「這裡只有兩個階級，有錢的和沒有錢的，這才是一切問題的根
源。」這些事件已一再提醒洛杉磯要正視族裔問題，暴動過後，生活在洛杉磯
的韓裔和非裔美國人在今日的 21 世紀裡，仍有很多問題要面對。

第三節　多元化的亞裔美國人

　　長期以來亞裔各族群間因缺乏聯繫，遇有衝突往往勢單力薄，孤軍對抗。
1960 年代以後，這種情況有了根本的改變。1968 年由亞裔族群組織的「亞裔
美國人政治聯盟」（Asian American Political Alliance），發言者無論來自那個族裔，
其基本立場都是一致的，即都把自己看作亞裔族群的一員，為亞裔發聲。
1970 年出版的論文集《根：美國亞裔讀本》（*Roots: An Asian American Reader*），
由該聯盟主要人物 Franklin Odo、Buck Wong、Eddie Wong 和 Amy Tachihi 共
同撰寫，他們分別來自日本、印度及中國等族裔❶。書中表達亞裔的共同心

---

❶　Ronald Takaki, "Have Asian Americans Made It," *San Francisco Examiner*, January 10,
　　1984.

❶　Amy Tachihi, Buck Wong, Franklin Odo, and Eddie Wong eds., *Roots: An Asian*

聲，認為美國亞裔是負責任的國民，該盡的義務一個都不少，卻未得到平等的對待和應有的尊重。由於亞裔族群有著相同的經歷、社會地位以及爭取平等權利的共同追求，將泛亞裔族群意識推上了歷史舞臺。亞裔族群期許「亞裔美國人」這一稱呼，能聯合所有亞裔美國人，站在全新的角度界定自己、認識自己。

1960 年代末 1970 年代初，一批優秀的亞裔作家湧現，他們的作品主題無不是探討與他們相關的種族身分和文化認同。華裔作家趙健秀就是最具代表性的一位。他對「亞裔美國人」文化內涵如此詮釋：亞裔美國人並不是指某一個族裔，而是由華裔、日裔和菲裔等幾個族裔群體組成。華裔和日裔已經同中國和日本在地理、社會以及歷史諸方面各自分離了七代和四代。他們在美國這塊土地上演化出了十分獨特的文化與情感，它們既不同於中國和日本的特點，也有別於美國白人的特點。「亞裔美國人」這一稱謂，把所有在美國出生的亞洲後裔集結在這個帶有強烈政治色彩的命名之下，以亞裔族群集體意識共同凝聚在一起❶❾。

2010 年 5 月，《財富》週刊評選出了全美「最適合少數族裔工作的五十家公司」，這些企業主張以平等對待各個優秀人才。總體而言，少數族裔在美國公司中的處境和地位，在不斷改善之中。調查顯示，2010 年前五十名的企業管理階層人員中少數族裔占 24%（2001 年的比例是 23%，而 1998 年只有 17%）。2010 年在公司董事會中少數族裔占了 19%，而前一年的 2009 年只有 11%。這次調查中，《財富》週刊向美國二百多家大公司發放了問卷，問卷將少數族裔分為亞裔、非裔、拉美裔以及美國本土印第安。在綜合各種數據後，《財富》為每一家公司制定了等級。考量企業排名的主要依據有：

(1)少數族裔的員工數量。以 Intel 為例，少數族裔員工的數量占 30% 以上，處於前五十名的中上游，但其綜合排名在三十名以後。

American Reader (Los Angeles, Calif.: Continental Graphics, 1971).

❶❾ Gabriel Chin, *Beyond Self-Interest: Asian Pacific Americans Toward a Community of Justice* (California, Calif.: UCLA AA Studies Center, 1996), 129–166.

⑵少數族裔人員的職位。他們是否進入管理階層，在整個管理階層中的比例
　又有多少。

⑶少數族裔的薪酬。若職位階層相同，是否得到相等的福利，公司薪酬最高
　的前五十人中有色人種占多少。

　　2010 年的大贏家是美國房屋信貸服務的「巨人聯邦國民抵押協會」，它
是首次登上排行榜第一名，主要歸功於由少數族裔組成的管理隊伍：在十八
位董事會成員中占了五個，而公司 CEO 佛蘭克本人是黑人。麥當勞公司排名
第五，它的少數族裔員工比例高達 55%。此外，《財富》還統計出最適合亞
裔、非裔、拉美裔和美國印第安的前十大公司，前六名全是高科技公司，包
括 Intel、太陽微系統、Sun 等行業領導者，其中第一名是應用材料公司
(Applied Materials)⓴。此外，矽谷科研人員有一半是華人或華裔，還有 1/3 是
印度移民。一方面說明亞裔族群在科技領域具有相對的優勢，另一方面也與
美國的移民政策導向有關。與亞裔相反，黑人較適合美國服務行業，包括麥
當勞、聯邦快遞、可口可樂等大型跨國公司。

　　亞裔美國人不論在何時、何地，都面臨著認同問題，不管是在他們離開
家鄉時，還是在他們抵達美國後。在 21 世紀裡，亞裔美國人繼續追尋他們的
認同感，因而有「亞裔美國人」這個泛指全亞裔的跨種族意識的總稱。例如，
1974 年奧克蘭的一場慶典中，他們以中國的音樂和舞蹈慶祝傳統節慶，參與
者尚有韓裔、菲裔和波里尼西亞裔等族群。全美各地也出現各種亞裔或是亞
太裔的聯合團體，不論是學術性的還是娛樂性，他們逐漸嶄露頭角。

　　除了這些聯合性社團的出現外，亞裔還有一項特色：亞裔間通婚特別頻
繁。亞裔族群之間的通婚，在美國多元文化的洪流中，已是一個相當普遍的
現象了。根據社會學家 Larry Shinagawa 在 1990 年代中期所做的研究，30%
的亞裔和來自另一個國家的亞裔通婚，在加州尤為明顯㉑。1997 年 2 月，《亞

⓴　它是全球最大的半導體製造設備的供應商，Intel、三星生產 CPU、內存條的設備都
　　向它訂購。

㉑　例如，一名日裔美國人 Shinagawa，他太太是韓裔美國人，他的報告中指出：「加州

洲週刊》報導表示，亞裔美國人的小孩多能為自己源自父母雙方不同的血緣
而感到驕傲，並認同自己為一徹底的美國人❷。華裔人權運動者 Hoyt Zia 和
其日裔妻子 Leigh-Ann Miyasato 是一個亞裔族群間通婚的例子，他們是在亞
裔美國人協會所舉辦的聚會上認識的，Zia 的父母認為，他們的結婚代表著
從舊世界邁向新世界。他們的兩個小孩知道自己有中國人和日本人的血統，
也驕傲的認為自己是「亞裔美國人」。1997 年《新聞週刊》報導，每有一個
亞太裔，就有一個和其他族群者通婚，這些異族通婚的後代，如今在全美約
有二百萬人口。這些通婚印證了歷史學家 David Hollinger 所說的，美國已進
入「後種族時代」，世界一家的理念已漸實現。1997 年 1 月，《亞洲週刊》報
導，從 1970 年代以來，美國就一直處在多元文化的衝擊之下，也漸漸進入多
元文化的社會。所謂的 hapas 就是指亞裔和太平洋裔通婚的後代，他們見證
了美國是個多元文化的社會。

　　這些多元文化的後裔中，最知名的就是老虎‧伍茲 (Tiger Woods)，他的父
親是非裔，母親是泰裔，但是傳媒和美國民眾習慣性只把伍茲看作是非裔，
他的母親 Kultida 在 1995 年 3 月 27 日受訪時表示，「所有媒體都想把他染
黑，在美國，只要你有 1% 的黑人血統，你就是黑人，沒有人好奇他身上流
的那另一半血液，這無異是否定我的存在」。伍茲很清楚自己的血緣，他在接
受《紐約時報》專訪時說：「我父母總是告訴我要為身上流的血感到驕傲，不
論是非裔美國人還是亞裔美國人，我都深感榮幸。」❸的確，亞裔美國人早從

　　向來是亞裔族群中各種社會現象的前鋒，在這裡，亞裔間相互通婚是一件再自然不
　　過的事，我們正在創造一種新的族群，真的可以用『亞裔』來稱呼的族群。」
　　Takaki, *Strangers from a Different Shore: A History of Asian Americans*, 379.

❷　例如，日裔 Tim 和華裔 Sharn Chan 所組成的家庭就是一個亞裔文化多樣性最好的例
　　子。在傳統中國新年節慶時，他們會帶著他們的小孩回到 Chan 的媽媽家過節；3 月
　　時，他們會回舊金山的「日本埠」過櫻花祭 (Cherry Blossom Festival)，Tim 說：「我
　　們的孩子很喜歡，並樂於學習傳統中日文化，不過他們是道地的美國人。」Takaki,
　　Strangers from a Different Shore: A History of Asian Americans, 385.

❸　*New York Times*, March 27, 1995.

1849 年因淘金熱來到美國，經歷了許多排斥和歧視性法案。無疑的，現在的亞裔美國人生活在一個較開放、公平的社會，藉由瞭解他們的故事，希望可以重新看待亞裔族群，他們從原鄉到異鄉，視他鄉為故鄉，努力的融入美國主流社會。

亞裔移民歷史大事記

約西元前 12000 年亞洲蒙古人登陸美洲

這批最早的移居者來到美洲，開闢乾旱的大土地，當時這塊土地連接西伯利亞和阿拉斯加。洪積世時期 (Pleistocene Times)，隨著冰河退卻，他們往南邊開拓發展，這批紅皮膚的人，據考古人類學者證明，是今天美洲的主人「土著印第安人」。

1587 年首批菲律賓人在加州登岸

首批菲律賓人於 1587 年乘著大型西班牙帆船登陸加州摩洛灣 (Morro Bay)，船長是西班牙人 Pedro de Unamuno。這批人被稱為「呂宋印度人」。

1848 年加州科洛馬 (Coloma) 地區發現金礦，引來全世界的淘金潮

1848 年 1 月 24 日，來自新澤西州的木匠馬歇爾 (James Marshall) 為其雇主薩特 (John Sutter) 建造一臺鋸木機，偶然在加州科洛馬附近的薩特磨坊 (Sutter's Mill) 發現了金礦，這一發現吸引了眾多淘金客前來。同年 8 月，已有四百名淘金客進駐山區並搭帳棚居住，還有大批的人陸續從美國各地湧入。幾個月間，上萬名的淘金人潮湧進這個小鎮。

1850 年舊金山華埠形成

舊金山市華人人口增至 4,015 人，華工人數的激增顯然和淘金熱有很大的關係。很多中國人從廣東到香港和澳門，與苦力販子訂契約，被載到美國西海岸及其他國家，尤其是古巴和秘魯。前往美國的中國人一般來自廣東四邑、三邑、中山等地。早期到達美國的中國人集中住在舊金山的沙加緬度街。當時當地美國人俗稱這條街為中國街，華僑則稱為唐人街，亦即所謂的華埠，而這是最早形成的華埠。

1850 年加利福尼亞州議會通過一項法案，對所有外國礦工徵收每人每月二十美元的稅（這項法令於 1851 年 3 月 14 日撤銷）。此外加州亦於 1854 年頒布法令，禁

止華人在有關白人的案件中作證。在加州的圖奧勒郡 (Tuolumme) 發生排斥華工的事件。

1851 年來自珠江三角洲的華人成立會館組織

1851 年，南海、番禺、順德等邑人士組成「三邑會館」。同年，新寧（台山）、新會、開平、恩平等邑人士共組「四邑會館」。1852 年，香山（中山）、東莞、增城等邑人士共組「陽和會館」。1853 年，新安、嘉應等客家籍人士共組「新安會館」（即後來的「人和會館」）。1862 年，「四邑會館」瓦解成為兩大會館：「合和會館」和「岡州會館」。其後數十年，雖然各會館的組織有所改變，但仍能合作運作。各會館合組成「中華會館」，「中華會館」儼然成為代表清廷對外的高層自治組織。現有寧陽、岡州、肇慶、花縣、三邑、陽和、人和等會館，其中以寧陽人數為最多，久任「中華會館」董事之要職。

1852 年華人開始湧入美國西岸，以舊金山市為主要進口港

華人俗稱舊金山市為「大埠」。是年政府統計美國華人人口為 20,015 名，多為礦工，散布加州各地礦穴。1852 年，加利福尼亞州議會重新頒布外國礦工執照稅的法令，規定對「不準備成為美國公民」的人徵收執照稅，每人每月三美元，之後逐年增加，1870 年時被判違憲。加州州長向國會提出限制增加華工的法案。

1854 年加州高等法院審理「人民控訴霍爾」案

加利福尼亞州高等法院在審理「人民控訴霍爾」一案時，援引 1850 年的規定，禁止華人在法庭作證支持或反對白人（本規定於 1872 年廢止）。加州最高法院首席法官莫瑞 (James Murray) 公然判決華人不得出席作證，理由是「如果法院允許亞洲人出庭作證，則無異於認定他們享有公平的公民權」。

加州政府向華人礦工徵收「外籍礦工稅」，該稅款占當年加州政府稅收總額的一半。是年 4 月 22 日，美國人霍華德在舊金山創辦了《金山日新錄》週報。據歷史文獻記載，當時全世界僅有三份華人報刊，除《金山日新錄》週報外，還有香港的《遐邇貫珍》月刊和寧波的《中外新報》半月刊。由於只有《金山日新錄》週報才具有現代報紙的一切特徵，因此堪稱為世界第一份華文週報。

1854 年第一位留美學生容閎畢業

容閎從美國東部的耶魯大學畢業，獲學士學位，為第一位在美國取得學士學位的華人。1876 年取得耶魯大學法學博士學位。

1855 年加州議會通過《阻止不能成為公民的人進入美國法》

此法目的在阻止不能成為美國公民的人進入美國，若不遵從，市鎮官員可以州政府的名義向地方法院起訴，並羈留船隻至繳清稅款為止。此法主要是為了阻止華人進入加州。加州政府將外國礦工執照稅提高到每人每月六美元，並規定此後每年遞增二美元。是年，加州議會又決定，將 1850 年禁止黑人和印第安人在法院作證的法令擴大應用於華人，即肯定前一年加州高等法院的判決，禁止華人在法庭作證支持或反對白人。1857 年該法令被宣告違憲。

1860 年加州實施種族隔離政策，不允許其他種族學童與白人學童同校

1866 年後，如果白人家長不加反對，華人子女始可入學。此政策至 1947 年才廢止。華人不准進入舊金山市立醫院就醫，種族隔離相當嚴重。

1861 年亞裔美國人參加美國內戰——南北戰爭

在美國南北戰爭期間，幾名中國人、菲律賓人、亞洲印度人、馬來西亞人、關島人以及印尼人參加美國內戰。

1862 年美國國會通過禁止華工在美國船上作「苦力」買賣的法案

1. 法案中規定「保護白種勞工、反對中國苦力 (coolie) 勞工的競爭與阻止華人移民進入加州法案」。然華工為契約勞工 (contract laborer)，不受此限。

2. 美國舊金山華僑社團合和會館成立。原岡州會館與四邑會館合併，加上三邑會館、陽和會館、人和會館和寧陽會館，著名的美國華僑六會館至此形成，總稱之為「中華會館」，成為華人社區自治的最高領導。

1863 年華工加入中央太平洋鐵路的修築

數萬名華工參加美國中央太平洋鐵路的建設，鋪軌工作提早一年於 1869 年 5 月 10 日完成；用血和汗以至生命換來了建築工程的高速度，為鐵路的提前完工奉獻心力。該公司為招募華工，除在舊金山等地招工外，還特別到廣東僑鄉，如台山等地招收大量華工。參加該工程的華工於 1865 年高達一萬五千人左右，而

白人工人只有八百人左右。因此，該公司不得不承認，這段鐵路幾乎完全靠華工的力量完成。

1868 年中美簽訂《蒲安臣條約》

美國政府與清政府全權代表李鴻章簽約規定「凡傳教、學習、貿易、遊歷等仍來往自由，其已在美的華工亦仍舊受保護」。《蒲安臣條約》之後，中國勞動人口移入美國的人數激增，由以前每年平均二千人增至 1869 年和 1870 年每年平均一萬多人。可是，此刻西海岸四萬名華人礦工卻被驅逐離境。這些礦工被迫轉入農場做工，或是當了家庭傭工。同年，《美國憲法》「第十四憲法修正案」宣布所有本土出生的人士均為美國公民。

1869 年中央太平洋鐵路建築完工

為 19 世紀美國建設成就的一大標誌，對美國經濟發展和開發西部地區具有重大意義。美國內戰後，南方的一些種植園主到舊金山招募華工，以補救黑人奴隸解放後勞動力缺乏的情況。這一年有數以百計華工在合約期滿後，脫離農莊，另謀職業，許多留在南方的華工都在黑人住區開了小本經營的零售店以維持生計。他們成為現在分布在密西西比州三角地帶的華人先驅。

1870 年加州議會通過《佩奇法》及〈肩挑法則〉

1. 《佩奇法》規定凡前來加州登岸之蒙古、中國及日本婦女，必須先出示證明文件證實其為自願移民非被奴役買賣到美國，有正當之習慣及良善品性，否則為非法。凡未證明其品行良善的亞洲女性入境者，要處以一千至五千美元之罰金或監禁二至十二個月，或兩者並罰。此法案於 1876 年被宣告違憲而廢止。

2. 加州政府禁止華人在該州擁有土地。是年，加州政府重申「異族」不可同校的教育政策，不允許「異族」與白人學童同校。

3. 舊金山市政府雇用華人參加市政工程建設，並且實施所謂〈肩挑法則〉，禁止華人使用類似肩挑菜籃的扁擔行走在外，因為模樣不雅，會讓美國文化形象受損，違者處五美元罰款；此外，不可以用扁擔肩挑送洗衣物、餐廳碗盤或是任何物品。不僅如此，1870 年代市政府還頒布許多排斥華人的法

令：如〈劇院法則〉，禁止上演粵劇。

4. 華人開始投入城市工業，如造鞋業、製衣業、雪茄業等。幾年內舊金山成為此等工業的龍頭，導致白人嫉妒。同時，東岸經濟衰退，跨州鐵路通車之後，東岸失業白種工人大量湧入西岸加州等地，致使西岸人口呈飽和狀態。排華暴行在美西各地相繼出現，其中包括：1862 年加州尤巴 (Yuba) 有八十八名華人遭殺害；1871 年洛杉磯華埠華人遭屠殺；1877 年奧勒岡的蛇河 (Snake River) 華人礦工遭殺害；1880 年科羅拉多州的丹佛華埠遭白人縱火燒毀，華人被逐；1885 年懷俄明州的石泉 (Rock Springs) 大屠殺；1885 年至 1888 年，華盛頓州的西雅圖兩度發生排華暴行，華人被逐離市境。

5. 隨著橫貫美國大陸的鐵路完成，一部分華人逐步向東部轉移，另一小部分轉入南方。這一年冬天，約有六百名華工參加亞拉巴馬和卡打奴鐵路的建設，二百五十名參加休士頓和德克薩斯鐵路建設。在農場中工作的華工有顯著的增加。根據美國加州人口普查，計有華人 49,310 人。

6. 舊金山發生大規模的反東方人運動，反華情緒就在民主、共和兩黨政客及傳播媒體的火上加油之下達到高潮。

1871 年洛杉磯華人遭屠殺

1871 年 10 月 24 日傍晚，數名白人警官進入華埠處理爭執案件。不知道是意外或是出於憤怒，有人開槍打死了一名白人男子。隨即大批的非亞裔人開始攻擊華人，十九名華人在衝突中喪命。這場衝突引起全國關注，並由大陪審團進行調查，最後雖有七名男子承認有罪，但僅一人入獄服刑。

1872 年禁止異族通婚

凡是居住在加州的亞裔族群，禁止異族通婚，此法至 1948 年廢止。

1875 年

1. 聯邦政府通過源自加州的《佩奇法》
   由於許多華人婦女赴美後從事娼妓行業，白人認為造成美國社會的道德風氣敗壞，因此加州政府通過阻止華人婦女赴美的《佩奇法》，規定唯有出示證明自己是良家婦女才准入境美國，否則一律視為是娼妓。

2. 炳種櫻桃的誕生

華人園丁阿炳，配種培育新種櫻桃，此新品種櫻桃被命名為「炳種櫻桃」，即現在市面上出售的美國車厘子。

3. 《辮子法》

排華運動從加州開始，逐漸擴展到各州，特別是奧勒岡州和華盛頓州。由於華人綁著辮子，對美國人而言類似「豬尾巴」，相當不文明，因此加州政府於 1873 年通過《辮子法》，規定只要是華人男性因犯被政府宣判關入舊金山市監獄後，就得將其辮子剪去。有華人因為被剪去辮子而自殺死亡，因為他們視辮子是母國家鄉的一種表徵。

4. 《立方空氣法》

舊金山參事會通過居住房屋法令，即《立方空氣法》，規定每間住屋，其成年房客每人應有五百立方英尺的空間，違者處予監禁或罰款。這法案明顯地是針對地狹人稠的華埠華人而設。法案施行後，兩個月內便有二百四十七名華人被拘控。在被捕者中有一百七十七人被判定有罪。但是，其後由於被拘者眾，被捕華人拒付罰款，監獄人滿為患，迫使法院於同年 9 月宣布該法令作廢。

1877 年 10 月「中國人滾蛋！」

清政府首次在美國首都華盛頓設立駐美公使館，並在舊金山設立總領事館專司。白人工人黨發出排華口號：「中國人滾蛋！」("Chinese Must Go!") 以舊金山市為基地極力排斥華人。

1878 年「不受歡迎的人物」

1. 加州禁止外籍人士（主要是華人）購置產業，不准發給他們商業執照。

2. 加州政府通過一憲法，其中明文詆毀華人，稱華人為「不受歡迎的人物」，並支持加州各地均可排斥華人。

3. 3 月 3 日，加州制憲議會通過一部加州新《憲法》，其中包含了一些反華排華的條款：禁止華人勞工再行移民入境（並限制華人進入加州，規定每船華人不得超過十五人）；禁止華人遷移並剝奪在任何公家機關工作的權利；加州

高等法院更規定，禁止華人在法庭上提出不利於白人的證據等。其中《憲法》第二章第一條規定，「中國出生的人不得享有本州選舉人的權利」。第十九章第二條規定，「根據本州法律現已組成和今後將組成的任何公司，在本《憲法》被接受以後，無論如何均不准直接或間接的雇用華人或蒙古人」。第三條規定，「州、郡、市及其他公共工程不得雇用華人，因犯罪而服勞役者除外」。第四條規定，「不能成為美國公民的外國人在本州的存在是對本州福利的威脅」。

州議會將在自己職權範圍內，採取一切手段來阻止他們移民進入本州，在美國或外國成立的所有公司，凡輸入這種勞工（指契約勞工）者將依議會規定予以處罰。州議會將授與本州的城市和市鎮一切必需的權利，以便將華人遷移到這些城市和市鎮以外去，或者將他們安置在該城市和市鎮範圍以內的指定地段。州議會將制定必要的立法以便在本《憲法》通過之後禁止將華人引進本州。

4. 5月1日，美國總統海斯 (Hayes) 否決一項關於限制中國移民的法案。

5. 9月，加州召開憲法大會，通過法案禁止中國人在加州內河捕魚，中國苦力移民每名徵收人頭稅二百五十美元，外籍人士不能擔任公職，不能攜帶武器。

1880 年加州制定《反異族通婚法》

明文禁止白人與黑人混血兒 (mulatto) 及黃種人通婚，其他各州也紛起效尤。

1882 年《排華法》

隨著華人人數急遽增加，美國國會於 1882 年通過一項法案，停止華工入美二十年，總統亞瑟 (Chester Alan Arthur) 拒絕簽字，退還原案，認為二十年時間太長。後改成以十年為限，期限到後再繼續延長，排華期限在 1902 年被定為永久。自此，在美華工必須對居美或離美做出決定，從此之後，美國「華埠」形成單身漢的社會。

這是移民史上，美國為特定的一支族群所立下的排斥法案。《排華法》內的重要條文如下：(1)停止華工入美十年；(2)州法院或聯邦法院均不得准許華人歸化為美國公民。至 1943 年第二次世界大戰期間，美國總統羅斯福因與中國並肩作

戰，廢除這個法案。

1885 年懷俄明州石泉市大屠殺

1885 年 9 月 2 日，礦區的白人勞工向雇主要求加薪不成，因此策動一場罷工，也要求中國人加入。沉默的中國人不願加入罷工行列，遭到白人勞工集體的攻擊，殺害二十八名中國人、十五人受傷，更多中國家庭遭到縱火、毀壞。經過數週後才由聯邦軍隊護送華工回礦區，軍隊並駐留在石泉市至 1898 年才撤離。這場對中國人的屠殺事件因發生在懷俄明的石泉市，因此稱為「石泉市大屠殺」。嫌疑人十六天後無罪釋放。

1895 年菲律賓人定居路易斯安那州，建立「馬尼拉村」

菲律賓裔船員在墨西哥灣跳船後，於路易斯安那州靠近紐奧爾良市的一個小社區裡生活，他們覺得路易斯安那的海灣很像家鄉的海灣，而且本身又精於捕魚，因此在巴拉塔里亞灣 (Barataria Bay) 建立「馬尼拉村」，發展為美國境內最大、歷史最久、最受歡迎的捕蝦村。

1898 年夏威夷併入美國

19 世紀時，夏威夷已開始與中國、法國、西班牙與美國展開貿易，特別是居於太平洋的中途島，有相當的價值。1898 年美國總統麥金利當政時，國會才通過將夏威夷併入美國的聯合法案。1959 年夏威夷成為美國的第五十州。

1898 年美國在美西戰爭中取得菲律賓及關島

1898 年因為美國在哈瓦那港口停泊的緬因號戰艦被西班牙擊沉，船上二百六十名水手殉難，引發美國大眾憤慨，由於雙方協商不成而引發戰事。這場戰役中，美國在陸軍及海軍戰事上，將西班牙軍隊擊敗。並於同年 12 月 10 日雙方簽訂條約，其中一條約是西班牙以二千萬美元的代價把菲律賓讓給美國。

1905 年抵制美貨

1. 由於美國繼續排華，中國人民在上海、廣州等地掀起大規模抵制美貨的反美愛國運動。
2. 舊金山六十七個工會對於日籍勞工之競爭大感光火，憤而籌組排亞聯盟。

1906 年 4 月 18 日舊金山大地震

舊金山發生大地震，整個華埠在一場大火中被摧毀，華僑、華人損失慘重。少
數種族主義分子曾企圖趁人之危，藉機迫使華埠遷往別處另建，如此，也加快
了華埠重建的速度。

1907 年美日兩國通過《君子協定》

1. 美日於 1894 年達成協議，允許日本移民自由赴美。隨著日本人在加州人數
   的遽增，日本人受到《排華法》的影響，遭到敵意及歧視。由於日本為美
   國抗俄的盟友，美國總統老羅斯福為了與日本維持良好關係，1908 年 2 月
   18 日美日兩國簽訂《君子協定》。此後，有許多「照片新娘」移民入境。

2. 《移民法》將現有的移民限制期延長，並禁止十六歲以上無閱讀能力的外
   國人入境，進一步限制亞洲移民在美國申請永久居留。

1910 年移民站「天使島」

1. 移民局決定停止使用舊金山唐山碼頭旁邊的移民站，以防止華人逃走及官
   吏貪污等事件；將移民站搬至舊金山灣內的天使島。自此三十年，天使島
   為華人入境必經之地。因為天使島的移民站是木造房屋，華人以「木屋」
   作為移民站的俗稱。

2. 在孫中山領導下，美國紐約、波士頓、芝加哥、舊金山等地華僑陸續建立
   了十多個中國同盟會分會。同年 2 月，在舊金山正式成立「美洲三藩市中
   國同盟會總會」，即中國同盟會的美國支部。

1911 年 7 月 24 日美、日續訂通商條約，繼續執行《君子協定》

根據該協議，日本保證不發護照給希望移居美國的勞工，但同時仍保留日本的
移民權利。是年，由美國移民問題委員會編寫了四十二卷報告書出版。它詳述
了移民的祖籍血統及其在各行各業和城鄉的分布情況，對於移民的家庭結構、
文化水平、英語水平、兒童入學率和犯罪率也有反映。

該報告書主張美國政府限制外來移民，宣稱「儘管美國人一如既往地歡迎各國
的壓迫者，但是必須考慮移民的質量和數量，以免給同化過程造成太大的困
難」。

1913 年加州通過《外籍人士土地法》

1. 加州政府通過《外籍人士土地法》。禁止外國人或非美國公民在加州購買土地。此法專門針對在加州擁有大批移民的亞裔族群，至 1940 年才廢止。

2. 市府規定日、韓人士之後代，僅能到中國城受教育，不准在一般公立學校就讀，引起日本政府反彈，老羅斯福總統被迫要求主持公道。

1917 年成年人移民美國，需通過英語考試

1. 目的為禁止非英語國家的亞洲人入境。此後，絕大多數華人移民都不超過十八歲，且需通過英語考試。

2. 1918 年聯邦巡迴法庭宣判美國華裔公民在外國出生的子女有權入境美國，享有美國公民權益。

1922 年國會通過《基保爾法》

此法規定美國女性公民若與無公民權資格的外僑結婚，即喪失其公民權益。如美國女性公民與外籍華人通婚，即失去其公民權。

1924 年《國籍法》，亦即《第二次排華法》

此法限定各國每年對美國的移民數額，不得超過該國在美國居民的 2%，而日本及中國移民則完全排斥在外。

1927 年公民權的認定

聯邦最高法院判定，公民權益可由父親傳予子女，但不能由爺爺傳予孫子。亦即祖父為美國公民，外國出生的兒子一定要到美國取得公民權，孫子才有資格沿用其生父的公民權益赴美。

1928～1930 年各地紛紛發生反菲暴動，加州與華盛頓州尤其嚴重

1934 年《泰邁法案》

此法是美國為削減菲律賓移民所通過的法案，亦稱為《菲律賓自治領與獨立法案》，也是美國規定菲律賓獨立的法令，經過十年過渡的自治領政府時期，到 1946 年 7 月 4 日生效。

1935 年 3 月 23 日，小羅斯福總統批准了《菲律賓憲法》。經選舉後，奎松任菲律賓自治領總統，並於同年 11 月就職。此後十年，菲律賓仍為美國的領土。菲

律賓外交、國防和財政由美國管轄，其他內政由菲律賓人掌握。

1941 年 12 月 7 日，日軍偷襲珍珠港

日軍偷襲珍珠港，迫使美國起而應戰，加入第二次世界大戰的行列，並且接受中國的建議，促成中、美、英、蘇、荷、澳、紐等國組織同盟，聯合作戰，中美邦交，從此改善。

1942 年二戰期間，日本裔美國人被拘留在集中營

在二戰期間，日本偷襲美國珍珠港後，導致美國對美國境內的日裔美國人不信任，因此，美國總統小羅斯福簽署《行政命令第 9066 號》，日裔被迫離開居住的家園，拘留在美國中西部的集中營中。日裔美國家庭在集中營的生活相當辛苦，兩三個家庭合住一起，生活品質極差。集中營四周架設有帶刺的鐵絲網及警衛巡邏，此刻的日裔美國人被剝奪合法的身分，行動受到限制及監視。直至 1945 年大戰結束後才讓日裔美國人重建家園。

1942 年美軍派華裔美國飛行員參戰

1. 華裔美國人法蘭克・馮 (Frank Fong) 加入美國武裝軍隊，成為一名戰鬥機飛行員，1945 年 1～5 月間，駕駛 P-47 Thunderbolt 飛機，打下德軍 Focke-Wolf 190 戰鬥機二架，並在突襲諾曼地戰役中擔任空軍掩護、成功拯救一千多名飛行員，戰後被授予勳章，接受表揚。

2. 二戰時，很多華人被召入伍服役。當年美軍仍實行種族隔離，在戰爭期間有一連華裔陸軍士兵被派到歐洲戰場服役，也有華裔美軍被派至中國昆明、緬甸等地區服役。由於亞裔後代對美國的效忠，是年，國會通過法案，凡服役美國軍隊者，有歸化為美籍公民的權益（服役乃效忠國家的證明）。

1943 年 10 月 11 日廢除《排華法》

1. 正式提出廢除《排華法》，交給美國眾議院進行討論，同一天，小羅斯福總統向國會發表咨文，要求廢除《排華法》。小羅斯福認為，「這一立法對於打贏這場戰爭和建立鞏固和平的事業是重要的⋯⋯國家和個人一樣，也會犯錯誤。我們要有足夠的勇氣，承認過去的錯誤，並加以改正。通過廢除《排華法》，我們就可以改正一項歷史的錯誤，並清除日本人的歪曲宣傳⋯

…中國的移民限額每年大約一〇五名左右，並允許華人移民歸化美籍。沒有理由擔心這樣數量的移民會造成失業，或加劇求職的競爭。把公民權授予在我國相對說來為數不多的中國居民，將是又一個有意義的友好表示。這將進一步證明，我們不僅把中國當成共同作戰的伙伴，還把它當成和平時期的伙伴」。故 11 月 26 日通過《馬奴遜法》(Magnuson Act)，廢除所有《排華法》，規定每年給予中國一〇五名移民配額並准許華僑歸化。

1945 年《戰時新娘法》

1. 《戰時新娘法》允許包括華人在內的十一萬八千名美國軍人的配偶和子女能以移民身分來美。1947 年修正了《戰時新娘法》，是年華人婦女入境美國人數激增。之後的二、三年內，超過六千名華人婦女赴美。

2. 1946 年規定華裔公民之中國籍妻子及兒女不受移民配額限制，當時所有的華裔退伍軍人都合格申請入籍，並允許華裔退伍軍人的妻兒赴美。

1946 年美國通過《盧斯－塞勒法案》，授予菲律賓人及印度人公民權

在經過菲律賓裔美國人及亞印美國人長期的努力遊說後，終獲總統杜魯門及參、眾兩議院通過，同意菲律賓人及亞印人成為美國公民，但限制移民人數不得超過一百名。

1953～1956 年通過《難民救濟法案》

二戰後，美蘇對立的冷戰時期，美國准許一批二十一萬四千名難民來美，其中包括中國、韓國等亞洲人在內。亦即若以難民身分申請移民美國，則不受移民配額限制，當時許多滯留在美國的亞洲移民，例如外交官或知識分子，都被改成難民身分，後來才歸化為美國國籍。

1957 年美籍華人物理學家楊振寧、李政道獲得諾貝爾榮耀

華人物理學家楊振寧、李政道以其發現物理學上的新定律，推翻了愛因斯坦發現的指導物理研究多年的「宇稱守恆定律」，為人類進一步探索微觀世界，為原子分裂為粒子的研究奠定了理論基礎，因而獲得諾貝爾獎。

1957 年首位亞裔人士當選國會議員

印度移民 Dalip Singh Saund 選舉獲勝成為加州第二十九區的國會議員，也是第

一位擔任美國國會議員的亞裔人士。

1959 年夏威夷華裔鄺友良成為第一位華裔國會議員

1. 鄺友良第一任期滿後連選連任，成為華人參政的先驅。

2. 臺灣、香港留美學生漸多，9% 學成後留居美國。

1960 年代美國民權運動興起

1960 年代末期興起了美國少數民族自決運動，爭取居住、就業、入學等平等待遇。亞裔研究亦於此時在美國西岸各重點學校誕生，成為族裔研究科目。

1962 年 5 月香港出現難民潮

美國甘迺迪政府特別允許香港把一些中國難民送到美國。據估計當時約有一萬五千名中國難民移入美國。

1965 年國會通過新《移民法》，亦稱之為《移民和國籍法修正案》

1. 該法放寬移民額，廢除原來按國籍和血統的移民限額。美國每年均享有二萬名移民配額（中國二萬名，臺灣二萬名，香港五千名）。並規定東半球每年移民十七萬名，西半球每年移民十二萬名。此法案執行之後，取消了歧視亞裔的舊移民政策，華人移民人數激增。

2. 此劃時代的新《移民法》經參眾兩院通過而成為法律，其要點有：⑴消除過去《移民法》中種族歧視及國籍歧視的傳統立場。⑵強調家庭團聚的人道原則。⑶吸收外國受過高等教育的知識分子及專門人才。⑷接收各國政治難民。

3. 除美國公民之直系親屬隨時可申請移民入境外，其餘申請移民者，則需符合下列七項優先條件：⑴美國公民之未婚子女。⑵有永久居留權之外籍移民配偶及未婚子女。⑶美國公民之已婚子女。⑷美國公民之兄弟姊妹。⑸專業人才。⑹技術工人。⑺國際難民。由於放寬《移民法》，至 1970 年在美華人已達 435,062 人。這個新法律給予各國人民平等機會移民赴美。華人在任何地方，在任何國家，對於民間事業的努力，家庭生活的和睦，和勤儉的習慣等方面的表現，較之其他民族毫無遜色。美國在新移民政策中給予華人較平等待遇，得來不易。

4. 舊金山中華文化基金會成立。

1968 年亞裔美國學生運動

由於受到奧克蘭黑人團體黑豹黨 (Black Panther Party) 公民權運動的影響，舊金山州立大學有色學生組成「第三世界自由前線」(Third World Liberation Front)，在 11 月 6 日發動為時五個月的罷課行動，抗議學校以教授歐洲課程為主，極力要求在各校設立種族研究系所。由於罷課的學生最後與警察爆發流血衝突，種族對立的局勢浮上檯面，引起亞裔族群如中國、日本、菲律賓等的不滿及反抗，最後，美國在加州及其他各州的亞裔學生也力主設立種族研究的課程。

1974 年舊金山華裔學童控告教育局教育不當

1. 舊金山華裔學童控告舊金山的教育局教育不當，經聯邦高等法院判決華裔獲勝，要求學校必須改正對新移民的教育方式，促使美國西岸各地重視英語及華語的雙語教育，並輔助新移民學童學習英語。

2. 美籍華人開始在政治圈中活躍。華裔余江月桂女士競選加州州務卿成功，成為首位擔任行政職位僅次於州長的華裔女性。

3. 丁肇中首次發現「J 粒子」而於 1976 年獲得諾貝爾獎。

1975 年舊金山華埠人口居美國首位

據美國人口普查統計，美國華人約有五十八萬七千人，原籍廣東所占比例由以前占總數 90% 以上減為 75% 至 80%。美國華人主要集中在舊金山市，少數散布於紐約、芝加哥和夏威夷。舊金山市唐人街的規模居美國各唐人街的首位。

1975 年越戰帶來數千名東南亞人民赴美

1975 年越戰結束後，美國總統福特與國會通過《1975 年印度支那移民及難民法》，接納越南難民。美國政府將難民分散在全國各州，並給予難民生活資助、提供住處及供應生活必需品，至難民家庭得以獨立生活為止。1975 年後，東南亞移民遷移至加州及德州的人數眾多，成為美國東南亞族群人數聚集最多的兩個州。

1978 年

1. 移民人數新規定

   國會取消對東、西半球國家所採取不同的移民規定，取而代之的是來自全
   世界各地的移民每年以二十九萬名為限的新規定。任何年過五十歲且具有
   美國合法永久居民身分二十年的人，都可以申請歸化入籍。

2. 成立美國亞太裔傳統週

   隨著亞太裔移民人數的增加，1977 年 6 月，紐約州議員何頓 (Frank Horton)
   以及加州議員峯田良雄建議將 5 月的前十天定為美國亞太裔傳統週。1978
   年 10 月 5 日，美國總統卡特確立這項年度慶祝活動成立。美國總統老布希
   並進一步通過擴大慶祝活動，從 1990 年 5 月開始，每年 5 月定為「美國亞
   太裔傳統月」。

1982 年陳果仁事件

密西根州二名白人將華裔陳果仁誤認為日本人，用棒球棍將其毆打致死，後來
美國法院判二人緩刑三年及處以罰金。此事件引起美國亞裔族群的不滿，認為
司法不公正，並掀起日裔、華裔、韓裔及非裔美國人的不滿及衝突，也因此激
怒了全美亞裔族群，並發動美國史上自公民權運動以來首次的大規模運動。

1982 年華裔青年學生開始來華進行尋根訪祖的活動

1983 年美籍華人的成功

1. 美籍華裔吳仙標競選美國德拉瓦州副州長獲得成功，使廣大華僑、華人深
   受鼓舞，也進一步推動了華人參政的熱潮。

2. 全美華人協會成立，協會的主要成員是各界知名人士，在華人社團中具有
   較重要的地位，其首任會長為麻省理工學院名譽教授李耀滋。

3. 設在美國首都華盛頓的人口研究局 10 月中旬發表報告，美國華人人口截至
   9 月底止合計 1,079,400 人。

1989 年天安門事件，美國政治庇護

中國發生天安門六四學運，美國接受中國該年赴美的留學生，提供美國政治庇護。在美國的四千九百名中國留學生，於 1993 年 7 月 1 日向美國移民局申請永久居留權，美國接受此項移民。

1990 年國會通過新《移民法》，增加移民配額

1. 其重點在於具有專業及科技人才的資格，並且設有特殊配額給香港華人，配合九七政局的改變。

2. 4 月 1 日，美國進行第二十一次全國人口普查。結果表明：1990 年美國總人口約 249,632,692 人，比 1980 年增加 23,100,000。在增加的 23,100,000 人中，移民占 1/3 以上，大部分來自亞洲、拉丁美洲及加勒比海地區。少數民族人口以亞裔增長率為最高，1990 年每四個美國人中就有一個是少數民族，約七百七十萬人，其中華人達一百六十四萬人，而 1980 年時華人只有八十萬人。

1997 年美國總統柯林頓簽署《1996 年非法移民改革和移民責任法》生效並開始實施

按照規定，新《移民法》在生效六個月之後，非法移民如被發現或因任何理由離開美國國境，就將被驅逐出境三年，以後必須重新申請才能入境，這一法律的實施涉及到大約五百萬非法移民。新《移民法》還規定，非法移民除非在六個月內能夠有條件改變自己的身分，成為合法移民，才能不遭受驅逐。在新《移民法》實施後，仍非法留住美國超過一年者，如被查獲，十年內將被禁止入境，出境後企圖再次非法入境者，一旦被查獲將永遠禁止進入美國國境。

1999 年李文和案

生於臺灣南投的李文和是德州農工大學 (Texas A&M University) 博士，於 1974 年歸化為美國公民，曾在美國洛斯阿拉莫斯國家實驗室為加州大學工作。1999 年李文和被指控竊取美國核武庫的相關機密檔案資料給中華人民共和國而被監禁。

2002 年 1 月，李文和接受了美國國家廣播公司 (NBC) 的電視專訪，堅稱自己從

未進行間諜活動，並且認為，他之所以成為調查目標，或許是因為他的黃皮膚。坐牢期間的深思，他瞭解亞洲人在美國永遠被視為外國人。美國聯邦政府和五家媒體組織（《華盛頓郵報》、《洛杉磯時報》、《紐約時報》、美國國家廣播公司和美聯社）最後於 2006 年 6 月 3 日宣布，將會支付李文和一百六十萬美元作為政府侵犯其隱私的指控賠償。

參考書目

一、英文書目

1 檔案史料

"Population Profile of New York City, 1990", prepared by Lorinda Chen, Comm. Outreach Specialist, United States Census Bureau, New York, June 2001.

Brown v. Board of Education of Topeka, 347 VS 483 (1954).

Bryce-Laporte, Roy. *Sourcebook on the New Immigration*. New Brunswick: Transaction Books, 1987.

2 期　刊

"The Road to Parity: Determinants of the Socio-economic Achievements of Asian Americans." *Ethnic and Racial Studies*, 8 (1985): 75–93.

"To Bring Forth a New China, to Build a Better America: The Chinese Marxist Left in America to the 1960's." *Chinese America: History and Perspectives*, 1992, Chinese Historical Society of America and Asian American Studies (San Francisco States University, 1992): 3–82.

Akizuki, Dennis. "Low-Cost Housing for Elderly Pilipmos Delayed." *Daily California* (November 1, 1974): 27–33.

Aldrich, Howard& John Carter. "Ethnic Residential Concentration and the Protected Market Hypothesis." *Social Forces*, 63 (1985): 996–1009.

Aldrich, Howard & Roger Waldinger. "Ethnicity and Entrepreneurship." *Annual Review of Sociology*, 16 (1990): 111–135.

Asian Week, July 27, 1984.

Bogardus, Emory. "American Attitudes Towards Filipinos" *Sociology and Social Research*, 14 (September 1929): 50–66.

Bonachich, Edna et al. "Koreans in Small Business." *Society* 14 (1977): 54–59.

Boyd, Monica. "Oriental Immigration: The Experience of the Chinese, Japanese, and Filipino Population in the U.S.." *International Migration Review* (Spring 1971): 48–56.

Buaken, Iris Brown. "My Brave New World." *Asia* (May 1943): 3–15.

Chen, Chin-yu. "A Century of Chinese Discrimination and Exclusion in the United States,

1850–1965." *Chung-Hsing Journal of History*, 3 (April 1993): 78–101.

Chen, Chin-yu. "The Chinese Immigrant Life and Community Institutions in San Francisco's Chinatown, 1850–1882." *Chung Hsing Journal of History*, 23 (March 1993): 107–125.

Chen, Chin-yu. "Chinese Prostitutes in San Francisco, 1848–1882." *Chung-Hsing Journal of History*, 5 (June 1995): 181–209.

Chernow, Ron. "Chinatown, Their Chinatown: The Truth Behind the Façade." *New York* (June 11, 1973): 16–30.

China Times Journal.

Chinese American News.

Chiswick, Barry R. "An Analysis of the Earnings and Employment of Asian-American Men." *Journal of Labor Economics*, 1. 2 (1983): 197–214.

Cole, Chery L. "Chinese Exclusion: The Capitalist Perspective of the Sacramento Union, 1850–1882." *California History* (Spring, 1978): 7–23.

Coleman, James S. "Social Capital in the Creation of Human Capital." *American Journal of Sociology*, 94 (1988): 95–120.

Daniels, Roger. "American Historians and East Asian Immigrants." *Pacific Historical Review*, 43 (1974): 449–472.

Foner, Nancy. "West Indians in New York City and London: A Comparative Analysis." *International Migration Review* (Summer 1979): 276–290.

Freeman, Marcia. "The Labor Market for Immigration in New York City." *New York Affairs*, 7. 4 (1983): 950–962.

Gans, Herbert J. "Symbolic Ethnicity: The Future of Ethnic Groups and Cultures in America." *Ethnic and Racial Studies*, 2 (1979): 1–20.

Ghosh, B. N. "Some Economic Aspects of India's Brain Drain into the U.S.A." *International Migration*, 17. 3–4 (1979): 277–293.

Granovetter, Mark. "Economic Action and Social Structure: The Problem of Embeddedness." *American Journal of Sociology*, 91(1985): 481–510.

Haines, D. W. "Vietnamese Refugee Women in the U.S. Labor Force: Continuity or Change?" in Rita James Simon, and Caroline B. Bretell, eds., *International Migration: The Female Experience* (New Jersey: Rowman and Allanheld, 1986).

Hein, J. "Refugees, Immigrants, and the State." *Annual Review of Sociology*, 19 (1993): 43–

59.

Hess, Gary. "The Asian Indian Immigrants in the United States: The Early Phase, 1900–1965." *Population Review*, 25 (1982): 29–33.

Higgs, Robert. "Landless by Law: Japanese Immigrants in California Agriculture to 1941." *Journal of Economic History* (March 1978): 195–209.

Hirate, Lucie Cheng. "Chinese Immigrant Women in Nineteenth-century California." *Asian and Pacific American Experience* (1988): 38–55.

Hirchman, Charles. "American Melting Pot Reconsidered." *Annual Review of Sociology*. 9 (1983): 397–423.

Hodge, Robert W. & Patricia Hodge. "Occupational Assimilation as a Competitive Process." *American Journal of Sociology*, 71 (1965): 249–264.

Hope, Alan. "Language, Culture are Bigger Hurdles for Vietnamese." *Gainesville Times* (March 31, 1985): 11–26.

Karlin, Jules Alexander. "The Anti-Chinese Outbreaks in Seattle, 1885–1886." *Pacific Northwest Quarterly*, 39 (April 1948): 112–135.

Kasarda, John D. "Urban Industrial Transition and the Underclass." *Annals of the American Academy of Political and Social Science*, 501 (1989): 26–47.

Kihumura, Akemi & Harry H. L. Kitano. "Intre-eacial Marriage: A Picture of the Japanese Americans." *Journal of Social Issues*, 29 (1973): 69.

King, Haitung & Frances Locks. "Chinese in the United States: A Century of Occupational Transition." *International Migration Review*, 14 (1980): 15–24.

Lieberson, Stanley. "Ethnic Patterns in American" *American Journal of Sociology*, 71 (1965): 249–264.

Light, Ivan H. "Immigrant and Ethnic Enterprise in North America." *Ethnic and Racial Studies*, 7. 2 (1984): 195–216.

Loic, J. D. Wacquant & William J. Wilson. "The Cost of Racial and Class Exclusion in the Inner City." *Annals of the American Academy of Political and Social Science*, 501 (1989): 8–25.

Lowenthal, David. "Race and Color in the West Indies." *Daedalus* (Spring 1967): 610–611.

Lyman, Stanford M. "Marriage and the Family among Chinese Immigrants to America, 1850–1960" *Phylon*, 29. 4 (1968): 321–330.

Manzano, Phil. "Clinic Provides Help to Soothe Refugees' Scars." *Portland Oregonian* (November 9, 1986): 117–160.

Monica Boyd. "Oriental Immigration: The Experience of the Chinese, Japanese, and Filipino Populations in the United States." *International Migration Review* (Spring 1971): 35–60.

Nee, Victor & Jimy M. Sanders. "On Testing the Enclave-economy Hypothesis." *American Sociological Review*, 52 (1987): 771–773.

Ong, Nhu-Ngoc T. & David S. Meyer. "Protest and Political Incorporation: Vietnamese American Protests, 1975–2001." *Center for the Study of Democracy* (April 1, 2004): 147–163.

Passell, Jeffrey S. "Undocumented Immigration." *The Annals of American Academy of Political and Social Science*, 487 (1986): 115–132.

Peffer, George Anthony. "Forbidden Families: Emigration Experiences of Chinese Women under the Page Law, 1875–1882." *Journal of American Ethnic History*, 6 (1986): 28–64.

Portes, Alejando & Zhow Min. "Should Immigrants Assimilate?" *Special Feature* USIS, 129. 17 (1995): 166–193.

Portes, Alejandro & Leif Jensen. "What's an Ethnic Enclave? The Case for Conceptual Clarity." *American Sociological Review*, 52 (1987): 768–771.

Portes, Alejandro. "Determinants of the Brain Drain." *International Migration Review*, 10. 4 (1976): 489–508.

Price, Jacob M. "Economic Function and the Growth of American Port Towns in the Eighteenth Century." *Perspectives in American History*, VIII (1974): 132–157.

Raman, V. V. "The Pioneer Woman: Making a Home in What Was a Social Wilderness." *India Abroad* (July 4, 1986): 61–75.

Reimelow, Peter & Joseph E. Fallon. "Controlling Our Demographic Destiny." *National Review* (February 1994): 88–91.

Sanders, Jim M. & Victor Nee. "Limits of Ethnic Solidarity in the Enclave Economy." *American Sociological Review*, 52 (1987): 745–767.

Sassen-Koob, S. "Notes on the Incorporation of Third World Women into Wage Labor through Immigration and Off-shore Production." *International Migration Review*, 18. 4 (1984): 138–154.

Semyonov, Moshe. "Bi-ethnic Labor Markets, Mono-ethnic Labor Markets, and

Socioeconomic Inequality." *American Sociological Review*, 53 (1988): 256–266.

Skinner, Kenneth. "Vietnamese in America: Diversity in Adaptation." *California Sociologist*, 3. 2 (Summer 1980): 93–110.

Sowell, Thomas. "Ethnicity in a Changing America." *Daedalus* (Winter 1978): 210–232.

Spilerman, Seymour. "Careers, Labor Market Structure, and Socioeconomic Achievement." *American Journal of Sociology*, 83 (1977): 551–593.

Stein, Barry N. "Occupational Adjustment of Refugees: The Vietnamese in the United States." *International Migration Review*, 13. 1 (Spring 1979): 39–42.

Teitelbum, M. S. "Right Verse Wrong: Immigration and Refugee Policies in the United States." *Foreign Affairs*, 59. 1 (1980): 21–59.

Wakatsuki, Yasuo. "Japanese Emigration to the United States, 1866–1924." *Perspectives in American History*, XII (1979): 459–465.

Waldinger, R. "Immigrant Enterprises: A Critique and Reformulation." *Theory and Society*, 15. 1–2 (1986): 249–285.

Waldinger, Roger. "Beyond Nostalgia: The Old Neighborhood Revisited." *New York Affairs*, 10. 1 (1987): 1–12.

Wang, Morrison. "Post 1965 Asian Immigrants: Where Do They Come From, Where Are They Now and Where Are They Coming." *The Annals of American Academy of Political and Social Science*, 487 (1986): 160–161.

Williams, Walter E. "Racial Price Discrimination." *Economic Inquiry* (June 1977): 147–150.

Williams, Walter E. "Government-Sanctioned Restraints That Reduce Economic Opportunities for Minorities." *Policy Review* (Fall 1977): 7–30.

Williams, Walter E. "Why the Poor Pay More: An Alternative Explanation." *Social Science Quarterly* (September 1973): 375–379.

Wong, Morrison G. "Post-1965 Asian Immigrants: Where Do They Come From, Where Are They Now, and Where Are They Going" *Annals of the American Academy of Political and Social Sciences*, 487 (September 1986): 150–168.

Wong, William. "Racial Taunts of Inouye Are a Chilling Reminder." *East/ West* (July 23, 1987): 2–18.

Yancey, William L. et al. "Emergent Ethnicity: A Review and Reformulation." *American Sociological Review*, 41 (1976): 391–403.

Zhou, Min & John R. Logan. "Return on Human Capital in Ethnic Enclaves: New York City's Chinatown." *American Sociological Review*, 54 (1989): 793–830.

3 專　書

Agtuca, Jacqueline R. *A Community Secret: For the Filipina in an Abusive Relationship*. Seattle, Calif.: Seal Press, 1992.

Alexs de Tocqueville. *Democracy in America*. New York, N.Y.: Alfred A. Knopf, 1966.

Anderson, Charles H. *White Protestant Americans*. Englewood Cliffs, N.J.: Prentice-Hall, Inc., 1970.

Axtell, James. *The European and the Indian*: *Essays in the Ethnohistory of Colonial North America*. New York, N.Y.: Oxford University Press, 1988.

Ayres, L. P. *Laggards in Our Schools*. New York, N.Y.: Charities Publishing Co., 1912.

Bancroft, Hubert Howe. *History of the Pacific States of North America*. San Francisco, Calif.: The History Company, 1882–1890.

Bancroft, Hubert Howe. *The Native Races of the Pacific States of North America*. San Francisco, Calif.: The History Company, 1874–1876.

Barth, Gunther. *Bitter Strength*: *A History of the Chinese in the United States, 1850–1870*. Cambridge, Mass.: Harvard University Press, 1964.

Becker, Gary B. *The Economics of Discrimination*. Chicago, Ill.: University of Chicago Press, 1971.

Berkhofer, Robert F. Jr. *The White Man's Indian*: *Images of the American Indian from Columbus to the Present*. New York, N.Y.: Alfred A. Knopf, 1978.

Billington, Ray A. *Westward Expansion*: *A History of the American Frontier*. College Station, Texas: Texas AM University Press, 1977.

Birmingham, Stephen. *Certain People*. Boston, Mass.: Little, Brown and Co., 1977.

Bonacich, Edna & John M. Modell. *The Economic Basis of Ethnic Solidarity*: *Small Business in the Japanese Community*. Berkeley, Calif.: University of California Press, 1975.

Borjas, George J. *Friends or Strangers*: *The Impact of Immigrants on the U.S. Economy*. New York, N.Y.: Basic Books, 1990.

Bruche, Joseph. *Breaking Silence*: *An Anthology of Contemporary Asian American Poets*. Greenfield center, N.Y.: Greenfield Review Press, 1983.

Bulosan, Carlos. *America Is in the Heart*: *A Personal History*. Seattle, Wash.: University of

Washington Press, 1981.

Calkins, Carrol C. ed. *The Story of America*. Pleasantville, N.Y.: The Reader's Digest Association, 1975.

Chan, Sucheng. *Entry Denied*: *Exclusion and the Chinese Community in America, 1882–1943*. Philadelphia, Pa.: Temple University Press, 1991.

Chan, Sucheng. *Survivors: Cambodian Refugees in the United States*. Illinois, Ill.: University of Illinois, 2004.

Chang, Iris. *The Chinese in America: A Narrative History*. New York, N.Y.: Virking Co., 2003.

Chen, Lucie. *Labor Immigration under Capitalism*: *Asian Workers in the United States before World War II*. Berkeley, Calif.: University of California Press, 1984.

Chin, Gabriel. *Beyond Self-Interest*: *Asian Pacific Americans Toward a Community of Justice*. California, Calif.: UCLA Studies Center, 1996.

Chinn, Thomas W. *A History of the Chinese in California*. San Francisco, Calif.: Chinese Historical Society of America, 1969.

Chinese Historical Society of America, Chinese America: History and Perspectives. San Francisco, Calif.: California Historical Society, 1987.

Chinese Mortuary Record of the City and County of San Francisco, National Archives. San Bruno, Calif.: Pacific Sierra Region, 1973.

Choy, Bong Youn. *Koreans in America*. Chicago, Ill.: Nelson-Hall, 1979.

Conzen, Kathleen Neils. *Immigrant Milwaukee, 1836–1860*. Cambridge, Mass.: Harvard University Press, 1976.

Coolidge, Mary Roberts. *Chinese Immigration*. New York, N.Y.: Henry Holt Co., 1909.

D'Innocenzo, Michael & Josef P. Sirefman. *Immigration and Ethnicity*: *American Society "Melting Pot" or "Sald Bowl" ?* Westport, Conn.: Greenwood Press, 1992.

Daniels, Roger. *Asian America*: *Chinese Japanese in the United States Since 1850*. Seattle, Wash.: University of Washington Press, 1988.

Daniels, Roger. *Coming to America*: *A History of Immigration and Ethnicity in American Life*. Princeton, N.J.: Harper Collins Publishers, 1990.

Daniels, Roger. *Concentration Camps, U.S.A., Japanese Americans and World War II*. New York, N.Y.: Holt, Rinehart and Winston, 1972.

Daniels, Roger. *Asian America: Chinese Japanese in the United States Since 1850*. Seattle, Wash.: University of Washington Press, 1988.

Department of Business, *American Indians, Eskimos, and Aleuts on Identified Reservation and in the Historic Areas of Oklahoma*. Washington, D.C.: Gales Seaton, 1986.

Dinnerstein, Leonard & David Reimers. *Ethnic Americans: A History of Immigration and Assimilation*. New York, N.Y.: Harper and Row Publishers Inc., 1982.

Dobyns, Henry F. *Their Number Become Thinned: Native American Population Dynamics in Eastern North America*. Knoxville, Tenn.: University of Tennessee Published, 1983.

Dominguez, Virginia R. *From Neighbor to Stranger: The Dilemma of Caribbean Peoples in the United States*. New Haven, Conn.: Antilles Research Program, Yale University, 1975.

Ehle, John. *Trail of Tears: The Rise and Fall of the Cherokee Nation*. New York, N.Y.: Doubleday, 1988.

Feagin, J. K. *Racial and Ethnic Relations*. New Jersey, N.J.: Prentice-Hall, Englewood Cliff, 1989.

Feldstein, Stanley & Lawrence Costello ed. *The Ordeal of Assimilation*. New York, N.Y.: Anchor Books, 1974.

Fessler, Loren W. *Chinese in America, Stereotyped Past, Changing Present*. New York, N.Y.: Vantage Press, 1983.

Filipino Oral History Project. *Voices: A Filipino American Oral History*. Stockton, Calif.: Filipino Oral History Project, 1984.

Fogel, Robert W. & Stanley L. Engerman. *Time on the Cross*. Boston, Mass.: Little, Brown and Co., 1974.

Foner, Philip S. & Daniel Rosenberg. *Racism, Dissent, and Asian Americans from 1850 to the Present: A Documentary History*. Westport, Conn.: Greenwood Press, 1993.

Friedman, Thomas. *The World is Flat: A Brief History of the Twenty-first Century*. New York, N.Y.: Farrar, Straus and Giroux, 2005.

Gambino, Richard. *Blood of My Blood*. New York, N.Y.: Anchor Books, 1974.

Gentry, Curt. *Madames of San Francisco: An Irreverent History of the City by the Golden Gate*. New York, N.Y.: Doubleday, 1964.

Glazer, Nathan & Daniel Patrick Moynihan. *Beyond the Melting Pot*. Cambridge, Mass.: MIT Press, 1963.

Glazer, Nathan. *Affirmative Discrimination*: *Ethnic Inequality and Public Policy*. New York, N.Y.: Harper Row Publishers, 1978.

Golab, Caroline. *Immigrant Destinations*. Philadelphia, Pa.: Temple University Press, 1977.

Gordon, Milton M. *Assimilation in American Life*: *The Role of Race, Religion, and National Origins*. New York, N.Y.: Oxford University Press, 1964.

Greeley, Andrew M. *That Distressful Nation*. New York, N.Y.: Quadrangle Books, 1972.

Green, Constance M. *The Secret City*. Princeton, N.J.: Princeton University Press, 1970.

Handlin, Oscar. *The Uprooted*: *The Epic Story of the Great Migrations That Made the American People*. Pennsylvania, Pa.: University of Pennsylvania Press, 2002.

Handlin, Oscar. *The Newcomers*. Berkeley, Calif.: University of California Press, 1972.

Hao, Yufan & Guocang Huan. *The Chinese View of the World*. New York, N.Y.: Pantheon Books, 1989.

Hawthorne, Lesleyanne. *Refugee*: *The Vietnamese Experience*. Melbourne: Oxford University Press, 1982.

Hayakawa, S. I. *Through the Communication Barrier*. New York, N.Y.: Harper Row, 1979.

Higham, John. *Send These to Me*: *Jews and Other Immigrants in Urban America*. New York, N.Y.: Atheneum, 1975.

Higham, John. *Strangers in the Land*: *The Patterns of American Nativism, 1860–1925*. New York, N.Y.: Atheneum Press, 1981.

Hollingsworth, J. R. *Ethnic Leadership in America*. Baltimore, Md.: Johns Hopkins University Press, 1978.

Horn, Marion K. ed. and trans. *Songs of Gold Mountain: Cantonese Rhymes from San Francisco Chinatown*. Berkeley, Calif.: University of California Press, 1987.

Hoskin, M. B. *New Immigrants and Democratic Society*: *Minority Integration in Western Democracies*. New York, N.Y.: Praeger Publishers, 1991.

Howe, Irving & Kenneth Libo. *How We Lived, 1880–1930*. New York, N.Y.: Richard Marek Publishers, 1979.

Howe, Irving. *World of Our Fathers*. New York, N.Y.: Harcourt, Brace, Jovanovich, 1976.

Huber, Joan & Glenna Spitze. *Sex Stratification: Children, Housework, and Jobs*. New York, N.Y.: Academic Press, 1983.

Huberman, Leo. *We, the People*. New York, N.Y.: Macmillan, 1970.

Hurt, Douglas R. *Indian Agriculture in America: Prehistory to the Present*. Lawrence, Kan.: University of Kansas, 1987.

INS Statistical Yearbook, *Statistical Yearbook of the Immigration and Naturalization Service*, 1880–1990. U.S. Department of Justice, 1880–1990.

Jasso, G. & M. R. Rosenzweig. *The New Chosen People: Immigrants in the United States*. New York, N.Y.: Russell Sage Foundation, 1990.

Jennings, Francis. *The Invasion of America: Indians, Colonialism, and the Cant of Conquest*. New York, N.Y.: W. W. Norton Company, 1975.

Jensen, Joan M. *Passage from India: Asian Indian Immigrants in North America*. New Haven, Conn.: Yale University Press, 1988.

Jones, Maldwyn Allen. *American Immigration*. Chicago, Ill.: University of Chicago Press, 1992.

Josephy, Alvin M. Jr. *The Indian Heritage of America*. Boston, Mass.: Houghton Miffin Co., 1991.

Kallen, Horace M. *Culture and Democracy in the United States*. New Brunswick, N.J.: Transaction Publishers, 1998.

Kang, Younghill. *East Goes West: The Making of an Oriental Yankee*. New York, N.Y.: C. Scribner's Sons, 1937.

Kaplan, H. Roy. *American Minorities and Economic Opportunity*. Itasca, Ill.: F. E. Peacock Publishers, 1977.

Kennedy, Paul. *The Rise and Fall of the Great Power*. New York, N.Y.: Vintage Books, 1987.

Kim, Illsoo. *New Urban Immigrants: The Korean Community in New York*. Princeton, N.J.: Princeton University Press, 1981.

Kingston, Maxine Hong. *Chinamen Garden* City. N.Y.: Alfred A. Knopf, 1980.

Kinkead, Gwen. *Chinatown: A Portrait of a Closed Society New York*. N.Y.: Harper Collins Publishers, 1992.

Kitano, Harry H. L. *Japanese Americans Englewood Cliffs*. N.J.: Prentice-Hall, 1969.

Kitano, Harry H. L. *Asian Americans: Emerging Minorities*. New Jersey, N.J.: Prentice Hall, 1988.

Kramer, Mark R. & Michael S. Kramer. *The Ethnic Factor New York*. N.Y.: Simon and Schuster, 1972.

Kritz, Mary M. et al. *Global Trends in Migration*. Staten Island, N.Y.: CMS Press, 1981.

Krull, Kathleen. *City within a City*: *How Kids Live in New York's Chinatown*. New York, N.Y.: Lodestar Books, 1994.

Kung, S. W. *Chinese in American Life*: *Some Aspects of Their History, Status, Problems and Contributions*. Seattle, Wash.: University of Washington Press, 1962.

Ladd, Everett & Seymour Martin Lipset. *The Divided Academy*. New York, N.Y.: McGraw-Hill, 1975.

Lai, Him Mark et al. *Island*: *Poetry and History of Chinese Immigrants on Angel Island, 1910–1940*. Seattle, Wash.: University of Washington Press, 1991.

Leathers, Noel L. *The Japanese in America*. Minneapolis, MN.: Lerner Publications, 1974.

LeMay, Michael L. *From the Open Door to the Dutch Door*: *The Analysis of U.S. Immigration Policy*. New York, N.Y.: Praeger Publishers, 1987.

Light, Ivan H. *Ethnic Enterprises in America*: *Business Welfare among Chinese, Japanese and Blacks*. Los Angeles, Calif.: University of California Press, 1972.

Lim, Genny. *The Chinese American Experience: Papers from the Second National Conference on Chinese American Studies*. Chinese Historical Society of America the Chinese Culture Foundation of San Francisco, 1980.

Ling, Huping. *Surviving on the Gold Mountain*: *A History of Chinese American Women and Their Live*. Albany, N.Y.: State University of New York Press, 1998.

Litwack, Leon F. *Been in the Storm So Long*. New York, N.Y.: Alfred A. Knopf, 1979.

Lovoll, Odd S. *Cultural Pluralism Versus Assimilation*: *The Views of Waldeme Ager*. Northfield, Minn.: Norwegian-American Historical Association, 1977.

Lukes, Timothy J. & Gary Y. Okihiro. *Japanese Legacy*: *Farming and Community Life in California's Santa Clara Valley*. Cupertino, Calif.: California History Center, De Anza College, 1985.

Luman, Stanford. *Chinatown and Little Tokyo*: *Power, Conflict, and Community among Chinese and Japanese Immigration to America*. Millwood, N.Y.: Associated Faculty Press, 1986.

Lydon, Edward C. *The Anti-Chinese Movement in the Hawaiian Kingdom 1852–1886*. San Francisco, Calif.: RE, Research Associates, 1975.

Lyman, Stanford M. *Chinatown and Little Tokyo*: *Power, Conflict, and Community among*

Chinese and Japanese Immigrants in America. Millwood, N.Y.: Associated Faculty Press, 1986.

Mann, Arthur. *Immigration in American Life*. Boston, Mass.: Little Brown, 1974.

Mar, M. Elaine. *Paper Daughter*: *A Memoir*. Winter Springs, Fla.: ISIS Publishing, 2000.

McNeill, Paul M. *Ethics and Politics of Human Experimentation*. Cambridge, New York Melbourne, Cambridge University Press, 1993.

Melendy, H. Brett. *Asians in America*: *Filipinos, Koreans, and East Indians*. Boston, Mass.: Twayne Publishers, 1977.

Miller, Perry. *Errand into the Wilderness*. Norman, OK.: University of Oklahoma Press, 1975.

Miller, Stuart Creighton. *The Unwelcome Immigrants*: *The American Image of the Chinese*, *1785–1882*. Berkeley, Calif.: University of California Press, 1969.

Moon, Hyung June. "The Korean Immigrants in America: The Quest of Identity in the Formative Years, 1903–1918." unpublished Ph.D. thesis, University of Nevada, Reno, 1976.

Olson, James Stuart. *The Ethnic Dimension in American History*. New York, N.Y.: Harper Collins, 1979.

Ong, Aiwha. *Buddha Is Hiding*: *Refugees, Citizenship, the New America*. Berkeley, Calif.: University of California Press, 2003.

Osofsky, Gilbert. *Harlem*: *The Making of a Ghetto: Negro New York, 1890–1930*. Berkeley, Calif.: University of California Press, 1972.

Pascoe, Peggy. *Relations of Rescue*: *The Search for Female Moral Authority in the American West, 1874–1939*. New York, N.Y.: Oxford University Press, 1990.

Patterson, Wayne K. *The Korean Frontier in America: Immigration to Hawaii, 1896–1910*. Hawaii: University of Hawaii Press, 1988.

Pearce, Roy Harvey. *Savagism and Civilization*: *A Study of the Indian and the American Mind*. Berkeley, Calif.: University of California Press, 1988.

Petersen, William. *Japanese American: Oppression and Success*. Gloucester, Mass.: Peter Smith Publisher, 1988.

Phizacklea, Annie. *One-Way Ticket*: *Migration and Female Labor*. London: Routledge and Kegan Paul, 1983.

Portes, Alejandro. *Unauthorized Immigration and Immigration Reform*: *Present Trends and*

Prospects. Washington, D.C.: Commission for the Study of International Migration and Cooperative Economic Development, 1989.

Quan, Robert Seto. *Lotus among the Magnolias*. Jackson, Miss.: University Press of Miss., 1982.

Saxton, Alexander. *The Indispensable Enemy*: *Labor and Anti-Chinese Movement in California*. Berkeley and Los Angeles, Calif.: University of California Press, 1971.

Senate Report of the Joint Special Committee to Investigate Chinese Immigration, 44th Congress, 2nd Session, Report no. 689. Washington, D.C.: Government Printing Office, 1877.

Smith-Hefner, Nancy J. *Khmer American*: *Identity and Moral Education in a Diasporic Community*. Berkeley, Calif.: University of California Press, 1999.

Sowell, Thomas. *Ethnicity in a Changing America*. Berkeley, Calif.: University of California Press, 1972.

Spencer, Robert F. et al. *The Native Americans*: *Ethnology and Background of the North American Indians*. New York, N.Y.: Harper Row Publishers, 1977.

Succession, Ethnic. *In Ethnic Change*. Seattle, Wash.: University of Washington Press, 1981.

Steinfield, Melvin. *Cracks in the Melting Pot*: *Racism and Discrimination in American History*. New York, N.Y.: Glencoe Press, 1973.

Suttles, Gerald D. *The Social Construction of Communities*. Chicago, Wash.: University of Chicago Press, 1972.

Takaki, Ronald T. *A Different Mirror*: *A History of Multicultural America*. Boston, Mass.: Little, Brown and Company, 1993.

Takaki, Ronald. *Chinese America: History and Perspectives 1990*. San Francisco, Calif.: Chinese Historical Society of America 1990.

Takaki, Ronald. *Strangers from a Different Shore*: *A History of Asian Americans*. New York, N. Y.: Chelsea House, 1995.

Taylor, Theodore W. *American Indian Policy*. Mt. Airy, Md.: Lomond Publications, 1983.

Tsuchida, Nobuya. *Asian and Pacific American Experiences*: *Women's Perspectives*. Minneapolis, Minn.: University of Minnesota, 1982.

U.S. Census Bureau. *Census of the United States, 1910–1990*. Washington, D.C.: U.S. Government Printing Office, 1912–1992.

U.S. Census Bureau. *Historical Statistics of the United States. Colonial Times to 1970.* Washington, D.C.: Government Printing Office, 1972.

U.S. Census Bureau. *Decennial Population Censuses, 1820–1980.* Washington, D.C.: Department of Commerce, 1822–1982.

U.S. Immigration Commission. *Japanese and Other Immigrant Races in the Pacific Coast and Rocky Mountains States.* Washington, D.C.: Department of Commerce, 1980.

U.S. Immigration Policy and the National Interest. *The Final Report and Recommendation of the Select Commission on Immigration and Refugee Policy to the Congress and President of the United States.* Washington, D.C.: Government Printing Office, 1981.

Vernon, Briggs, Jr. *Mass Immigration and National Interest.* New York, N.Y.: M. E. Sharoe Inc., 1992.

Waldinger, R. D. & R. Ward. *Ethnic Entrepreneurs, Immigrant Business in Industrial Societies.* Newbury Park, Calif.: Sage Publications, Inc., 1990.

Washburn, Wilcomb E. ed. *Red Man's Land/White Man's Law: A Study of the Past and Present Status of the American Indian.* New York, N.Y.: Charles Scribner's Sons, 1971.

Weinstraub, S. & S. Diaz-Briquets. *Migration, Remittances, and Small Business Development.* Boulder, Colo.: Westview Press, 1991.

Williams, Walter E. *Youth and Minority Unemployment.* Stanford, Calif.: Hoover Institution Press, 1977.

Wilson, William J. *The Truly Disadvantaged: The Inner City, the Underclass, and Public Policy.* Chicago, Ill.: University of Chicago Press, 1987.

Wilson, William Julius. *The Declining: Significance of Race.* Chicago, Ill.: University of Chicago Press, 1978.

Wissler, C. *The American Indian.* New York, N.Y.: Doubleday Co., 1966.

Wong, Bernard P. *A Chinese American Community: Ethnicity and Survival Strategies.* Singapore: Chopmen Enterprises, 1979.

Wong, Bernard P. *Chinatown: Economic Adaptation and Ethnic Identity of the Chinese.* New York, N.Y.: Holt, Rinehart and Winston, 1982.

Wong, Bernard P. *Patronage, Brokerage, Entrepreneurship, and the Chinese Community of New York.* New York, N.Y.: AMS Press, 1988.

Wu, Cheng-tsu. *Chink!: A Documentary History of Anti-Chinese Prejudice in America.* San

Francisco, Calif.: Straight Arrow Books, 1972.

Zhou, Min. *Chinatown*: *The Socioeconomic Potential of an Urban Enclave*. Temple, Pa.: Temple University Press, 1992.

4 報　紙

Alta California.

San Francisco Chronicle.

New York Times

San Francisco Examiner

San Jose Mercury News

二、中文書目

1 期　刊

（蘇）卡・菲・柴漢斯卡婭，〈美國城市中的印第安人政策〉，《民族譯叢》，3(1985):17。

《美國印第安文化研究》，加州：加州大學洛杉磯分校美國印第安人研究中心，1978。

《美國印第安歷史季刊》，加州：加州大學柏克萊分校土著美國人研究項目專利，1982。

張冬梅，〈柬埔寨前紅色高棉領導人被控戰爭罪受審〉，《國際在線》，2009 年 2 月 18 日。

陳靜瑜，〈美國臺灣移民的社會結構、適應與認同析探 (1980–2000)〉，《海華與東南亞研究》，3. 3(2003.07):1–37。

陸鏡生，〈美國的民族融合問題〉，《美國歷史問題新探》，南開大學歷史研究所美國史研究主編，中國社會科學出版社，1996:43–58。

2 專　書

《簡明大美百科全書・越南戰爭》，臺北：光復書局，1990–1991。

托倫，《韓戰：漫長的戰鬥》，臺北：麥田，1999。

阿諾德・來斯，《二十世紀美國文明》，紐約，1984。

美國新聞署，《自決是美國對印第安人政策的關鍵》，紐約：牛津大學出版社，1987。

陳祥水，《紐約皇后區新華僑的社會結構》，臺北：中央研究院，1991。

陳靜瑜，《十九世紀美國加州華人移民娼妓史析探》，臺北：海華文教基金會華僑學術叢書，2002。

麥克爾・多里斯，〈美國法律和美國印第安人〉，《交流》，3，1982。

黃兆群，《美國的民族與民族政策》，臺北：文津，1993。

楊成安，《國人海外移民現況與動機探討之研究》，臺北：內政部人口政策委員會，1989。

劉伯驥，《美國華僑史》，臺北：黎明文化，1982。

3 報　紙

《世界日報》（美國，2000 年 12 月 20 日）。

《美洲華僑日報》，1952 年 11 月 8 日。

《洛杉磯時報》（美國），1972 年 6 月 22 日。